梁小民 著

读经济学书

DU
JINGJIXUE
SHU

中国出版集团
东方出版中心

图书在版编目（CIP）数据

读经济学书/梁小民著．－修订本．－上海：东
方出版中心，2019.10
　ISBN 978-7-5473-1524-8

Ⅰ.①读… Ⅱ.①梁… Ⅲ.①经济学-通俗读物
Ⅳ.①F0－49

中国版本图书馆CIP数据核字（2019）第 156039 号

读经济学书

著　　者　梁小民
责任编辑　王欢欢
封面设计　陈绿竞

出版发行　东方出版中心
地　　址　上海市仙霞路345号
邮政编码　200336
电　　话　021-62417400
印 刷 者　上海盛通时代印刷有限公司

开　　本　890mm×1240mm　1/32
印　　张　12
字　　数　243千字
版　　次　2019年10月第1版
印　　次　2019年10月第1次印刷
定　　价　49.80元

前言 读经济学书宜杂不宜纯

经常有人问我学经济学该读什么书。问这个问题的有以经济学为专业的，也有非经济学人士。我告诉他们，已故著名经济学家陈岱孙先生一向主张，"宽口径，厚基础"。有这样想法的不只是这位经济学大师。记得上学时，老师们都爱讲一个道理，研究一门学问如同挖井，只有开始时知识面广，这口井才能挖深。先辈学人们告诉我们的道理，就是学经济学不仅要读经济学书，还要读那些看似与经济学无关的书。无论搞什么专业，读书都宜杂不宜纯。

学经济学先要精读一本好的教科书。只读一本就可以，但一定要选好的，一定要精读。我当研究生时，杜度教授为我们选了一本教科书，指导我们认真读完。我一生的经济学基础就是读这本书奠定的。我带研究生时，也是这样指导学生，当然时代不同了，最好的教科书也不同了。选一本好的（适于学生层次用的）教科书，指导学生精读，是教师的责任。当然，不同专业还有不同的教科书，如金融的、投资的、国际贸易的等等。但想学经济学的人，无论什么专业，读一本基础的教科书是第一步。对非经济学专业的经济学爱好者，读这一本教科书就够了。

读教科书，掌握了基本概念、基本理论与基本方法，对经济学有了大体的了解，但深入与运用还要靠实践与再读书。实践不是本书的题目，本书讲读书。往上溯，可以读自己有兴趣的经典，这些是教科书中讲的许多道理的来源。比如对市场机制有兴趣的读者，可以读亚当·斯密的《国富论》，对创新有兴趣的读者，可以读熊彼特的《经济发展理论》，对行为经济学有兴趣的读者，可以读塞勒的《赢家的诅咒》《错误的行为》《助推》等。对经济学专业的学生来讲，读名著是极其重要的。我当研究生时曾上过一门"名著选读"的课，收获极大。当老师后，我又给研究生开这门课，只是选的书不同了。读几本名著是一个人事业的基础。

不过对非经济学专业的人来说，就不一定要追根溯源读名著了，名著毕竟有难度。但可以向下溯，读一些与经济学无关的书。这类书包括范围极广，读什么就取决于每个人的目的与兴趣了。

各种书都是以不同方式、从不同角度描述人类行为的。经济行为是人类最基本的行为，经济利益也是各种冲突与矛盾的焦点。各种书都有意无意地反映了经济学的道理，而且绝大部分是无意的。比如《红楼梦》，曹雪芹大抵生活于亚当·斯密的同时代，他根本没有什么经济学想法，但从《红楼梦》中也可以悟出许多经济学道理。金庸生活在当代，他完全是一个经济学门外汉，但他的武侠小说中有许多经济学思想。再看莎士比亚，他当时从未介入金融学相关问题的争论，但他的《威尼斯商人》却反映了多年来金融史中的核心问题：利率如何决定？多高才合理？只要你有心，什么书中都可以看到经济学的道理，都可以加深自己对经济学的理解。

走出经济学，包含经济学思想的书太多了，我们就可以选择自己有兴趣的。在读书中，我强调"兴趣"。无论是鸿鹄之志的救国救民、振兴中华，还是燕雀之志的黄金屋、颜如玉，都不能成为读书持久的动力，只有兴趣才是读书永恒的核动力。所以从你的兴趣去选择读书，你就可以学到新知识，有新见解，当然包括经济学的。

以这样的心态，我曾在不同学校、不同场合，向不同的人介绍、推荐好书，也向各种媒体写类似文章。把这些内容整理出来，曾在 2005 年由中国社会科学出版社出版了《读经济学书》，受到欢迎。不少朋友来信来电希望我再出类似的书，不少学校也邀请我以此为题作讲座。也因此这些年，我仍然兴致勃勃地读书，写介绍书的文章。读书就是我生活的全部内容，把读过的好书介绍给朋友是我最大的爱好。

如今 14 年过去了，东方出版中心邀请我把此书修订一下再版，我非常感谢他们的好意，决心让这本老书焕发青春。这次再版修改，主要有两点。第一，所选的书变了，与上本书相比大致换了一半左右的书。因为时代不同了，现在有了更好的书，或者我看到了更新更好的书。第二，有些保留的书，写的内容也变了，有些文章书名没变，内容全是新写的。这样，尽管书名没变，但内容是新的，与过去比已经"面目皆非"了。

我对写介绍书的文章极有兴趣，有时读了一本好书还激动万分，有写一篇文章的冲动。我的乌托邦理想是每年写一本介绍书的书，介绍20本书，写6000字左右的介绍文字，包括书的作者、背景、内容、分析等等，帮助大家读书。这个系列书就叫《读书破万卷》，现在已经写了近10篇了。计划每年一本，出到什么时候就取决于老天还让我活多久了。

愿与朋友们分享读书的快乐。

感谢东方出版中心副总编辑郑纳新博士的一贯关心与支持，更感谢王欢欢女士辛苦而又精心的编辑。

2019. 7. 15

目　录

经济学教科书的楷模

——《经济学》① 风靡半个世纪

　　萨缪尔森把新古典的微观经济学和凯恩斯的宏观经济学综合为一个新古典综合体系，并根据这个体系写出了《经济学》这本教科书，这本教科书至少在半个世纪中影响了数代经济学人。

　　在各种不同版本的经济学教科书中，影响最大的仍然是萨缪尔森的《经济学》。它第 1 版出版于 1948 年，至今已出版了 19 版。许多经济学家谈到自己的成长时，都认为是萨缪尔森这本《经济学》把他们引入经济学之门，并成为一生事业的基础。今天有许多经济学教科书无论内容还是形式上，都比同时代的萨缪尔森《经济学》版本更好，使用得也更广泛。但是，任何一个人都不能否认，即使以后《经济学》不再出新版了，它也永远是全世界经济学教科

---

① 保罗·萨缪尔森、威廉·诺德豪斯：《经济学》，第 19 版，商务印书馆，2014 年。

书的楷模。

要了解萨缪尔森《经济学》的意义，必须了解此前的情况。二战以前，欧美大学流行的教科书都是以英国剑桥学派领袖阿尔弗雷德·马歇尔的《经济学原理》为蓝本的。这本书初版于 1890 年，最后一版——第 8 版——出版于 1920 年。由于马歇尔所代表的新古典经济学在经济学中的绝对主流地位，大学里或者直接使用《经济学原理》作教材，或者用的是根据这本书改写的教科书。这本书的内容是古典微观经济学。20 世纪 30 年代，垄断竞争理论的出现是微观经济学的重要补充和发展，标志着微观经济学体系的最终完成。略后一点，凯恩斯主义宏观经济学的出现，又从根本上改变了经济学的面貌。但是这一切并没有反映在当时所用的教科书中。教科书滞后于经济学重大变革的状况是不可能持续下去的。即使没有萨缪尔森，也会有其他人改变教科书的这种状况。

历史选中了萨缪尔森，这是因为萨缪尔森既熟悉新古典经济学（他的《经济分析基础》正是用数学方法对新古典经济学内容的综述与发展），又是最早接受凯恩斯主义思想的人。他把这两部分内容结合成为一个新体系。这个新体系就是我们常说的新古典综合。新古典综合就是把新古典学派的微观经济学与凯恩斯主义的宏观经济学综合在一个体系之中。这被称为经济学史上第三次重要的综合（第一次是英国经济学家约翰·穆勒的综合，第二次是马歇尔的综合）。

这种综合之所以成功在于它反映了当时的时代特征。战后西方各国已不是那种完全自由放任的市场经济，但又完全不同于当时颇为流行的计划经济。在这种称为混合经济的经济体制中，市场机制仍然是调节经济、配置资源的主要方式，但政府所起的作用越来越重要，尤其是政府用宏观经济政策来实现经济稳定。新的经济学体系正适应了这种经济体制变化的需要，因而得到广泛接受。根据这一体系，《经济学》的总体框架包括四个部分：经济学研究对象与方法、微观经济学、宏观经济学、国际经济与其他经济问题。尽管以后也有人对这种体系提出质疑，尤其认为这种体系把经济学人为地分为微观和宏观两部分，割断了它们之间的内在联系，但至今没有人能从根本上推翻这个体系。现在的各种经济学教科书，在内容与表述方面不乏创新，但基本框架并没有变。其原因在于这个框架便于包容经济学中不断更新的内容，也便于学生和教师的系统学习和讲授，让初学者全面地了解经济学的基本内容。这是《经济学》作为各种经济学教科书楷模的重要原因之一。

《经济学》的写作方法也成为以后经济学教科书的楷模。经济学作为大学一年级各专业的共同课程，要给初学者一个全面扎实的经济学基础。它既要有理论，又要有实际；既要让学生掌握重要的概念，又要让学生学会像经济学家一样思考。《经济学》正是这种百科全书式的教科书。它的内容涉及经济学方法论、微观经济理论、宏观经济理论、经济政策、国际经济学（国际贸易与国际金融）、财政学、货币金融学，甚至统计学、保险学、期货与证券市场知识、历史与当代重要的经济学流派等等。大凡经济学所涉及的问题它无所不包。对于一个以后不再学经济学的学生而言，这些知识对以后从事任何工作都极为有用。对于一个以经济学为专业的学生而言，这些知识为以后的进一步学习奠定了基础。

《经济学》不仅在所包括的内容上有特点，而且表述方法也适合于初学者学习。它的内容尽管十分广泛，但不是大杂烩，而有一个清晰的体系，读起来并不觉得杂乱。它用现实生活中的各种事例来说明经济学的道理，使学生易于理解且没有枯燥之感。它的文风活泼、生动、幽默，令人读起来轻松有趣，寓学于乐之中。作为教科书，《经济学》还附有学习指导和习题，这为教师的教和学生的学提供了极大的方便。这些特点也是当代的许多教科书所追求的。

经济现实和经济学是在一个不断变化的过程中，经济学教科书也必须不断更新。《经济学》从初版起，坚持三年更新一个版本，这就保持了创新性。在《经济学》的出版历程中，最大的一次修改是在第12版。在此之前，《经济学》的作者是萨缪尔森一人。在编写第12版时，他邀请了年轻有为的经济学家诺德豪斯加盟。在原来的各版中是先讲宏观后讲微观的，在这一版中改为更多教科书采用的先讲微观后讲宏观。在宏观经济学这一部分，以前各版是以凯恩斯主义总需求分析为中心的，在这一版中改为以总需求-总供给模型为中心。在新的一版中，信息经济学、博弈论、环境经济学、网络经济学、全球一体化等问题应有尽有。只要是流行的东西，几乎都可以找到。

作为教科书，《经济学》坚持的另一个特点是兼容性。萨缪尔森是美国凯恩斯主义经济学的首领。但他的《经济学》是兼容并蓄的，对货币主义及各种自由流派，以及在西方非主流的经济学，甚至马克思主义经济学都有公正而客观的介绍。经济学教科书本来就应该是一种客观全面的介绍，不是代表一个流派的专著。这种兼容性以后也体现在各种教科书中。

在许多经济学家看来，写教科书有点不入流，但萨缪尔森不这样看。他曾讲过一个故事：一个人问一个耕地的农民为什么要耕地，农民说为了赚钱；问另一个耕地的农民为什么要耕地，农民说为了寻找创造性的乐趣。萨缪尔森说，他写《经济学》同时实现了这两个目的。他说："如果我能写一国的经济学教科书，我就不管谁制定该国的法律，或者谁起草高深的条约。"他成功了，他不仅写出了一国的经济学教科书，而且写出了全世界的经济学教科书。今天这本书已被译为43种文字，发行量超过千万册。只有萨缪尔森这样的大师才能写出这样高水平的教科书来。

　　《经济学》在中国的影响也非常大。今天四五十岁的经济学家在回顾人生经历时，都认为这本书对他们影响最大，这本书使他们第一次知道什么是现代经济学，并爱上它。中国最早的《经济学》译本是商务印书馆 1964 年出版的高鸿业先生译的 1961 年第 5 版节译本，内部发行，且发行量很少。影响最大的是商务印书馆 1979 年出版的高鸿业先生译的第 10 版。以后，第 12 版、第 14 版、第 16 版、第 17 版都有不同出版社的译本。当然，现在已经有了更好的经济学教科书，但萨缪尔森《经济学》的历史地位永远是其他教科书无法代替的。

02

一本经济学教科书的畅销之路
——《经济学原理》① 的出版与营销

从 20 世纪末起，曼昆的《经济学原理》成为经济学入门教科书的新秀。它全面地介绍了当代经济学的基本内容，且有趣而贴近生活。这本书在中国的畅销也有营销策划的功劳。

一本好的教科书是一个学科最全面、最精辟的概括。一个学者无论对这门学科有多么精深的研究，一定是从这门学科的教科书开始的。

一

以经济学而言，二战前的经济学家都是从学习英国经济学家马

---

① 曼昆：《经济学原理》（上、下卷），第 8 版，北大出版社，2019 年。

歇尔的《经济学原理》开始的。这本书是对新古典经济学最好的介绍。"一册在手，当时的经济学知识全有。"1948 年，美国经济学家萨缪尔森出版了他的全新经济学教科书《经济学》。这本书建立了一个把新古典经济学和凯恩斯主义经济学，即微观经济学和宏观经济学综合在一起的经济学体系，称为"新古典综合体系"。这一本书很快成为风靡世界的教科书。二战后的经济学家都是由这本书进入经济学殿堂的。1979 年商务印书馆出版了这本书的第 10 版，很快就成为 20 世纪 80 年代学子的必读书，如今许多已非常著名的经济学家仍怀念这本书对他们当年的影响。这本书风行了五十多年，至今仍有余音。尽管萨缪尔森的《经济学》每版都有新的修订和补充，以赶上经济学发展的趋势，尤其从第 12 版开始，与经济学新秀诺德豪斯合作。但一本经济学教科书不可能永葆青春。进入 21 世纪后，一本曼昆的《经济学原理》逐渐取代了萨缪尔森的《经济学》，成为广受欢迎的经济学教科书。

这本书的出版还有一段趣事。1995 年，美国一家出版社以 130 万美元的高价征求一本具有趣味性、知识性的通俗经济学读本。当时的书名初步定为《日常生活中的经济学》。130 万美元，对当时美国人来说，也是颇有吸引力的高价，须知当时名牌大学教授的年薪也不过 8 万美元而已。于是，许多经济学家纷纷参加竞标，最后中标的是被称为经济学界"神童"的哈佛大学经济学教授格里高利·曼昆。这本书写成后，原出版社把版权转让给了德累登出版社

（The Drayden Press）。该社认为作为教科书在市场上会更畅销，要求作者保留原书的风格，但改写为教科书，并在 130 万美元之上再加 10 万美元，总标价为 140 万美元。该书第 1 版于 1998 年在美国出版，初次印刷即为 20 万册。出版后被欧美 300 多所大学作为大学经济系和全校公共课"经济学"的教科书，至今已有 15 种文字的外文版，一直到 2015 年的第 7 版仍然畅销不衰。

国内最初关注到这本书的是《经济科学译丛》（这套丛书翻译出版了不少优秀的国外教科书，受到广泛好评）。这套丛书的副主编（实际负责工作的组织者）梁晶女士找到我，问我这本书值不值得译，我可否承担这一工作。当时国内已有其他在国外相当成功的经济学教科书，如诺贝尔奖获得者斯蒂格里茨的《经济学》（亦由《经济科学译丛》组织译出，人大出版社出版，我译了该书第 2 版的下册"宏观经济学"部分），以及在国外相当畅销的迈克尔·帕金的《经济学》。20 世纪 90 年代我在康奈尔大学时，本科生就用这个本子，2003 年由我译出这本书的第 5 版，人民邮电出版社出版。我读过这本书的英文版后表示，这本书不同于其他教科书，有其他书不能代替的特色，可以译，而且可以出我一个人译（我一向主张一个人独自译一本书，保持统一风格，对由一位名人作主译，找一批学生共同译出的大兵团作战颇不以为然）。我译出后 1999 年由三联书店和北大出版社联合出版。这本书中文版的第 1 版和第 2 版由三联书店和北大出版社联合出版，第 3 版转由机械工业出版社出版，第 4 版到最新的第 8 版由北大出版社出版。第 4 版之前由我一个人译。从第 5 版起由我译正文和其他，我女儿梁砾译"新闻摘录"（因为这部分涉及美国当时生活的方方面面，我对其中许多词汇的最新用法不熟悉，我女儿留学美国，这部分内容与词汇，她甚为熟悉）。

这本书出版后，在众多引进版的教科书中独树一帜，畅销不衰，每一版的销量都在 20 万册以上（还有众多的盗版）。成为许多大学的经济学教科书或指定参考书，在广大读者中也甚受欢迎。2001 年中国书刊发行协会把此书评为全国社科类优秀畅销书第九名（在翻译作品中排第一名）。该协会对此书的评价是"一本催人捧读的经济学教材"。2002 年三联书店与北大出版社联合推出的该书第 2 版荣获中国图书奖（译作中唯一的一本）。2013 年北大出版社推出的该书第 6 版获中国大学出版社协会第三届中国大学出版社图书奖优秀教材奖一等奖。

二

一本书的成功由书的内容与社会影响决定，并不一定与畅销相关。许多优秀的学术著作其内容对某一学科和社会影响重大，当然极为成功，如陈景润的数学著作，但由于受众相当有限，畅销是不可能的。但作为一本当代显学经济学的教科书，成功必定畅销（当然有些一时畅销的书也不一定是好书）。《经济学原理》是成功的，也是畅销的。那么，它怎么能畅销呢？总结一下它的畅销之路，也许对图书出版业的发展不无意义。

一本教科书的畅销首先应该是本学科大师级学者所写的。这也是一种名人效应。当然，这不仅在于大师的名气，更在于大师的水平。大师是这一学科的通才，对本学科的发展、现状、未来的趋势有甚为全面的了解，他们不仅钻研某一问题，有所得，或者对本学科某一方面或整体有开创性贡献，而且对这个学科的所有问题都有所了解。这才能写出一部精辟、全面地概括这一学科的教科书。教科书并不是东抄西拼的编，而是体现个人学术水平的创造。马歇尔、萨缪尔森都是这样的大师。曼昆尽管现在还比不上他们，但既被称为经济学神童也当然不凡。他出生于 1958 年，27 岁获麻省理工学院经济学博士学位后进入哈佛大学，两年后就提为正教授。要知道在这样的名牌大学博士毕业后即使相当优秀，也要十年才能担任正教授。他的博士论文《小菜单成本与大经济周期：一个垄断的宏观经济模型》引起经济学界高度赞赏，其中菜单成本作为一个基本概念已进入教科书，并被广泛使用。他是新凯恩斯主义的代表人物之一，这一流派的理论成为克林顿政府经济政策的基调，并颇见成效。曼昆本人从 2003 年起担任小布什政府的总统经济顾问委员会主席，成为美国政府经济政策的主要决策者之一，后又回到哈佛。曼昆的这些贡献与经历足以使他进入著名经济学家之列。加之又在哈佛这样的学术圣殿工作，所以《经济学原理》畅销就不足为奇了。帕金的《经济学》写得也相当好，尤其适于教学，可惜在经济学界，帕金并非大师级名人，教科书难以达到这样畅销的程度。

但也并非大师级人物写的教科书都能如此畅销。斯蒂格里茨得过诺贝尔经济学奖，其大师的级别恐怕比曼昆还高。他的《经济学》写得也相当好，但畅销程度远不如曼昆。因此教科书的畅销不仅在于分量，而且与书中的内容关系紧密。曼昆《经济学原理》中许多内容极有趣，又有启发性。这些内容与经济学十大问题的概括一样，堪称这本书的亮点。

曼昆的书还有一个特点，就是与时俱进，每一版都有些改变。这些改变或者是同样的内容，但让读者更容易理解，或者是适应形势更新的内容。其中有两次改变甚为重要。一次是在第 3 版中新增加了两章。一是第二十二章"微观经济学前沿"，介绍了这个领域三个重要的发展：不对称信息理论、行为经济学和政治经济学（与我们理解的政治经济学不同，中心是用经济方法分析政治问题，如公共选择理论等），这些发展对经济学影响相当大，作者对这些问题作了简明扼要的介绍。二是第二十七章"基本金融工具"，包括现值评估、风险管理与资产定价。这些内容对读者了解金融市场极为重要。金融市场对宏观经济的影响，甚至决定作用日益重要。增加这一章使宏观经济学部分更完善。另一次是在 2009 年的第 5 版中增加了金融危机问题，许多部分根据这一问题的发生进行了修改，包括美国货币政策的调整。2007 年金融危机才发生，2009 年版的书就增加了这部分内容，而且现在看来，他当时的分析也相当有见解。至于其他小的修改，包括"新闻摘录""案例分析""参考资料"的更换，修改更多。尤其是"新闻摘录"，每一版几乎都全部更换，让读者感受到时代气息。

全书的编排亦有特色，如消费者行为理论相当抽象，也是比较难理解的内容，我译这一部分也深有同感。作者把它列入第七篇《深入研究的论题》，其实是作为选读内容。这一部分在许多教科书中都是重点。但本书作为选读，相当有见解。此外本书的英文相当通畅，读起来容易。在我译的所有书中，这本书译得最快，也最顺畅。这本书的重点概念、内容摘要、练习题等的安排也极适于学生学习。

三

曼昆的《经济学原理》是一本好书，但"酒好也怕巷子深"，要成为畅销书，宣传推广是少不了的。曼昆及出版社在美国及其他国家如何宣传的，我不清楚。所以，我谈谈在国内的宣传与推广。这本书第 1 版出版后，在《光明日报》作了一整版的介绍，包括该书中文版出版者、译者以及作者在哈佛的学生等写的文章。这一介绍迅速引起了社会的注意，当时的中央领导都主动购买此书阅读。不少国家机关如外交部、国家统计局等都为处级以上干部购买了此书，作为学习资料。这就为该书开辟了市场。这本书的主要对象还是大学生群体，因此，出版社安排了在各地高校的演讲。由三联书店当时的副总编和几名工作人员陪同，我到全国20多个城市的大学及书店演讲，介绍这本书。所到之处，受到欢迎，推动了销售。例如在上海书城演讲结束后，即销售了200册左右。在许多高校演讲并与教师座谈后，学校决定把这本书作为西方经济学课程的本科生或研究生的教材。这些活动让好酒的芬芳飘到四面八方，畅销自然就是结果了。一旦这本书占领了市场，它以后各版的畅销就成为常销。

一本书的畅销，内容与形式都不可缺，促销活动也绝非可有可无。许多书的内容都相当好，可惜因其他方面略差一点而功亏一篑。特别应该补充一句，吕敬人先生为这本书第1版设计的封面，极有特色，对这本书的畅销功不可没。书是一个综合体，各个环节都不可少。从曼昆《经济学原理》进入中国，为读者接受并畅销中我们可以学到许多东西。我译这本书快30年了，以后肯定会有更新更好的经济学教科书问世。我们期待着。

03

读一本经济思想史

——《经济理论和方法史》① 与经济学史

经济思想史是经济学发展与演变的历史记录。要了解今天的经济思想，必须了解它的历史演变。每一个对经济学有兴趣的人都应该读一本经济思想史。但在众多学术味甚浓的经济思想史中要找一个通俗而有趣的还真不易。《经济理论和方法史》就是值得一读的。

每一个学习经济学的人，甚至每一个对经济学有兴趣的人，都应该读一本经济思想史的教科书。

经济思想史是经济学发展与演变的历史纪录。它是整个人类思想史上的一部分，也是人类精神财富宝库的一部分。经济思想史记载了经济学理论与经济分析方法的演进。今天的经济思想和分析方

① 小罗伯特·B. 埃克伦德、罗伯特·F. 赫伯特：《经济理论和方法史》，中国人民大学出版社，2001 年。

法基于现实经济生活，源于历史上的经济思想和方法。只有了解历史，才能了解今天。读经济思想史可以厘清经济学发展的轨迹与思想，也有助于理解当今各种经济思想的渊源。读史而知今，人生的一件乐事也。

但向读者推荐一本经济思想史却不是一件容易的事。无论在国内还是国外，经济思想史的研究都是一个冷门，写出的书也不畅销，难以吸引有才华而又耐得住寂寞的学者。在 20 世纪 60 年代之前，最有名的经济思想史就是苏联学者卢森贝的《政治经济学史》了。它分为三卷本和上下两册的一卷本。但这套书写成于 20 世纪 30 年代，不是客观地介绍历史，而是按当时意识形态的要求对待历史。它以批判为主线，体系陈旧、内容片面。迄今为止国内所编写的各种经济思想史，就我的阅读范围而言，实在推荐不出一本值得读者去认真看。当然，如果老师把哪一本指定为必读的教科书，甚至考试指定用书，你就别把我这些话当回事。毕竟读什么书都是开卷有益的。

国外人写的经济思想史的书不少，仅我手头就有十余本译为中文的。在这些书中最著名的莫过于美国著名经济学家熊彼特的《经济分析史》了。这是许多经济学家言必称经典的三大卷巨著。但这本书偏重于经济分析方法的演变，而且是在熊彼特去世后由他夫人整理的生前讲稿，缺乏系统性，读起来不易。研究经济思想史的学者必读此书，普通读者就免了吧！在写给一般读者的书中，英国学者埃里克·罗尔的《经济思想史》是相当好的，可惜年龄大了点。这本书初版于 1938 年，几经修改，中文版是根据 1973 年第 4 版译出的，毕竟是 40 多年前的书了，本身已成为历史。尽管经济思想史的书不畅销，国内以学术为重的出版社还是出了几个译本，包括美国学者亨利·威廉·斯皮格尔著的《经济思想的成长》（上下册，中国社会科学出版社）以及美国学者斯坦利·布鲁的《经济思想史》（机械工业出版社）。这两本书，尤其是后一本书，一般读者也可以看。但我仍不作为推荐书。

我所喜欢的经济思想史著作应该是内容完整系统，介绍客观公正、详略得当，文笔生动有趣，让一般读者读得下去，且有所收获的书。按着这个标准，我选了一本美国学者小罗伯特·B. 埃克伦德和罗伯特·F. 赫伯特合写的《经济理论和方法史》。我并不是说这本书最好，只是在几经比较之后"矮子里拔将军"吧。这本书尽管有不足之处，但还是可以看，而且读过后会有收获。这本书在美国评价也不低，1975 年初版问世，到 1997 年已出第 4 版。中文版就是根据这个版本译出的。

这本书的长处首先在于全面系统，它从古希腊写起，一直写到当代。它的脉络非常清楚，按各篇分为前古典时期、古典时期、新古典时期以及 20 世纪的经济学范式。粗略读一下就会对经济学演进的主要阶段有个大致了解。

说这本书全面，有两个含义。一是各个学派都有所涉猎，既有各个时代的主流思想，也有在西方非主流的思想，包括马克思主义经济学。二是包括了过去被人们忽略的一些经济学家。这些人的名气没有斯密、李嘉图、马歇尔那么大，甚至为许多人所不知道，但他们的贡献却是经济学发展史上重要的一环。例如，第三篇第八章介绍的法国经济学家古诺、杜普伊特以及一批对经济学颇有贡献的工程师。他们对寡头、博弈、边际效用与需求、消费者剩余、垄断和歧视、成本-收益分析等问题的论述成为新古典微观经济分析的先驱，他们在经济分析中对数学工具的运用也开启了经济学数学化之先河。可惜许多经济思想史都忽略了他们的贡献。

这本书的另一个长处是论述公正、客观，它以介绍为中心，并有公允的评论，而不是以某种教条为指南或用今天的眼光对前辈经济学家妄加否定。作者对不同时代不同学者或流派的思想理论的起源、发展及其横向相互影响关系和纵向相互继承关系进行了细致的梳理、系统的比较和分析，体现出纷繁复杂的经济思想的内在联系。他把经济学家放到具体的历史环境中来评论他们的得失。比如，作为美国学者，他们不会接受马克思主义，但公允地指出："马克思对 20 世纪一直有深刻的影响，而且他的广博知识也证明这种影响超越了仅仅经济学的界限。"他们对马克思各种经济思想的介绍、评价也相当公允，没有歪曲或恶意抨击。写历史要客观、冷静，切忌夹带个人感情色彩，或从自己的好恶出发，做到这一点并不容易。

这本书的书名是《经济理论和方法史》，表明作者不仅关注理论，而且还关注分析方法。经济学分析方法是经济学的重要内容之一，方法论的演变与思想的演变是不可分的。许多思想史的著作偏重于经济思想，而忽略了方法论。这本书理论与方法的演变并重。作者不仅对每一种经济思想的产生与发展有翔实细致的考察，而且还着重从经济学家观察经济现象的角度和进行经济研究的方法，揭示不同流派思想与理论分歧背后的方法论基础。这对读者学习运用科学方法进行经济思维，提高认识与分析问题的能力，无疑会有重要的启示作用。

本书的资料丰富，还附有大量参考资料，文字通畅（也有译者的功劳），在众多同类教科书中是较容易读的一本。当然，作为一本完整的经济思想史，这本书篇幅仍然很大，中文版达 500 多页。对普通读者而言，全读下来不易。我想这种书的读法，一是先泛读，把握经济思想发展的大体脉络，了解一些极为重要的经济学家和思想。即使看一下目录和各章前的引言都会有所收获。二是选自己感兴趣的章节读，"急用先学，立竿见影"。对个别自己极有兴趣或研究与工作需要的部分还可以根据参考资料去进一步研究。

　　我对这本书的不满意之处还是太学术化了，不适于一般读者通读。由于是严肃的学术著作，趣味性也差一些。我总想找一本图文并茂、通俗易读、文字生动活泼的经济思想史，让读者像读故事一样读下来。也许是我的阅读面不广，也许是还没下到功夫，现在还没找到这样的书。国内也有类似"演义"之类的书，读过后觉得与我的理想差得很远。国外应有此类书，可惜我一本没找到。希望以后能找到这种书推荐给读者。

04

经济学家争论什么

——《现代宏观经济学指南》^① 与经济学家的分歧

当代经济学家的争论集中在短期宏观经济问题上。经济中短期波动的原因是什么，政府应不应该用政策实现经济稳定，应该用什么政策，都是经济学家争论的中心。他们是如何争论的？《现代宏观经济学指南》给了你一个好的答案。

当代经济学流派林立，观点各异，各学派之间的争论就构成了一部现代经济学史。他们争论什么呢？各个学派之间有什么关系呢？这是学习经济学必须了解的问题。英国经济学家布赖恩·斯诺登、霍华德·R. 文、彼得·温纳齐克的《现代宏观经济学指南》正是介绍这一问题的。许多大学经济系的本科生和研究生都开设有"当代经济学流派"或类似名称的课。这本书也是这门课最好的教

---

① 布赖恩·斯诺登、霍华德·R. 文、彼得·温纳齐克：《现代宏观经济学指南：各思想流派比较研究引论》，商务印书馆，1998 年。

材之一。

经济学家被看作一个好争论的群体。有人挖苦地说，即使有两个经济学家，也会有三种以上的观点。其实这种说法言过其实，有点夸大。在外人看来，经济学家们唇枪舌剑，你来我往，争论得津津有味，其实他们之间的一致性还是大于分歧的。就专业经济学家而言，他们在微观经济学方面的一致要远远大于宏观经济学，在实证经济学方面的一致要远远大于规范经济学。或者说，他们在微观经济学和实证经济学方面一致的东西更多，分歧要少得多。美国经济学家理查德·阿什顿等曾就 10 个问题的观点对经济学家作过调查。这 10 个问题是：租金上限、关税和进口限额、浮动汇率、财政政策、平衡预算、福利支出方式、预算赤字、最低工资、个人所得税、排污税和可交易的污染许可证。经济学家对这些问题的共识在 78%—93%之间。即使在大家认为争论最激烈的宏观经济学领域，对长期问题的看法也基本是一致的，分歧在短期问题上。即使在短期宏观问题上，经济学家也有一致之处。弗里德曼就指出，经济学家对实现稳定这一目标并没有分歧，争论在于对各种问题的解释，以及相应的政策主张上。当然，这并不否认经济学家之间的确存在分歧，而且这也是本书的重点。

《现代宏观经济学指南》的作者认为"经济学家之间的分歧更多地集中于理论问题、经验证据和政策工具的选择面"。该书正是围绕这一中心来介绍当代经济学中各个主流的流派以及他们的分歧的。

从整个经济学的发展来看,始终存在主流经济学与非主流经济学之分,例如在历史上,古典经济学和新古典经济学就是主流派,历史学派、制度学派都是非主流派。主流派是在当时占支配地位的经济学,非主流派则处于次要地位。在当代经济学中,凯恩斯主义学派与主张自由放任的各学派都是主流派,新制度经济学、激进经济学等是非主流派。

在当代经济学的主流派中又可以分为两个阵营,分别代表不同的经济思潮。一个是以凯恩斯主义学派为核心的国家干预思潮,另一个是以货币主义等学派为代表的自由放任思潮。它们在长期宏观经济问题上是一致的,分歧在短期宏观经济问题上。在理论上,它们之间的分歧在于市场机制的调节是否完善,经济中短期波动的原因是什么。国家干预的支持者认为,市场机制的调节是不完善的,短期经济波动正产生于这种不完善性,经济波动是市场经济不可避免的现象。自由放任的支持者认为,市场机制的调节是完善的,短期波动产生于非市场因素,例如外来的需求或供给冲击,尤其是政府政策的失误。由这种理论上的分歧就引出政策上的分歧。国家干预的支持者认为,短期宏观经济需要干预,可以通过干预而实现稳定,宏观经济政策就应该根据经济形势,相机抉择。自由放任的支持者认为，无论长期还是短期政府都不应该干预经济，无干预的市场调节可以自发地实现稳定，政府的干预只会引起或加剧不稳定性。政府只是为市场机制正常发挥作用创造一个良好的环境，其他都让市场去调节。

属于国家干预的学派统称为凯恩斯主义，其发展过程中有三块里程碑：20 世纪 30 年代凯恩斯本人的思想，60 年代以萨缪尔森为代表的新古典综合派，以及 80 年代以后出现，现在仍然占主流地位的新凯恩斯主义，其间还有后凯恩斯主义、原教旨凯恩斯主义（新剑桥学派）、非均衡的凯恩斯主义经济学等等。凯恩斯主义各派之间的争论也不次于他们与自由放任各派之间的争论。20 世纪 60 年代前后，新古典综合派与新剑桥学派的论战被称为"两个剑桥之争"，当时颇有点你死我活的劲头。

属于自由放任的学派当数 20 世纪 60 年代以后异军突起的货币主义，稍后的理性预期学派以及近年来颇受重视的真实经济周期理论学派，此外还有以哈耶克为代表的奥地利学派，80 年代红极一时的供给学派，等等。

当然，还应该看到也有许多经济学家从事实际经济问题研究，如研究金融市场、计量经济学等，并没有明显的派别倾向。许多获得诺贝尔经济学奖的经济学家都属于这种情况。仅仅用流派或流派之争远远不能概括出丰富多彩的现代经济学。这是我们学习这本书时必须注意的。我们之所以强调了解各个流派的观点，是因为它们对战后各国经济政策发生过重大影响。凯恩斯主义对战后各国经济政策，自由主义（尤其是货币主义）对 80 年代各国经济政策，新凯恩斯主义对 90 年代克林顿当政时的经济政策都有过重大影响。经济理论是政策的基础。了解经济学各流派的观点对我们了解战后各国经济发展和经济政策变化，了解今天的政策、状况和趋势，都有重大意义。只不过不要一叶障目，以流派来代替整个经济学。

在我读过的介绍各个当代经济学流派的书中，这是最好的一本。这本书全面、系统、简要地介绍了当代各个宏观经济学流派的理论和政策观点，包括了凯恩斯本人的思想、新古典综合派、货币主义、新古典宏观经济学派（理性预期学派）、真实经济周期理论学派、新凯恩斯主义学派、奥地利学派、后凯恩斯主义学派以及原教旨凯恩斯主义学派等，内容相当全面。

特别是作者把各个学派的思想概括为几个要点，然后围绕要点进行介绍、分析，使初学者易于了解。例如，作者把新古典综合派（书中称为正统的凯恩斯主义学派）的观点概括为经济是内在不稳定的、经济不会迅速实现自我均衡、总需求决定产量与就业水平、财政政策比货币政策重要这样四个基本观点，然后围绕这四个观点深入分析。读完之后你对这个学派的了解尽管不算深入，但却是全面而系统的，掌握了重点。对普通读者来说，有这些知识就够了，对专业读者来说，仍可以沿着这个思路深入下去。

此外，作者采访了不同宏观经济学派的著名经济学家，倾听他们对相同问题的不同观点。这是一份难得的资料。被采访的包括凯恩斯主义者费希尔、斯基德尔斯基、托宾，货币主义者莱德勒，理性预期学派卢卡斯、明福特，真实经济周期学派的巴罗、普洛瑟，新凯恩斯主义者曼昆、费尔普斯，奥地利学派的加里森和后凯恩斯主义者奇克。这些谈话生动风趣、不拘一格，极有启发。

对当代宏观经济学流派有兴趣的读者还可以看同一作者编的另两本书：《现代宏观经济学发展反思》（中文版，商务印书馆），以及《与经济学大师对话》（中文版，北京大学出版社）。尤其后一本书，值得一读。

05

重写经济学说史

——《经济理论的回顾》① 意义何在

用一条主线来概括一门科学是简单化的思路，把价值论、政策取向或经济增长作为经济学的主线和把唯物主义与唯心主义的斗争作为哲学的主线一样幼稚可笑。

我对经济学发展、演变的历史一直情有独钟。这来自我上大学时学这门课的痛苦经历。

20 世纪 60 年代我上大学时有两门课是涉及这个学科的。一门市"经济学说史"，另一门是"现代资产阶级经济学批判"。前一门是讲马歇尔以前的经济学说，后一门是讲凯恩斯以后的经济学说。经济学本来是丰富多彩的，而且我一直喜欢历史，但学完之

---

① 马克·布劳格：《经济理论的回顾》，中国人民大学出版社，2009 年。

后，只觉得这两门课枯燥、无聊。就内容而言，这两门课都是介绍各个经济学家的观点，讲到每个人都是价值论、分配论云云，看不出他们之间的发展与继承。就方法而言是一批到底，观点介绍得不多，批判得特多。听课时觉得乏味，背起来颇为不易。1978 年研究生入学考试时，这两门课合为一门考，我只得了 80 分，是我各门考试课中成绩最低的，尽管是考生中成绩最高的。

以后我也读了一些国内学者所写的经济学说史的教科书和专著，总的印象是与我上大学时的状况并没有根本性的变化。这里有作者的研究深度问题。这是一个浮躁的时代，如贾平凹的小说《浮躁》所写的。但也有传统观念的约束，没有彻底摆脱传统经济学说史的框架结构和写法。把经济学家作为资产阶级代言人，用马克思的片言只语去批判他们。我一直有重写一部经济学说史、重建经济学说史框架的想法。当然，这个野心太大了，在我的有生之年，恐怕很难完成，但断断续续想了一些问题。读了最近出版的马克·布劳格的《经济理论的回顾》，又触发了我的思考，写出来与各位同仁、读者探讨。

一

我想的第一个问题是：经济学发展的历史有没有一条主线？这就是说，有没有一条主线能把各个时代各种观点的经济学家串起来，从中看出经济学的继承与发展？过去，我一直认为是有的，而且抓住了这条线就可以使各种经济学说纲举目张。我们在学习时，这条主线其实就是价值论。支持劳动价值论的是进步的，反对劳动价值论的是反动的。所以，讲每一位经济学家都首先要讲价值论。我对这种观点一直是反对的。其实有许多经济学家根本就没有价值论。即使是亚当·斯密这位经济学的创立者，在他的《国富论》中也没有论述劳动价值论的专章，只是有几句话讲到了这一问题，就被后人解释为创立了劳动价值论、价值论有二元性等等。其实我们忘记了马克思的《剩余价值理论史》并不是一部完整的经济学说史，只是经济学中劳动价值与剩余价值理论发展演变的历史。价值论是微观经济学的内容，不是经济学的主线。马克·布劳格也是一位马克思主义经济学家，在西方以"左翼"闻名，但他在《经济理论的回顾》中也没有把劳动价值论作为主线。

劳动价值论不能作为主线，并不是没有主线。20 世纪 80 年代初刚刚开放之际，著名经济学家、北大教授陈岱孙先生提出，一部经济学说史是自由放任思潮和国家干预思潮交替的历史[①]。用这个思路的确可以把一部经济学说史串起来。重商主义是国家干预思潮，古典学派和新古典学派是自由放任思潮；凯恩斯主义是国家干预思潮，货币主义等又是自由放任思潮；等等。以前我曾全盘接受

① 陈岱孙:《西方经济学中自由主义和国家干预主义两思潮的消长》,《陈岱孙文集》（下卷）,北京大学出版社,1984 年。

了这种思路，但以后，我又产生了怀疑：经济学还是以理论为基础的，自由主义或国家干预主义都属于政策层次的内容，而且经济学中有许多问题是不涉及这种政策问题的。有许多经济学家并没有明显的政策倾向，但并不等于他们的思想不重要，比如熊彼特的创新理论，很难划入哪种政策倾向，但任何一部经济学说史都不能缺熊彼特。把每一个经济学家、每一种经济思想都要纳入这个框架中，未免把丰富的经济思想简单化了。政策取向仅仅是经济政策的问题之一，更不能成为经济学的主线。其实，当初陈岱孙先生论述这一问题时，也并没有说这是经济学说史的主线，只是指出经济学发展过程中的这个特征。我曾向陈岱孙先生请教过经济学主线的问题。他并没有给予明确的答复，但他说，把两种思潮作为主线，有点简单化了。他的那个讲话并没有那个意思。

两种思潮的交替是政策层次的，那么，作为基础的理论有没有主线呢？我曾较长期地思考过把经济增长理论作为经济学说史的主线。亚当·斯密建立经济学说就是从这一问题开始的。什么是国民财富以及如何增加国民财富是《国富论》的中心，其实也一直是经济学的中心。经济学是选择的学科，选择的目的是实现资源既定条件下的最大化。对整体经济而言，这就是增长问题。沿着经济增长这条主线的确可以把许多重要经济学家的主要思想联系在一起。而且，对经济增长的探讨也成为各个时代经济政策的基础，国家干预主义或自由主义都是不同增长方式的选择。不过当我用这种思路思考经济学的发展史时，我发现还是简单化了。经济学包括了丰富的内容，远远不是这条主线所能概括的。如果非要用这条主线来概括经济学史，那就会牵强附会。比如，经济学说史上极其重要的边际主义、货币主义等等，与增长理论并没有直接的联系，它们本身在经济学中的意义远远超出了增长。增长理论仅仅是主流经济学的问题之一，也不能成为经济学的主线。

在上下探索而不得之后，我终于明白了，用一条主线来概括一门科学是简单化的思路。经济学涉及人类经济生活的各个方面，其内容必定无比丰富，想用一条主线来概括，必然会省略许多重要的内容。而且，预先确定主线与框架，再来决定内容的取舍，难免有主观偏见，顾此失彼。把丰富多彩的内容简单化会曲解历史，谈起来必然是乏味的。

其实写经济学史不用寻找主线。从经济学的发展来看，包括三部分：理论、政策、方法。当然可以围绕其中一部分进行专题性研究，如马克·布劳格这本书名字为《经济理论的回顾》，就是围绕理论问题展开的；陈岱孙先生讲的自由放任与国家干预的交替实际上中心是经济政策；熊彼特的名著《经济分析史》则是以方法为中心的。在这大类之下，还可以细分，如理论的内容，有劳动价值理论史、增长理论史、货币理论史、分配理论史等；政策可以分为财政政策、劳动政策等；方法论的内容有实证方法史、计量方法史等。如果要写一部综合性的经济学说史，我认为这些重要的内容都不可忽视，要讲每位重要的经济学家在这些方面的贡献，以及各时代经济学家的继承与发展关系。

二

我想的第二个问题是：如何评价历史上的经济学家？或者说用什么标准来评价他们？写历史应该是客观的，经济学说史属于历史。历史的客观性就在于先抛开个人的偏见，把事情原原本本地告诉读者。写思想史必须先把别人的思想忠实地进行介绍，不能用自己的观点去取舍和复述别人的思想。过去经济学说史的最大缺点就在于先给各时代的经济学家定性，然后再根据作者的需要介绍别人的思想，这就是所谓"以论带史"的方法。这种方法歪曲了历史。这种歪曲历史的方法过去既是我国学术界研究历史的方法，也是研究经济学说史的方法。

经济学是在西方经济发展过程中形成的。我们说的经济学说史是重商主义以来经济学形成与发展的历史。中国自古以来也有丰富的经济思想，但并没有独立成体系的经济学。

应该如何评价西方经济学呢？经过思想解放运动，现在判断一种理论正确的唯一标准应该是实践。一切理论，包括马克思主义都要经受实践的检验，其本身不能成为标准。既然检验任何一种理论的标准是实践，那么，检验经济学理论的实践是什么呢？我看就是邓小平同志提出的"三个有利于"。任何一种经济理论，在它提出之时只要实现了"三个有利于"，就是正确的。我们应该按这个标准来检验历史上的一切经济理论。在历史上资本主义曾起过积极的作用，推动了经济发展。我们建立社会主义市场经济，实际上是借鉴了市场经济。其实更严格来说，各种经济学说并不是为资本主义辩护，而是为市场经济辩护的。

在过去的指导思想下，经济学说史就把经济学的发展史描述为从"庸俗"到"再庸俗"的过程。即使对略有肯定的古典经济学也完全扭曲了其本质性的内容。在这些研究者看来，在古典经济学之后，他们连劳动价值论也没了。因此，对以后直至今天的经济学采取了完全否定的态度，甚至连介绍也不客观了，不是先忠实地介绍各位经济学家的观点，然后再批判，而是按批判的需要选取他们的观点，以批判为中心。这时研究就完全是为政治服务了。有些批判者一辈子也没有读过他们批判的经济学家的原著，却以超级权威自居。连研究历史问题都没有实事求是的态度，何况研究现实问题乎？批判别人是庸俗经济学者，实际上自己才庸俗透顶。

这就是我说要重写经济学说史的重要原因。重写经济学说史就是要实事求是地把经济学的发展历程告诉人们，研究每一代经济学家之间的继承和发展。评论可以有自己的观点，也可以百家争鸣，但言论一定要客观，要实事求是，既不美化其缺点，也不丑化其优点。先画一张真实的像，再来评论他的美丑。马克·布劳格这本《经济理论的回顾》就在于忠实地介绍了各位经济学家的思想，可以作为我们重写经济学说史的基础。

三

我所想的第三个问题是如何写。这里主要涉及两个问题：一个是只写主要经济学家，还是从经济学的发展出发，不忽视那些在历史上并不特别引人注目，但对经济学的发展亦是不可或缺一环的小经济学家。《经济理论的回顾》采用的是前一种方法，但我更偏重后一种方法。例如，美国经济学家小罗伯特·B. 埃克伦特和罗伯特·F. 赫伯特的《经济理论和方法史》①介绍了杜普伊特，他在经济学中的许多贡献相当重要。再如，熊彼特在《经济分析史》中介绍的康替龙对宏观经济学的早期形成亦影响重大。一部经济学说史当然不可能面面俱到，但对这些人却不能略而不谈。

二是采用什么写法。我以为严肃的专著是不可缺的，但是否也可以写一些给大众看的通俗版？因为经济学说史不仅学者要读，一

---

① 小罗伯特·B. 埃克伦特、罗伯特·F. 赫伯特著，张凤林译：《经济理论和方法史》，商务印书馆，2001 年 8 月。

般读者也需要读。但严肃的学术专著，一般读者很难读下去，因此还需要通俗、有趣的读本。学者吴国盛曾写过一本《科学的历程》，有文字、有插图，文字通俗易懂，趣味性很强，因而获得市场好评。经济学说史为什么不能有这种写法呢？通俗写法是现代许多著作的写法，如果没有这种书，学术就不可能进入大众的视野。于丹、易中天等人对传统文化的通俗讲法虽然有许多争论，但我认为在普及这一点上是一个方向，值得我们研究经济学说史的学者学习。《经济理论的回顾》称得上是一本高水平的学术专著，但连我这样的专业人士读着都费劲，哪能给大众看呢？

学术水平高的专著和通俗性的著作，读者都需要。我之所以强调通俗写法，是因为现在学术性的专著起码从国外译过来的还有几本，但通俗性的太少了。我总想写一本经济学说史把经济史与经济理论的发展结合在一起，把严肃的理论与故事结合在一起，老少皆宜，读者能在轻松的阅读中了解到经济学的发展与演变。

人是得陇望蜀的，读了《经济理论的回顾》，使我对重写经济学说史有了信心，但我希望写出来的不仅有这种严肃的学术著作，还有通俗、有趣、好读、好玩的读本。

06

经济学的开山之作

——《经济论》① 是经济学之源

"经济"这个词来自古希腊的色诺芬。他在自己领地上管理农庄,并把自己的经验与体会写出来,就成为经济学的开山之作《经济论》。他的许多看法也许今天已成为常识,也许已过时了,但《经济论》作为人类历史上第一部经济学著作的意义是永恒的。

古希腊哲学家色诺芬有两本堪称开山之作的经济学著作:《经济论》和《雅典的收入》(中文版把这两本书合为一册出版)。但人们经常提到的是《经济论》,因为色诺芬在这本书中最早提出了"经济"这个词。在英文中,"经济"(economy)这个词源于希腊文(Oikonomia)。这个希腊文名词最早就出现在《经济论》中。

---

① 色诺芬:《经济论 雅典的收入》,商务印书馆,1987 年,收入"汉译世界学术名著"丛书。

色诺芬（Xenophon，约公元前 430—前 355）是古希腊著名哲学家苏格拉底的弟子。他反对雅典民主政治，拥护斯巴达贵族统治。公元前 401 年曾以希腊雇佣兵领袖的身份参加波斯王子小居鲁士与其兄长争夺王位的战争。失败后投靠斯巴达王，在奥林匹亚附近得到一块领地，过着"采菊东篱下"的日子。色诺芬在领地上管理田庄，从事农业，《经济学》就是他从事这种管理工作的总结或体会。这说明经济学本身是来源于经营管理的实践的。

《经济论》是用记录苏格拉底和克利托布勒斯、伊斯霍玛霍斯对话的形式写出来的。有人据此把它作为《苏格拉底言行录》的续篇。其实这本书是色诺芬拥有完整知识产权的独著。这本书至今仍受高度重视的一个原因是它对"经济"这个词的解释。现代经济学家认为"经济"的原意是"家什管理"（《中国大百科全书·经济学》Ⅰ），是指对家庭事务的管理，特别是指家庭收入的供应和管理（《新帕尔格雷夫经济学大辞典》Ⅰ），是"管理家庭的智慧"（熊彼特：《经济分析史》Ⅰ）。这些解释都源于《经济论》这本书。

《经济论》一书的副标题是"关于财产管理的讨论"。关于这一问题的结论体现在这样一段话中："财产管理是一门学问的名称；这种学问好像是人们能够用以增加财产的；财产似乎就等于一个人的全部所有物；我们还说财产是对于维持生活有用的东西，也弄清楚有用的东西乃是所有那些我们懂得怎样使用的东西。"从这段话中可以看出,这本书的内容围绕着自古以来经济学研究的两大主题:什么是财富,以及如何增加财富。当时的基本经济单位是家庭,所以,色诺芬也是以家庭财富增长为题的。这正是把经济解释为"财产管理"的原因。

什么是财富呢?色诺芬认为:"财富是一个人能够从中得到利益的东西。"这句话包含两层意思。一是要"拥有",用我们今天的话来说,就是要有产权,因为不拥有的东西是无法给自己带来利益的。二是要对自己有用,即有今天所说的使用价值或交换价值,能给自己直接或间接带来满足。一个人拥有的东西,如果无用(如敌人)或不会用(如不会骑马的人拥有马,或不会吹笛子的人拥有笛子),都算不上财富,但如果能卖掉,对自己无用的东西也就是财富了。色诺芬从两个角度来看待财富——带来效用与交换。色诺芬强调,一种对自己无用的东西,"除非他卖掉它",否则就不是财富。这就是说,可以使用或交易的东西都是财富。这种观点与现代经济学关于商品(财富的形式之一)的定义已经没有本质差别了。

对于财富的来源,色诺芬强调了农业的重要性。他用一大段文字论述了农业的好处,并得出结论:"农业是其他一切技艺的母亲和保姆。因为农业繁荣的时候,其他一切技术也都兴旺,但在土地不得不荒废下来的时候,无论是从事水上工作或非水上工作的人的其他技艺也都将处于垂危的境地了。"这显然就是我们今天所说的农业是国民经济基础的思想，用一句俗话来说就是"无农不稳"。

　　重视农业，把农业作为财富主要来源是一切前资本主义社会思想家的观点，这也反映了当时的社会现实。但色诺芬强调农业的重要性，认为农业高于其他经济部门，还有其政治原因。当时雅典民主政治是扶植商业发展货币经济的，色诺芬反对雅典民主政治，所以也用抬高农业来贬低这种政治。但是，当时的商业已经相当发达，作为一个学者，色诺芬不能不承认这个现实。他在重视农业的同时也承认商业的必要性，并在《雅典的收入》中希望"有更多的人和我们贸易"。色诺芬这种重视农业的观点受到后人重视。法国重农学派的代表人物魁奈对色诺芬重视农业的观点赞赏有加，并把我们以上引用的有关农业的一段话作为他主要著作《经济表》的题词。

　　在如何增加财富的问题上，色诺芬谈到了三种影响财富增加的因素：分工、人才与技术。色诺芬认为，分工之所以重要就在于"很难找到精通一切技艺的工人，而且也不可能变成一个精通一切技艺的专家"。在《居鲁士的教育》中，色诺芬进一步论述了分工的重要性，强调一个人只要从事一种手工业，甚至只做一种最简单的工作，当然会把工作做好。色诺芬还分析了分工与市场的关系，马克思认为，"他已经知道分工的程度依存于市场范围"。

色诺芬认识到人才在财富增加中的重要性。人才在于培养，所以，色诺芬认为人才问题就是如何训练妻子、管家和奴隶。妻子的工作是"待在家里，打发那些应该在外面工作的仆人出去工作，监督那些在家里工作的人，收受我们得到的东西，分配其中必须花费出去的部分，照管其中应该贮存起来的部分；要注意不要在一个月之中花掉准备一年使用的东西"。看来是要把妻子培训为家庭的CEO。管家应该"选择的人乃是我们在考虑以后是在吃东西、喝酒和睡觉方面最有节制的人"。管家除了小心谨慎地对待主人交给的任务，"还应该懂得该做什么事情，以及在什么时候和用什么方法去完成"。看来管家是管理具体事务的人员。奴隶是主要的劳动力，《经济论》中专门有一章说明怎样对待奴隶。色诺芬作为奴隶主当然不把奴隶当人看待，所以，他认为"适用于训练野兽的方法，也同样是训练奴隶使之驯顺的有效的方法"。

技术是指农艺，色诺芬把农艺的方法和秘诀作为管理财产的一部分，用大量篇幅来论述农业生产过程。色诺芬认识到农业生产中各个环节是一个整体。尽管他谈的是农业，实际上把技术作为一个整体已在现代经济学中得到广泛运用。

古希腊文化是现代文明的重要发源地之一。尽管当时经济学并没有取得独立地位，他们的经济思想也并不系统。但正如熊彼特在《经济分析史》中指出的："他们的经济学实际上也是以后所有进一步工作的来源。"恩格斯认为，古希腊人在经济学中的贡献"也和他们在其他领域中一样，表现出同样的天才力与特殊性。所以，他们的见解，在历史上成为近代科学的理论的出发点"。今天的时代完全不同于古希腊，但如果我们把经济学的发展作为一个过程，仍应该重视古希腊这个源头，读读《经济论》。

收入该书的《雅典的收入》是色诺芬晚期的作品，论述了雅典不依靠加重盟邦负担而自谋增加收入的方法，也值得一读。

07

创新是社会进步的动力
——《经济发展理论》^① 与创新理论

创新如今已成为出现频率最高的词汇之一，而且今人也赋予它许多不同的含义。那么，创新最早是谁提出的？它原本的含义是什么呢？围绕创新这个词的理论体系又是什么呢？读读 20 世纪经济学大师熊彼特的《经济发展理论》，你会更深刻地理解这些问题，也会更清楚今天我们应该如何创新。

美国经济学家熊彼特以其创新理论在经济学界独树一帜，至今仍有深远的影响。熊彼特亦被评为 20 世纪最有影响的经济学家之一。创新理论是在熊彼特的《经济发展理论》一书中提出的，这本书已成为经济学经典。

---

① 约瑟夫·熊彼特：《经济发展理论》，商务印书馆，1990 年。收入"汉译世界学术名著"丛书。

《经济发展理论》最早以德文出版于 1912 年，修订再版于 1926 年，英文版以这个德文版为依据 1934 年由哈佛大学出版社出版。中文版根据这个英文版译出。熊彼特的整个经济理论是以创新理论为基础的，创新理论正是在《经济发展理论》一书中提出来的。

《经济发展理论》的副标题是"对于利润、资本、信贷、利息和经济周期的考察"，全书共六章和一个附录（经济变动的分析）。熊彼特首先分析了一种循环流转的均衡状态。在这种状态下，企业总支出等于总收入，没有利润，也没有资本和利息，生产过程循环往返，周而复始，也谈不上经济发展。发展是"从内部自行发生的变化"，是打破原来静态均衡的动态过程，它产生于替代传统方式和打破原来平衡状态的内部变革。这种内部变革就是创新。

创新（innovation）是企业家对生产要素的新的组合。创新包括五种情况："（1）采用一种新的产品——也就是消费者还不熟悉的产品——或一种产品的一种新的特性。（2）采用一种新的生产方法，也就是在有关的制造部门中尚未通过经验检定的方法，这种新的方法绝不需要建立在科学上新的发现的基础之上；并且，也可以存在于商业上处理一种产品的新的方式之中。（3）开辟一个新的市场，也就是有关国家的某一制造部门以前不曾进入的市场，不管这个市场以前是否存在过。（4）掠取或控制原料或半制成品的一种新的供应来源，也不问这种来源是已经存在的，还是第一次创造出来的。（5）实现任何一种工业的新的组织，比如造成一种垄断地位（例如通过'托拉斯化'），或打破一种垄断地位。"

熊彼特特别强调，创新并不等于发明（invention）。发明是发现了过去未知的事，是科学家完成的。创新是把已有的发明运用于经济活动。一种发明只有成功运用于经济活动才能成为创新。创新是企业家完成的。那些有非凡眼光和胆识，有超人的能力，不屈不挠又敢冒风险，并有组织能力的企业家才是创新者。创新正是企业家的职能。创新要能进入经济循环流程，即成为影响经济活动的事情，必须要有资本。银行家为创新的实现提供资本保证，是新资本的创新者。

熊彼特用创新的概念解释经济发展和利润与利息的来源。创新提高了效率，降低了成本，使企业的总收入大于总支出，这就打破了经济循环流转的静态均衡状态，推动了社会经济发展。企业总收入与总支出的差额就是创新带来的利润，为使用资本而付给银行家的报酬就是利息。利润是对企业家创新的合理报酬，也是企业家进行创新的动力。从这种意义上说，没有利润就没有经济发展与社会进步。一个企业创新所带来的利润引起其他企业仿效，这就形成整个社会的创新浪潮，从而推动整个社会前进。

熊彼特用创新理论解释经济周期。他把经济周期作为不断打破旧均衡实现新均衡的动态社会进步过程，而不像许多传统经济学家那样把经济周期作为一种社会的灾难。由创新引起的创新浪潮打破了原有均衡，引起对银行信贷和生产资料的更大需求，这就引起经济繁荣。随着创新普及，盈利机会消失，对银行信贷和生产资料的需求减少，经济就会出现衰退。当另一次创新出现时，经济则再次繁荣。如果排除其他因素的影响，经济周期是由繁荣和衰退这两个阶段构成的。这两个阶段的交替引起经济在波动中前进，但每一次周期，经济都进入一个新的、更高的阶段。社会正是在繁荣和衰退的交替中前进的。这被称为熊彼特经济周期理论的"纯模式"。在附录《经济变动的分析》中，熊彼特用创新理论解释了当时广为流行的三种经济周期理论：俄国经济学家康德拉季耶夫的长周期理论、法国经济学家朱格拉的中周期理论和英国经济学家基钦的短周期理论。他认为，资本主义发展经历了三个长周期：从1783年到1842年的产业革命时期，从1842年到1897年的蒸汽和钢铁时期，从1897年到20世纪20年代末的电气、化学和汽车时期。这每一次周期和一个重大的创新相关。每个长周期中包括的6个中周期和每个中周期中包括的3个短周期则与中小创新相关。在1939年出版的两大卷《经济周期》① 一书中，熊彼特进一步发展和完善了这种经济周期理论。

---

① 本书将由东方出版中心出版，中文本分为三卷。

在经济学中，创新理论是非常独特的，既不同于新古典经济学，也不同于凯恩斯主义。创新理论强调了经济制度内在因素的关键作用，强调生产技术和管理变革在社会发展中的推动作用，强调了企业家的独特作用。这些观点在经济学中是独树一帜的。美国经济学家保罗·斯威齐认为，熊彼特对正统经济学的背离就在于他分析了资本主义的演进过程，这一点与马克思的理论具有某些惊人的相似之处。熊彼特的夫人伊丽莎白也指出"熊彼特和马克思有一个共同之点，那就是关于经济发展过程的看法"。但他们的结论不同，"它使马克思谴责资本主义，而使熊彼特成为资本主义的热心辩护人"。

熊彼特的创新理论对当代经济学的影响相当大。20世纪50年代影响颇大的美国经济学家罗斯托的经济成长阶段论和美国经济学家加尔布雷思的新工业国理论都深受创新理论的影响。今天风行一时的新制度经济学亦继承了熊彼特的思想。由创新理论发展而来的研究技术变革及其影响的技术创新经济学和研究制度变革及其影响的制度创新经济学仍然有生命力。以创新求发展已经成为许多企业和国家发展的指导思想。

在今天，当我们把创新一词经常挂在嘴上，以创新为时尚时，读一读《经济发展理论》这本书，弄清创新的来源和真正含义是有意义的。

08

市场经济的"圣经"

——《国富论》^① 的要义

斯密在《国富论》中完整地论述了市场经济的基本思想,以后的经济学家的著作都是对这些思想的发展与完善。《国富论》是市场经济的"圣经"。从这种意义上说,学习经济学的人不可不读《国富论》。

亚当·斯密《国富论》的原名是《国民财富的性质和原因的研究》。这是最早引入中国的经济学名著,当时严复把书名译为《原富》,大概是仿韩愈的《原道》而来吧。

上大学时我就读过《国富论》,不过那时我们把亚当·斯密作为古典经济学的代表人物,认为这个经济学派之所以得到马克思首

---

① 亚当·斯密:《国民财富的性质和原因的研究》,商务印书馆,1972 年。收入"汉译世界学术名著"丛书。杨敬年译本,陕西人民出版社,2001 年。

肯是因为它的"合理内核",即劳动价值论。学说史课中对斯密的介绍以劳动价值论的贡献与缺陷为中心。读《国富论》时注意的是斯密关于劳动价值论的论述。可惜看完全书才知道,斯密并没有单独设一篇或一章讲劳动价值论,只在一些零星的地方论述其他问题时有一些关于劳动价值论的论述。上研究生时再读《国富论》才体会出,这本经典的贡献在于对市场经济的论述。从本质上说,《国富论》之所以被称为经济学皇冠上的明珠,至今仍为我们重视,就因为它是市场经济的"圣经"。

书名为《国民财富的性质和原因的研究》,表明它要研究什么是国民财富以及如何增加国民财富。斯密开宗明义地指出:"一国国民每年的劳动,本来就是供给他们每年消费的一切生活必需品和便利品的源泉。构成这种必需品和便利品的,或是本国劳动的直接产物,或是用这类产物从外国购进来的物品。"这个概念与现代经济学中的国内生产总值相当接近。与重商主义把流通中产生的贸易差额作为国民财富不同,作为古典经济学家的斯密把生产出来的产品作为国民财富,这就使经济学研究从流通进入生产。这是古典经济学的重要贡献。在生产中,国民财富来自劳动和资本。斯密正是按这个思路来安排本书内容的。第一篇讲劳动,第二篇讲资本,第三篇比较不同国家的财富发展,第四篇讲政治经济学体系,第五篇讲政府在经济中的作用。斯密受重农学派自然秩序思想的影响,崇尚自发调节的市场机制。贯穿《国富论》全书的正是劳动和资本如何在市场经济中生产出国民财富。

　　作为大卫·休谟的朋友，斯密相信人性的存在。人的本性是利己的，即从个人利益出发来从事一切活动。增加国民财富的分工和交换正产生于这种利己之心。斯密认为，我们可以通过交换获得食物和饮料，"不是出自屠户、酿酒家或烙面包师的恩惠，而是出于他们自利的打算。我们不说唤起他们利他心的话，而说唤起他们利己心的话。我们不说自己有需要，而说对他们有利"。承认人的利己心是市场经济的出发点。市场经济不是要消灭人的利己心，而是承认并利用人的利己心。利己是人万古不变的本性，正是在这种意义上，我们说市场经济是一种符合人性的经济制度。

　　每个人都从利己的目的出发从事经济活动，会使整个社会国民财富增加吗？斯密的回答是肯定的。他说："各个人都不断努力为他自己所能支配的资本找到最有利的用途。固然，他所考虑的不是社会的利益，而是他自身的利益，但他对自身利益的研究自然会或者毋宁说必然会引导他选定最有利于社会的用途。"利己的行为必定有利于社会，是因为有价格这只看不见的手在引导每个人的行为。这就是说，每个人行为的目的并不是促进社会利益，也不知道如何促进社会利益，但"在这场合，像在其他许多场合一样，他受着一只看不见的手的指导，去尽力达到一个并非他本意想要达到的目的。也并不因为事非出于本意，就对社会有害。他追求自己的利益，往往使他能比在真正出于本意的情况下更有效地促进社会的利益。我从来没有听说过，那些假装为公众幸福而经营贸易的人做了多少好事。"斯密说的"看不见的手"就是价格。价格指引实现资源配置最优化是市场经济的核心思想。这正是斯密在经济学中最伟大的贡献。

由这种观点出发，斯密主张在国内自由放任，在国际上实行自由贸易。那么，政府有什么作用呢？斯密认为，国家的首要任务是"保护本国社会的安全，使之不受其他独立社会的暴行与侵略"。第二个义务是"保护人民不使社会中任何人受其他人的欺侮或压迫"，换言之，就是设立一个严正的司法行政机构。第三个义务是"建立并维持某些公共机构和公共工程"，包括教育在内。这些一直被认为是市场经济中政府的基本职责。

斯密在《国富论》中完整地论述了市场经济的基本思想，以后的经济学家都是对这些思想的完善与发展。在这种意义上说，学习经济学的人不可不读《国富论》。

《国富论》与当今许多抽象推理的著作不同，它是一本百科全书式的著作，其内容包括当时的经济现实、历史、社会、风情等广泛的内容，语言流畅、生动，读来颇为有趣。《国富论》的英文原版还是国外一些文学专业学生必读的范文。斯密是一位大师级的经济学家，无所不知，且对许多问题都有令人叫绝的见解。例如，斯密并没有来过中国，但他通过读书和与朋友交往对中国的了解，你不得不佩服。斯密对中国的评价是："中国一向是世界上最富的国家，就是说，土地肥沃、耕作最精细，人民最多而且最勤勉的国家。然而，许久已来，它似乎就停滞于静止状态了。"这种说法我们现在都熟悉，但出自一位没来过中国的、18 世纪的经济学家之口，就令人敬佩了。

读《国富论》中最令人感兴趣的是他的一些哲理名言。他说："社会最大部分成员境遇的改善，绝不能视为对社会全体不利。有大部分成员陷于贫困悲惨状态的社会，绝不能说是繁荣幸福的社会。"这种公正观今天仍未过时。他还说："大多数人对自己的才能总是过于自负。""对自己幸运妄加猜测，比对自己才能过于自负，恐怕还要更普遍些。""每一个人，对得利的机会，都或多或少地作出了过高的评价，而大多数人，对损失的机会，都作了过低评价。""轻视危险和奢望成功的心理，一生中以选择就业的青年时期最为活跃。"这类话还有不少。当读《国富论》时，读到这些话，的确使人精神为之一振，为大师不经意间说出的人生哲理所折服。

还应该指出，斯密的另一本重要著作是《道德情操论》。在《国富论》中，斯密强调了人性中利己的一面，在《道德情操论》中又强调人性中同情心、利他的另一面，把市场经济作为一种建立在某种道德规范之上的经济。这两本书的统一才是斯密完整的市场经济思想。《道德情操论》难读一点，但仍值得一读。

严复用文言文译的《国富论》于 1902 年出版。1931 年，著名经济学家郭大力和王亚南用白话文翻译并出版了这本书，新中国成立后又经修改由商务印书馆出版，成为《国富论》的标准译本。2001 年，陕西人民出版社又出版了由南开大学教授杨敬年译的新译本，第 1 版仍用《国民财富的原因和性质的研究》，第 2 版改为《国富论》，这个译本更准确、通畅。郭王译本和杨译本各有特色，读哪一本都会受益颇丰。

09

农业走出困境之路

——《改造传统农业》^① 的现实意义

任何一个国家的现代化都涉及农业现代化问题。农业现代化的本质是把传统农业改造为现代农业。舒尔茨说明了市场经济下农业现代化的途径。他的《改造传统农业》出版于 20 世纪 60 年代，但今天对我们仍然有启发意义。

尽管西奥多·舒尔茨在 1979 年获得过诺贝尔经济学奖，尽管《改造传统农业》是他的代表作之一，但如果要选出 10 本 20 世纪的经济学经典，这本书恐怕是难以入选的。我把这本书选入向读者推荐的经典也不是因为我是这本书中文版的译者，而是因为这本书对解决我国的农业问题仍然具有现实意义。

---

① 西奥多·W. 舒尔茨：《改造传统农业》，商务印书馆，2006 年，收入"汉译世界学术名著"丛书。

任何一个国家的现代化都涉及农业现代化问题。农业现代化的本质是把传统农业改造为现代农业。与工业现代化相比，农业现代化要更加困难。在中国，计划经济下的工业化是以牺牲农业为代价的。与迅速的工业化相比，农业是停滞而落后的。这加剧了在市场经济条件下，农业向现代化转化的困难。广为关注的三农问题成为我们现代化过程中的难题，其根源仍在于农业生产的落后。近年农产品价格急剧上升根源于农业生产的停滞与滑坡。在这种形势之下，认真读一读《改造传统农业》这本书，肯定会得到许多有益的启示。《改造传统农业》出版于 1964 年，如今 55 年过去了，舒尔茨教授也已仙逝。但这本书的许多观点并没有过时，尤其对我们这样现代化进程中的国家，仍有重要的现实意义。

解决农业问题必须对农业在现代化进程中的作用有正确的认识。在许多国家，农业长期停滞落后还在于对农业重要性认识的错误。20 世纪 50 年代初，经济学家把以工业化为中心作为现代化的战略。他们认为，一国的经济发展与现代化在于实现工业化。农业是停滞的，农民是愚昧的，农业不能对现代化作出什么贡献，充其量只能为工业化提供劳动力、市场和资金。与舒尔茨同时获诺贝尔经济学奖的另一位发展经济学家阿瑟·刘易斯就是这种观点的代表。许多发展中国家按这种思路发展工业化，结果不仅现代化没有实现，甚至连基本的吃饭问题也没解决。我国农业问题长期得不到解决，也与对农业的认识相关。"无农不稳，无工不富"是许多人所认可的方针。把农业的作用仅仅归结为"稳",就忽略了它对经济本身更重要的贡献。把"富"的希望寄托在"工"上,正是以工业化为中心的依据。

舒尔茨在《改造传统农业》中首先要纠正的正是这种轻农观念。舒尔茨认为,"并不存在使任何一个国家的农业部门不能对经济增长作出重大贡献的基本原因"。农业本身的发展正是整个社会现代化的一个组成部分,它不仅仅是为现代化提供条件,本身就是现代化的动力之一。没有农业的现代化绝没有整个社会的现代化。舒尔茨用欧洲国家,日本、墨西哥等国的历史经验说明了农业发展在现代化过程中的作用。这告诉我们,要解决农业问题,必须纠正对农业的错误认识。在 20 世纪 80 年代之后,刘易斯也承认自己忽视农业问题是一个失误。

当然,传统农业是不能对经济发展作出贡献的,只有现代农业才能成为经济增长的源泉。因此,舒尔茨的重点就是要说明如何把传统农业改造为现代农业。这也是这本书以《改造传统农业》为题的原因。舒尔茨分析了改造传统农业中的三个核心问题:传统农业的基本特征是什么?传统农业为什么不能成为经济增长的源泉?如何改造传统农业?

舒尔茨认为,传统农业是一个经济学概念,不能根据它的非经济特征进行分析。从经济学的角度看,"完全以农民世代使用的各种生产要素为基础的农业可以称之为传统农业"。传统农业作为一种特殊类型的经济均衡状态有三个重要特征:(1)所使用的生产要素与技术长期保持不变;(2)没有增加传统使用的生产要素的动力;(3)传统生产要素的供给和需求处于长期均衡状态。从以上的分析来看,传统农业就是长期停滞的小农经济。应该承认,我国农业至今也没有从根本上改变小农经济的基本特征,仍属于传统农业。这正是《改造传统农业》一书对我们具有现实意义的原因。

按传统的观点,传统农业不能成为经济增长的源泉是因为它的停滞与落后性。这就在于它的生产要素配置不合理,边际生产率为零,生产效率低,而且存在隐蔽性失业。舒尔茨批驳了这些观点。他根据社会学家对危地马拉的帕那加撒尔和印度的塞纳普尔这两个传统农业社会所进行的详细调查资料证明了"在传统农业中,生产要素配置效率低下的情况是比较少见的"。这就是说,农民并不愚昧,他们会对市场价格的变动作出迅速而正确的反应,也可以使生产要素的配置最优化。重新配置这些生产要素并不会增加生产。舒尔茨还指出,传统农业中的确存在储蓄率和投资率低下,资本缺乏的现象,但根源并不是农民储蓄少或缺乏企业家,而是增加对原有生产要素的投资收益率低,对储蓄和投资缺乏足够的刺激。舒尔茨用收入流价格理论来说明这一点。

　　舒尔茨把收入作为一种流量，收入来自生产要素，收入流的来源就是生产要素。生产要素是有价值的，也就有由供求决定的价格。说明传统农业的"中心经济问题就是要解释由什么决定这些收入流的价格"。在传统农业中，生产要素和技术不变，即收入流的供给曲线是一条垂线。同时，传统农业中农民持有和获得收入流的偏好与动机不变，收入流来源的需求也不变，是一条水平线。这样，收入流的均衡价格就长期在高水平上不变，资本的收益率低下。这正是传统农业无法对经济增长作出贡献的原因。

　　由以上可以得出，改造传统农业的关键是引进新的现代化农业生产要素。这些要素使农业收入流价格下降，资本的收益增加。引进新生产要素实质上就是经济学家所强调的技术变化。引进新生产要素改造传统农业要解决三个问题：（1）建立一套适于改造传统农业的制度。这些制度包括改变所有者不住在土地所在地，也不经营的不在所有制度；不追求大规模的农场，实现所有权与经营权合一的家庭农场的适度经济规模；特别是用市场的价格手段来激励农民，只要给农民以适当的刺激，他们就会点石成金。（2）从供给和需求两个方面为引进现代生产要素创造条件，尤其是供给更为重要。（3）对农民进行人力资本投资。掌握现代农业生产要素的人也是生产要素，而且，"各种历史资料都表明，农民的技能和知识水平与其耕作的生产率之间存在着有力的正相关关系"。舒尔茨作为人力资本理论的创建者之一，强调了农业现代化中人力资本投资的重要性。这种人力资本包括正规教育、在职培训及提高健康水平，其中最重要的是教育。

我国自改革开放以来农业的发展关键源于制度改革——家庭承包责任制的实现。但我们的问题也源于舒尔茨早在 50 年前提出的问题，如土地产权、市场机制的运用以及农村普及教育问题。无论中国的农业和改革有什么特点，我们仍要遵循普遍规律。舒尔茨在《改造传统农业》中所论述的正是这些各国都必须遵守的共同规律。

10

为"投资饥渴症"号脉

——《短缺经济学》^① 对计划经济下国企困境的分析

计划经济是一个典型的短缺经济。计划经济下国有企业的"软约束""投资饥渴"是体制性弊病。国企改革的成功要从认识国企的弊病开始。《短缺经济学》这本书讲的正是计划经济下国企的弊病及根源。在我国经济改革起步的20世纪80年代，这本书的"走红"也不是偶然的。

经典就是常读常新，给人以启迪的著作。在这种意义上说，匈牙利经济学家亚诺什·科尔内的《短缺经济学》是一本经典之作。

记得1986年，《短缺经济学》的中文版发行时，真正是红极一

———————

① 亚诺什·科尔内：《短缺经济学》，经济科学出版社，1986年。

时。据当时的报刊报道，在市场上，《短缺经济学》真正"短缺"了。经济学界的人士无论写文章还是作演讲，必以引证科尔内的分析为荣，颇有点"开口不言'短缺论'，纵读诗书也枉然"的架势。科尔内把计划经济概括为"短缺经济"，用"软约束"来分析企业行为，用"投资饥渴症"来说明资源配置失误的原因，用"父爱主义"来概述政府与企业关系等观点已成为经济学中的经典之论。

《短缺经济学》是科尔内于 1976—1977 年间在瑞典斯德哥尔摩国际经济研究所工作期间完成的。这时匈牙利已经开始了经济改革，但还没有完成向市场经济的根本性转化，经济制度的基本特征仍然属于计划经济。计划经济的基本特征表现为物资短缺。科尔内从短缺出发分析了这种体制的中心环节——国有企业问题。市场经济的活力来自企业，正是企业追求利润最大化的行为创造了一个繁荣的经济。计划经济的低效率则来源于指令制下国有企业的低效率。所以，从计划经济转向市场经济的关键是把作为国家行政单位，以完成计划为目标的企业，变成有自己产权与决策权，以利润最大化为目标的市场经济企业。体制外的改革，无论是农村的承包制，还是允许非国有经济存在，都属于为改革创造条件，改革的中心是现代企业制度的建立。

科尔内认为，在计划经济体制下，企业的预算约束是软的。在市场经济体制下，制约企业行为的是市场需求，而在计划经济体制下，制约企业行为的是资源限制。因此，决定经济增长的就不是需求而是供给。在软约束之下，企业"如果亏损了，它也不会真正破产，即停止营业。企业总会得到外来帮助，接受追加贷款，减免税收，获得补给，或提高销售价格，结果它最后总会摆脱财务困境"。

科尔内分析的另一个问题是企业的投资饥渴症。在计划经济中，"没有一个企业或非营利机构不想得到投资。不存在饱和问题，投资饥渴是长期的，假如刚刚完成的一项投资暂时满足了投资饥渴，很快又会产生新的饥渴，而且比以前更为强烈"。而且，这种"投资需求不会因亏损或破产而受到限制"。

企业预算软约束也好，投资饥渴也好，都是经济中可以看到的现象，其根源在于指令制中企业对政府的依附关系，或者说"企业或非营利机构不能独立地进行投资决策"。这就是说，在计划经济下，企业依附于政府，企业没有自己的独立性。政府作为公有制的代表者决定企业的发展，为企业作出决策，同时也给企业以"父爱主义"。

作为"企业之父"，政府要决定企业的经营与投资。典型的例子是，20 世纪 80 年代中期，当"二汽"通过市场调查决定上农用汽车时，机械部坚持要它们上轿车（即富康轿车），结果在需求旺盛的农用汽车市场上，他们失去了机会。政府作为"企业之父"既是严厉的，又是慈善的。科尔内把父爱主义分为5种程度：程度4，"实物给予——被动接受"，即政府全部主动满足企业的需要；程度3，"实物给予——主动表达愿望"，即企业提出的要求可由政府满足；程度2，"货币津贴"，即企业通过讨价还价得到政府贷款；程度1，"自立——有助"，即企业有困难仍要找政府；程度0，"自立——无助"，即企业完全独立，不存在政府的父爱。科尔内认为，"父爱主义是使预算约束软化的直接原因"。

11

宗教与市场经济

——奠定资本主义精神的《新教伦理与资本主义精神》①

宗教在西方社会中是重要的精神支柱，也是主流意识形态。宗教改革形成的新教成为资本主义崛起的精神力量，成为一代新人信仰的力量。韦伯的《新教伦理与资本主义精神》说明了新教伦理在资本主义发展中的作用，堪称经典。

马克斯·韦伯（1864—1920）是德国最伟大的社会学家之一。他终生致力于研究"世界各种宗教的经济伦理观"，探讨宗教文化与经济发展之间的关系，发表于1904—1905年间的《新教伦理与资本主义精神》是他的代表作。这本书是社会学名著，也是经济学名著。每一个对经济学有兴趣的人都应该读一读。

---

① 马克斯·韦伯：《新教伦理与资本主义精神》，三联书店，1987 年。

宗教是一个社会的文化精神，宗教信仰形成人们的世界观。宗教作为上层建筑的重要组成部分对经济有重大的影响，不同的宗教与不同的经济相关。与市场经济相一致的是新教。韦伯正要说明新教伦理与资本主义精神之间的关系。

什么是资本主义精神？美国政治家本杰明·富兰克林对此有精辟的论述。资本主义精神是这样一种伦理观：个人有增加自己资本的责任，增加资本本身就是目的。这就是说，人被赚钱的动机所左右，把获利作为人生的最终目的，这种获利并不是为了满足自己的物质需要，而是作为一种事业或人生目标。这种精神在前资本主义中就有，但并没作为一种精神取得主流地位。就当时的整个社会而言是排斥这种精神的。不以满足需求而以无限获利为目标的观念在资本主义企业中找到了最合适的表现，企业也从这种精神中汲取到它最合适的动力。这种精神体现在资本主义上升时期的工业中产阶级身上。这些人节俭、刻苦，不想消费只想赚钱，精明而大胆，自制而可靠，明智且富于献身事业。这就是资本主义精神的体现。把赚钱看作人人都必须追求的目标，看作一项职业，这与以前各个时代的伦理观是背道而驰的。这种资本主义精神是理性主义整体发展的一部分，可以从理性主义对生活基本问题的解释中演绎出来。在这一过程中，新教形成了一个关于纯粹理性哲学发展的阶段。

马丁·路德的新教以对"职业"这个概念的解释演绎出一套伦

理观。"职业"这个概念在德语中是"Beruf"，在英语中是"Calling"，也可以称为"天职"或"神圣"。这个概念是在路德的宗教改革中产生的。它包含了对人们日常活动的肯定性评价。个人道德活动所能采取的最高形式应该是对其履行世俗事务的义务进行评价。这就使日常的世俗活动有了宗教意义，并在此基础上提出了"职业"这个概念。这个概念引出了所有新教教派的核心教义：上帝允许的唯一生存方式，不是要人们以苦修的禁欲主义超越世俗道德，而是要人完成个人在现世所处地位赋予的责任和义务。这是人的天职。这个观念本身并不是资本主义精神，只是宗教改革的结果。

资本主义制度本身并不是宗教改革的产物，而是经济发展的结果。但这种制度的发展依赖了来自宗教改革的精神。韦伯论述了各种新教的基本观点及其对资本主义精神形成的作用。

新教包括四个主要教派。加尔文派，这是产生于16世纪宗教改革时期基督教新教的主要派别之一。这个派别把《圣经》作为信仰的唯一源泉，认为人类的存在完全是为了上帝。他们的信仰是要从事有助于增添上帝荣耀的行为。它要求信徒不是个别的善行，而是终生完整的善行。这就要在世俗活动中证明自己的信仰，把世俗生活完全合理化了。虔信派，分为大陆虔信派和德国虔信派。前者主张借助于禁欲主义来享受与上帝同在的观点，其作用在于对职业中的行为进行严格的禁欲控制。后者认为，在一项职业中的劳动就是最好的禁欲活动。它们都把禁欲主义解释为好好干活。循道宗，其信徒具备有条理的、系统化的行为本性，以达到唯一的确定性。浸礼宗诸派，其原则是永久保留财富，是一种直接以信徒生活为标准的生活方式。它精明而谨慎的理智性糅进了非政治的职业中，对资本主义精神形成有重要作用。这各个教派通过对宗教教义的重新解释使各种经济行为合法化，这就导致了资本主义精神的出现。

宗教原来主张禁欲主义，新教正是从对禁欲主义的解释中引申出资本主义精神的。新教的伦理观认为，只有当财富使人游手好闲时才是一种不良之物。在把财富作为履行职业义务的意义上说，获得财富不仅在道德上是允许的，而且在实际上是必须要做的事情。这就说明勤劳与现代专业化劳动分工的合理性。把财富解释为天意，就证明了商人的活动合乎宗教教义。

新教对禁欲主义解释与资本主义精神密切相关。首先，把劳动作为一种禁欲手段，不愿劳动是没有获得上帝恩赐的象征。其次，财富能使任何人免除必须无条件服从的诫令。富人即使不必通过劳动满足其需求，也必须与穷人一样服从上帝的诫令，也要追求财富。最后，上帝安排劳动分工的目的要通过分工的结果来解释。这就是说，一个从事专业劳动的人会有系统、有条理地完成自己的工作。上帝所要求的不是劳动本身，而是在一项职业中的合理劳动。

这种经济伦理的形成对资本主义精神的影响是深远的。

韦伯认为，新教伦理对资本主义精神的影响在于：第一，资本主义精神的伦理基础正是新教对禁欲主义的新解释。新教不反对创造财富的劳动，反对自己为享受的消费。这就形成资本主义精神中的节俭精神。第二，新教使获取财富的活动摆脱了传统教义的束缚，合理化，并成为上帝的直接意愿。在新教看来，不停地、有条理地从事一项世俗活动就是获得禁欲精神的最高手段，也是再生和信仰的最可靠、最明确的证据。

新教使资本主义精神合法化。这对于资本主义的发展起到了巨大推动作用。禁欲主义的节俭引起资本积累，强加在财富消费上的种种限制使资本用于生产性投资，这就增加了财富。在新教所影响的范围内，这种世界观有利于理性的资产阶级生活方式的发展。它哺育了一代又一代资本主义制度的创建者，至今仍然有重大的影响。

新的思想往往是从对传统思想的解释中产生的。新一代人很明白，宗教作为一种社会的文化精神，成为人民的信仰，不能反对宗教，只能利用宗教。要使旧宗教为新经济服务就必须重新解释原有的宗教教义，在旧的形式和字面以内赋予它新的含义。新教还是以这种方式成为资本主义制度的思想先导。资本主义的精神也是市场经济的精神。市场经济是有伦理道德基础的，这种伦理道德我们也不能排斥。在今天，韦伯的这本《新教伦理与资本精神》仍有意义。

国内出过两种版本的《新教伦理与资本主义精神》。一本是收入四川人民出版社《走向未来丛书》的译本，仅收录正文。另一本是收入三联书店《现代西方学术文库》的译文，这个译本包括了大量相当有价值的注释。读者当然应该选后一个译本。

12

从低信任社会到高信任社会

——《信任：社会美德与创造经济繁荣》① 是繁荣的基础

经济学家讲实物资本与人力资本，社会学家讲社会资本。这三种资本才是经济繁荣的基础。在社会资本中关键是跨血缘、跨地域的高度信任。这种信任的形成来源于社会文化。不同的文化形成不同程度的信任。

社会学家与经济学家看问题的角度不一样。经济学家把利己作为理性人的本性，用人们对私欲的追求来解释经济发展与繁荣。社会学家不这样认为。福山指出"这个学说的80%是正确的"，"剩下的20%只能给出拙劣的解释"。经济与文化不可分，福山用产生

---

① 弗兰西斯·福山：《信任：社会道德与繁荣的创造》，远方出版社，1998年。2016年广西师范大学出版社出版了郭华译的新中文本，名字为：《信任：社会美德与创造经济繁荣》。

于文化传统的信任来解释经济繁荣，所以《信任》这本书的副标题是"社会美德与创造经济繁荣"。

福山认为，经济繁荣取决于三种资本：经济资本（土地、设备之类实物资本）、人力资本和社会资本。社会资本是人们在一个组织中为了实现共同目的而合作的能力。社会资本来自人与人之间的信任，或者说："社会资本是由社会或社会的一部分普遍信任所产生的一种力量。"这种社会资本不是来自理性投资，而是产生于宗教、传统、习俗这类被称为文化的过程。所以，"信任可以在一个行为规范、诚实而合作的群体中产生，它依赖于人们共同遵守的规则和群体成员的素质"。福山这本书正是围绕信任对经济发展的影响和文化对信用形式的作用来展开的。

信任之所以重要，在福山来看是由于它对企业形式的影响，任何一个经济的活力都来自企业。成功的企业是经济繁荣的基础。尽管任何一个社会都会有大量中小企业，而且中小企业也有其不可忽视的作用，但大企业仍然是经济的中心和火车头。从某种意义上说，大企业的成败将左右一个国家的繁荣程度。大企业可以采取三种形式：家族企业、国有企业和专业化管理的私人企业（所有权和经营权分离的股份公司）。家族式企业难以成为持久存在的大企业，国有大企业的低效率几乎无法克服。高效率的大企业只能是专业化管理的私营企业。一个国家的大企业采取哪种形式取决于多种因素。在福山看来，关键是取决于产生于文化的信任程度。这正是信任与经济繁荣密切相关的重要原因。

福山把社会分为高信任社会和低信任社会。不同程度的信任决定了一个国家企业的形式和规模以及经济繁荣程度。信用程度的高低与一个社会的文化相关。

低信任社会是信任只存在于血亲关系的社会，这时所存在的信任是有限信任，即在一定范围之内存在的信任。低信任社会的组织可以称为马鞍型组织，一边是强大的政府组织，另一边是原子化的家庭，缺乏一种社会中间组织。意大利南部和法国属于这种社会。这种社会中企业的形式以家族式企业和国有企业为主。信任只存在于有血亲关系的家族之内或一个狭小的地区，企业也是家族式的。

在中国历史上，晋商和徽商都属于这种情况。晋商的有限信任存在于一个狭小的地区内，所相信的是同县或同村的老乡，甚至都扩大不到一个省。所以，晋商的成功者，甚至内部工作人员大都为祁县、太谷和平遥人。其企业形式是由出资控股的东家雇用自己信得过的老乡，实行全权授权经营，并由这种称为"老帮"的职业经济人雇用自己的老乡作为工作人员。徽商的有限信任存在于以血亲为纽带的家族内，所相信的是家族成员。企业成员均为本家族的人。在这种有限信任之下，企业都是家族企业。我国内地（大陆）民营企业以家族企业为主，香港和台湾地区也是这种情况。即使是华人的大企业，也实行家族所有和家族化管理。

高信任社会是信任超越血亲关系的社会，这时所存在的信任是无限信任，即在整个社会普遍存在的信任。高信任社会有发达的社会中间组织——教会、商会、工会、俱乐部、民间慈善团体、民间教育组织以及其他非政府组织。这些组织在非血亲关系之间建立了信任，从而可以建立有效率的大企业。日本、美国、德国等发达国家存在的正是这种信任。

在福山看来，日本企业大而有效率就在于日本公司是一种"网络组织"，形成了高度信任，战前这种网络组织以财阀为中心，战后是围绕某个银行由不同行业的公司组成的联合体。这种网络已经联合了31%的公司，其成员之间没有正式法律契约，联结他们的是一种默契的合作与信任关系。这种网络组织的形成在于"日本很早就有一些不以血亲关系为基础的人际交往习俗"。例如，收养非血亲人为子女，让这些子女继承家庭的权力，这种继承的比例高达25%—34%。此外，普遍实行的终身雇佣制也有助于企业与员工的双向信任。

美国被认为是一个以个人主义为中心的国家。福山认为，这是一个天大的误解。作为一个生活在美国的日本人，福山指出，美国有双重文化：个人主义与社群主义。美国民主政治与市场经济的成功不是由这两种文化中的一种造成的，而是这两种文化相互移动的结果。所以说，"美国是具有高度自发的社群倾向的社会，普遍地存在高度的社会信任，因而可以建立大规模的经济组织。在这种组织中，非血亲人员可以轻松地为着共同的经济目标合作"。这两种文化都来自新教，托克维尔和韦伯当年访问美国时都注意到美国的社群生活。美国民间组织发达，存在广泛的信任，可以产生世界上最成功的企业。

当然，福山对信任问题的分析仅仅是从社会学的角度出发的，并不见其全面。不同的学者对信任有不同的认识。在经济学家看来，信任的基础是产权、激励-约束机制和市场竞争。没有明晰的产权，信任带不来经济利益，信任无从谈起。没有激励-约束，对守信者不奖，对违信者不罚，信任也无从建立。只有在市场竞争中，信用作为竞争力的重要组成部分，信用才会受到重视。法学家强调立法和相应的惩罚是信用的制度基础，只有人与人之间的关系契约化，而且有法律保证这种契约关系的实现，才会有信任。伦理学家则更多强调了伦理道德的重建。应该说，不同学者的观点都有其合理性，把他们的这些观点综合起来就是从低信任社会走向高信任社会之路。

我用的中文本《信任》是台湾学者翻译的，与我们习惯的行文不完全一致。而且，译者似乎对经济学不熟悉，涉及经济学的词汇有些误译，比如把 neomercantilists 译为新商业主义就不对。重商主义是 16 世纪前后的一个经济学派，主张多出口，少进口，加一个新（neo）指当代保护贸易者，应译为新重商主义者。介绍熊彼特时漏掉了他的创新理论和最重要的著作《经济发展理论》。把约定俗成的人名译法 Buchanan（布坎南）译为巴切南，把斯密的名著《道德情操论》译为《道德情感论》等等。读者阅读时要注意。

13

接地气的经济学
——行为经济学的奠基之作《赢家的诅咒》《助推》《"错误"的行为》①

现实经济生活中的悖论与反常行为，让我们认识到理性人假设的内在缺陷。行为经济学帮助我们作出有关健康、财富与幸福的最佳决策。从心理学的引进到行为经济学的形成是经济学不断进步的过程。

我是学主流经济学出身的。读的教科书、专著、论文都是主流经济学的。出于赶时髦，也读了点儿新剑桥学派、新左派和新制度学派，诸如琼·罗宾逊、斯威齐、加尔布雷思的著作，但颇为不屑。而且，读这些非主流的东西，反而加强了我对主流经济学的信念。以后我按主流经济学的思想写教科书、专著或论文，也用这一

① 理查德·塞勒：《赢家的诅咒》《助推》《"错误"的行为》，中信出版集团，2018年。

套来讲解和思考。如果把主流经济学作为一种宗教，我就是一个"受洗并虔诚的信徒和传教士"。

不过在学习与思考中，在与学生、朋友的交流中，我对主流经济学"教义"的基础之一——"理性人"假设有了些许不敬。主流经济学的假设是"理性人"。理性人的特点之一是自私，即"经济人"；特点之二是自觉地（或者说本能地）按最大化原则行事，也能自觉或不自觉地运用机会成本、边际分析法等原则作出选择。但随着阅读面的扩大和在社会上活动交往的增加，我对这种理性人假说逐渐有所动摇。"自私"固然是人的本性，但自私的人也有许多不自私的行为。这种行为肯定不是主流，但对社会却有不可忽视的效果。在美国，没有那些成功人士的捐助，能有那么多的名牌大学和基金会吗？正是许多人无私的奉献，才有了这个社会上许多美好的东西。按理性的方式行事，更有些远了。许多人其实是以非理性的方式行事的。以我自己为例，效用最大化、边际分析法，我可以讲得头头是道，但实际消费中有几次想到了这些原则？而且从事后来看，我的许多次消费肯定是边际效用为零，甚至为负。这种不理性行为在许多人身上都多次发生过。即使那些创立这些理论的人，他们会完全按照理性的方式作选择吗？看来经济学这个手电筒是用来照别人的，但最后谁也没照到。

理性人假说的动摇绝非小事，因为整个经济学体系都建立在这个基础之上。离开了这个前提，严密、精致的理论分析，逻辑性极强的数学推导，就都不那么坚实了，由此得出的结论也要打个折扣。经济学的基本中心之一就是证明市场机制的完善性，建立在理性人假说之上的一般均衡理论证明了这一点。从历史实践来看，谁也不会否认市场机制。但"完善"二字绝谈不上。市场机制出了多少问题？引发了多少次灾难？人们选择市场经济，并不在于它完善，而在于没有其他更好的选择。

当然，经济学家也不会长期忽视这些问题。其实，市场经济理论的创立者、现代主流经济学的奠基人亚当·斯密在他提出"经济人"和"看不见的手"的同时，也提出了人性的复杂性以及看不见的手会引发的问题。可惜他的继承者新古典经济学家忽略了后一种分析，而夸大了前一种分析。也许还有特立独行的学者想到了这个问题，不过他们被势不可当的主流经济学淹没了，也有更多的人和我一样因愚蠢的虔诚而不思考其他。

不过人们终究会不断追寻真理。强调理性人假说和市场机制完善性的主流经济学总会遇到挑战。最早产生影响的是西蒙的"有限理性"假说。西蒙教授认为，人不可能像主流经济学认为的那样完全理性，由于种种原因，他们有理性，但并非完全理性，而是有时理性，有时不理性，在有些问题上理性，在有些问题上不理性。换言之，理性是有限的。西蒙由于这个理论和其他贡献而获得了

1978 年诺贝尔经济学奖。其后兴起的则是我们这里要重点介绍的行为经济学了。

　　主流经济学日益数学化，靠数学推导建立了逻辑严谨的理论体系。在现代，奠定数学分析方法基础的是萨缪尔森的《经济分析基础》。我们不否认数学工具的运用和由此产生的数理经济学与计量经济学对经济学发展的重大意义，但主流经济学并不完善，数学方法也不是研究经济学的唯一方法，这就产生了行为经济学与实验经济学。行为经济学认为，人不是纯理性人，而是社会人。决定人们决策的不仅仅是经济理性，更重要的还有由许多因素共同决定的心理因素。这种心理因素中既包含理性的因素，也包含许多非理性的，或者利己但不理性的因素。这些心理因素无法用数字来表达，也不能包括在数学模型中。数学模型中用随机变量来代表这些无法衡量与无法预测的因素，实际上否认了这些因素在决策中的作用。运用行为经济学的方法研究人们的经济行为，就要从对现实生活的观察和对人类行为的实验出发。所以说，观察现实和实验经济学是行为经济学的基础。2002 年，对实验经济学作出开创性贡献的弗农·史密斯和对行为经济学作出开创性贡献的丹尼尔·卡尼曼共同获得诺贝尔经济学奖，这绝非偶然（可惜另一位对行为经济学作出开创性贡献的经济学家阿莫斯·特沃斯基由于英年早逝未在获奖之列）。行为经济学对经济学发展的重要性越来越大，另一位行为经济学大师理查德·塞勒终于在 2017 年获得诺贝尔奖。行为经济学更加贴近现实，因此我称之为"接地气的经济学"。

理查德·塞勒也是行为经济学的开创者之一，而且对这门学科的发展作出了许多重要贡献，他获得诺贝尔经济学奖当之无愧。塞勒现任教于芝加哥大学布斯商学院，芝加哥大学是盛产诺贝尔奖得主的地方。塞勒在《美国经济评论》和《政治经济学杂志》等知名刊物上发表过许多重要文章，也出版过许多著作。本文将根据已译为中文的《赢家的诅咒》《助推》和《"错误"的行为——行为经济学的形成》来介绍他对行为经济学的贡献。

《赢家的诅咒》

《赢家的诅咒》出版于 1991 年，是塞勒的行为经济学论文集。20 世纪 80 年代，塞勒在康奈尔大学任教，一次开会时另一位经济学家哈尔·瓦里安（他的中级微观经济学教科书在中国影响甚大，被广泛用作研究生的教材）告诉他美国经济学会正在筹办一份《经济展望杂志》（*Journal of Economic Perspectives*，这是一本非常好的杂志，收录的文章主要介绍经济学的最新进展，且不难读，我在美国进修时常读这本期刊，回国时还带了一些，并在回国后写的《重要的还在于学习》中对这本杂志称赞有加），希望他写专栏。在巴里·奈尔伯夫（他是介绍博弈论的《策略思维》的作者之一，这本书也极好，我常推荐给学生）和约瑟夫·斯蒂格利茨（诺贝尔经济学奖获得者）的鼓励下，塞勒就经济中的反常现象为该杂志撰写专栏。

　　这个专栏从 1987 年第一期开始。塞勒写了四年，共十三篇文章。这本书就由这十三篇文章组成。这些文章的中心是分析经济中的反常现象。反常现象是指与主流经济学的分析和预测不一致的现象，但在现实经济中普遍存在。这些现象包括与囚徒博弈不一致的公共产品"搭便车"，与利己动机不一致的利他主义，与最后博弈不一致的对公正的关注，与传统理论不一致的行业间工资差异与流动性解释，与最大化目标不一致的赢家反而吃亏的"赢家的诅咒"，人们对自己拥有的东西评价更高（禀赋效应）、对损失的反应大于等额收益的损失规避与无差异曲线分析的不一致，与效用分析中偏好的转逆不一致的偏好反转，与消费函数不一致的跨期选择，与消费和储蓄理论不一致的心理账户，与传统博彩中不一致的热门-冷门偏差和前两名及前三名市场的无效率性，股市中有效市场理论和资本资产定价模型与 1 月效应、周末效应、月度转换效应等的不一致，华尔街股市的均值回归，封闭式共同基金的四种反常现象，外汇市场上的远期贴水溢价、风险预期失误等。

　　从对这些反常现象的分析中，塞勒运用博弈论、金融学、劳动经济学、心理学等跨学科知识在消费者选择、自我控制、储蓄行为和金融领域作出了巨大贡献，构成了行为经济学的基本内容。其中最重要的是：禀赋效应。这个概念由塞勒在 1980 年提出，基础是特沃斯基和卡尼曼的前景理论。这一概念认为，人们在决策中对利害的权衡是不均衡的，即对"避害"的考虑大于"趋利"。这就挑战了消费者选择分析的基础，即效用取决于客观资产价值，而且它还冲击了科斯定理，即只要交易成本为零，产权配置的最初状态与效率无关。根据禀赋效应，最初的产权配置应更注重效率而不能过分指望市场调节。"跨期选择"概念由塞勒与其合作者列文斯坦在 1989 年提出。跨期选择是指将成本与收益分散在各个期间进行决策。在跨期选择的情况下，人们的长期理性选择能力是值得怀疑的。与忽略心理分析的经济学家不同，塞勒认为心理学对这种决策既有破坏性又有建设性，他注重心理学理论与经济研究的结合。

此外他还提出心理账户和储蓄理论。人们如何评价不同的经济交易下的公平？塞勒在 1990 年提出，消费者经常会从价格比较中提取积极或消极的交易效用，并与自己的消费偏好结合得出相应的公平标准。人们更倾向于把小的损失和大的收获合并起来看待。心理账户概念最重要的是自我控制，它假定人们为了实现一定的目标也会在心里记账。塞勒对主流经济学中莫迪格利安尼的生命周期理论做出了两点重要的修改：一是人们对收入的敏感大于各种形式的财富；二是人们缺乏耐心，短期内对贴现率的重视大于利率。

在行为金融理论这个领域，塞勒贡献甚大。他提出在评价投资组合时，短视的损失厌恶使一大部分投资者放弃股票投资的长期高回报率，去投资具有稳定回报的债券。塞勒发现了"输者赢者效应"，即投资者对过去的输者组合过分悲观，对过去的赢者组合过分乐观，导致股价偏离其基本价格。等一段时间之后市场自动修正，前期的输者赢得正的超额收益，而前期赢者的超额收益为负。据此，他提出了预测股票收益的新方法，即采用反转策略买进过去3—5年的输者组合，卖出赢者组合。塞勒对股市的研究有三项重要结论：第一，价格变动可能与影响进出市场的习俗相关；第二，机构投资者对他们的投资组合进行季节性调整是一种"装饰门面"的活动；第三，日历效应与好消息、坏消息发布的时间选择相关。塞勒对封闭基金、折价或溢价等均有研究，这些研究对金融理论和现实的研究影响重大。

《助推》

2000 年后，塞勒把他的行为经济学研究运用于分析消费者行为和政府政策之中，这些成果体现在他与哈佛大学法学院教授卡斯·桑斯坦于 2008 年合写的《助推》中。这本书的副标题是"如何作出有关健康、财富与幸福的最佳决策"，由此可以看出，其目的在于帮助人们作出更好的消费决策，以及指导政府如何运用政策来引导人们作出这种决策。行为经济学不是纸上谈兵，而是要真刀真枪运用于实际的，不是黑板上的经济学，而是实用性很强的生活中的经济学。

英文"nudge"（助推）一词的原意是"用胳膊肘等身体部位轻推或轻戳人的肋部，以提醒或者引起别人的注意"。以"助推"为书名，就是提醒你可能会犯的错误，助你回归正确之路。但如何助推呢？塞勒把人的思维方式分为两种：一种是不假思索的直觉，即"直觉思维系统"或"自动系统"；另一种是比较认真的思考，即"理性思维系统"或"省思系统"。主流经济学假设人们用的是理性思维系统，但现实中人们运用更多的则是直觉思维系统，这种思维方式会引出错误的选择。这就需要设计一种方式，让直觉思维少犯错误。如为儿童摆放食物时，把有利于健康的食物放在容易看见、容易够到的地方，这种食物摆放方法就是助推。他提出了"自由主义的温和专制主义"的概念，这就是在不牺牲人们自由选择权的前提下，运用助推的方式来引导大家。助推是一种全新且有效的引导式管理模式。这本书的作者之一桑斯坦用助推的方法帮助奥巴马竞选总统取得了成功，英国前首相戴维·卡梅伦也十分欣赏他们的思想和实践。

这本书第一至第五章分析了如何用助推来克服偏见与谬误。靠直觉思维，难免会作出错误选择，如吸烟、肥胖等等都是这种偏见与谬误导致的结果。得克萨斯存在的在高速公路上乱丢垃圾的现象通过以"不要给得克萨斯抹黑"为中心的公益宣传助推而得以消除。同样，用数字也可以为人们戒烟戒酒助推。第六至第九章"探索如何更好地省钱、投资和借贷"，即家庭理财方法，直觉思维导致许多人"今朝有酒今朝醉"，不关心养老问题。塞勒建议：第一，为储蓄计划设计自动登记的方式；第二，"明天储蓄更多"。这就是要在传统的社会养老之外助推人们更多地进行储蓄。在讨论了参与一项保险计划并决定投资多少钱之后，又讨论如何进行投资，以及如何设计更好的信贷方案，如何打造更为人性化的社会保障体系。第十至第十二章讨论如何改善人们的健康状况，包括面对政府针对人们的医疗健康问题提供的复杂选择体系，人们应该如何作出选择；如何提高器官移植中的捐赠比例；如何为健康创造一个良好的环境，例如环境保护。第十三至十五章分析在许多没有多少自由的领域，如教育、医疗、婚姻中如何通过制度改进创造更多的自由。第十六至十八章可以看作总结，介绍了一些小的助推，提出会有越来越多的人认同助推，但要警惕恶意的助推行为和助推者，并建议把助推作为自由放任和国家干预以外的第三条道路。

《"错误"的行为》

第三本书《"错误"的行为》可以看作一本回忆录，不过不是对个人经历的回忆，而是对行为经济学从 1970 年到现在发展历程的回忆。书中介绍了众多经济学家对这门学科作出的贡献，勾勒了一幅群体图像。当然，也有塞勒本人在这一学科中耕耘并作出贡献的记录，包括他与特沃斯基、卡尼曼等人的合作。读这本行为经济学发展史，你会对这门学科的内容、贡献与社会的关系有更多的了解。只有知道了这门学科重要概念与理论的形成过程，它与实验经济学的关系等，你才能更好地理解行为经济学。

了解塞勒对行为经济学的贡献还应该注意几点。第一，行为经济学并不是对主流经济学的否定，而是对它的发展，或者更准确地说，是"扬弃"。它用的许多概念和分析方法仍来源于主流经济学，不了解主流经济学也学不好行为经济学。塞勒也认为，就整个经济学而言，还没有什么可以取代主流经济学。行为经济学无非是对主流经济学的一些失误进行了补充和发展，使经济学更贴近现实、更接地气，从而更有助于建设一个美好世界。第二，行为经济学前途无量。现在，越来越多的人接受行为经济学，它目前的分析主要集中在传统的微观领域，但塞勒预见它会进入宏观领域，还会有更丰富的成果。第三，行为经济学主要是由美国经济学家创立的，它用的例子、进行的实验都以美国为背景，分析的中心是美国人的行为。它得出的结论有一定的普遍适用性。但需要特别提出的是，中国人的行为有自己的特色，心理也不同于美国人，中国的经济与社会制度与美国有很大区别。因此，如何运用行为经济学的理论分析中国人的行为，设计出适合中国的助推方法，仍是一个亟待研究的问题。也许在运用行为经济学研究中国人的行为时，我们还可以为这门学科的发展作出新的贡献。

这三本书都不是"沉闷的经济学",也没有数学公式,读起来很有趣,大家都可以读懂。这三本书可以浅读、泛读,也可以深读、精读。不同的人有不同的读法,并能有不同的启发与收获。读者可以先读《"错误"的行为——行为经济学的形成》,对行为经济学有一个大致的了解,再读其他两本书。

愿你愉快地读完这三本书,帮助你摆脱"偏见"与"谬误",作出更好的选择,你也可以"助推"一下朋友和家人,让生活更加美好。

14

曼德维尔悖论与人性启蒙

——被咒骂的《蜜蜂的寓言：私人的恶德，公共的利益》①

人的利己本性是推动社会前进的动力之一，人追求享受，以及消费正是繁荣的基础，当 17 世纪的荷兰医生伯纳德·曼德维尔在《蜜蜂的寓言》中讲出这个今天人所共知的真理时，却被指责为有罪。今天再读这本书仍然会感到"满纸荒唐言"背后闪光的思想。

一

在相当一段时期内，抽象的人性论是被当作资产阶级思想来批判的。

---

① 伯纳德·曼德维尔：《蜜蜂的寓言：私人的恶德，公共的利益》，中国社会出版社，2002 年。

不过在思想史上，绝大多数思想家承认有自然的、共同的抽象人性，无非有性善与性恶之争而已。孔子说"食色性也"，司马迁说"天下熙熙，皆为利来；天下攘攘，皆为利往"，是对人性存在的承认。扬子的"拔一毛利天下而不为"可称为性恶论；孟子的"人之初，性本善"则是性善论；恩格斯说，人的一半是野兽，一半是天使，可称为性恶与性善的结合。

如果人性是善的，人人都是君子国中的谦谦君子，这社会自然是美好的。但整个人类历史上的罪恶、战争、杀戮都是利己的结果。这使先哲们感到，任凭个人利己心充分发挥，每个人都可以自由地追求私利，则整个社会必定陷于罪恶和混乱。因此，"存天理灭人欲"，就成为建立美好社会的前提。"灭人欲"之方式或由自己改造自己，或以社会道德抑制利己，更主要的是由一种强权来管制个人追求私利的行为。在中国封建社会和欧洲中世纪，"灭人欲"一直是伦理道德的中心。

但利己是人的本性，要消灭是不可能的，甚至那些鼓吹"灭人欲"的所谓正人君子，也无法免俗。于是，道德就成为伪道德，"满嘴仁义道德，满肚子男盗女娼"是对那些所谓"正人君子"们绝妙的写照。看看历来那些农民起义领袖，哪一个不是以"救天下苍生于苦海之中"自居，哪一个不是一副为民众而舍己的样子。但起义成功后，利己私心极度膨胀，生前花天酒地，死后陵基宏伟。民众被从一个火坑扔到了另一个更深的火坑，还被强制"灭人欲"。

二

人的利己本性真的那么坏吗？要建立美好社会必须以"灭人欲"为代价吗？17世纪荷兰旅居英国的医生伯纳德·曼德维尔（Bernard Mandeville）在《蜜蜂的寓言》（*The Fable of the Bees*）中提出了与传统道德完全不同的解释。曼氏认为，那些被称为恶德的利己本性和追求私利的行为，实则是社会繁荣之基础。这本书的副标题"私人的恶德，公众的利益"（Private Vices, Publick Benefits）正是对这种思想的概括。19世纪英国思想家史蒂芬（L. Stefen）称曼氏的这一思想为悖论式的真知灼见。恶德与公益这种表面上对立实则一致的观点就是人们常说的"曼德维尔悖论"。

曼德维尔是出生于荷兰的医生，大约在1696年到英国行医。对于他的生平现在能看到的资料很少，我们只知道他由于这本书而声名狼藉，被称为"品行极坏之人"。《蜜蜂的寓言》一书来自他1705年匿名出版的仅26页的讽喻性散文诗《抱怨的蜂巢，或骗子变作老实人》（*The Grumbling Hive: or Knaves Turned Honest*）。1714年，曼氏增加了《道德美德探源》和《评论》（现书中的第二部分）以现书名匿名出版。不过这两版都未引起世人注意。

1723 年，他又增加了《社会本质之探究》（现书中第三部分），以真名出版。1728 年出版时增加了六个对话（现书中第四部分）。最后是在 1732 年出版了无多大改动的第 6 版。中文版根据盖依（F. B. Kaye）教授 1924 年编辑的英文版（1988 年重印）译出。

《蜜蜂的寓言》的主体仍然是最初的那首讽喻诗。曼氏用蜂巢比喻社会，即当时他生活于其中的英国社会，诗中明确地说"这些昆虫生活于斯，宛如人类，微缩地表演人类的一切行为"。这个蜂巢有"科学与勤勉"，"它们有国王，然而法律却高于君主的权杖"，"它们的生活实在是奢华安逸"。这无疑是当时英国的写照。曼氏要探讨的是这种繁荣的基础。

曼氏认为，利己心或自爱心是一切动物为了自我生存的根本情念，即利己为人之本性。由这种利己心产生了营利欲望，才有了各种被认为的恶德，"一切行当和地方都存在欺骗，没有一种行业里不包含谎言"。但是，"每个部分虽都被恶充满，然而，整个蜂国却是一个乐园……其共有的罪恶使其壮大昌盛"，"美德与恶德结为朋友，从此后，众多蜜蜂中的那些最劣者，对公众的共同福祉贡献良多"，"恶德就这样养育了机智精明，它随着时代及勤勉一同前行，并且给生活带来了种种方便，它是真正的快乐、舒适与安然，其威力无比，竟使那些赤贫者生活得比往日阔人还要快乐，因此他们的所求已没有再多"。然而，一旦蜜蜂们乞求好心的神让他们变得诚实，"节制欲望的众蜂正在学怎样生活"，结果"土地和房屋的价格急剧下降"，"建筑业亦几乎全被弃置一旁"，"现已将工场作坊全部关闭"。结果"广大蜜蜂存留下的很少"，"蜜蜂的数量只有敌国百分之一"，经过顽强抵抗，"数千蜜蜂已经捐躯疆场"。曼氏的最后结论是："只要经过了正义的修剪约束，恶德亦可带来益处；一个国家必定不可缺少恶德，如同饥渴定会使人去吃去喝。"

在《社会本质之探究》中，曼氏对自己的思想作了这样的总结："人类天生追求友谊的品性和仁爱的热情也好，人依靠理性与自我克制所能获得的真正美德也罢，这些皆非社会的基础；相反，被我们称作现世罪恶的东西，无论是人类的恶德还是大自然中的罪恶，才是使人类成为社会性动物的重大根源，才是一切贸易及各行各业的坚实基础、生命与依托，概莫能外；因此，我们必须将它们视为一切艺术与科学的真正起源；一旦恶德不复存在，社会即使不马上解体，亦必定会变得一团糟。"

曼氏承认人性是恶的，但他认为正是这种恶的人性推动了社会的进步与繁荣。恶德与公益实际上是一致的。人类不必去抑制自己的本性，相反，只有将人性发挥到极致才有整个社会的福利。如果把曼氏的理论再作一个系统的归纳，他的理论包括四个相关的命题：第一，社会由利己的人组成，利己是人不可改变的本性；第二，人在从事一切活动时只以追求自己的私利最大化为目标，绝无增进社会利益之意；第三，个人追求私利的结果是社会利益的实现，追求私利与实现公益在本质上是一致的，私利即公益；第四，政府除了使"法律高于君主的权杖"，对私欲进行"正义的修剪约束"（现在称为维护市场经济的正常秩序）之外，对公民之行为应该放任自由，由他们按私利引导去行事。这些观点无疑构成了现代市场经济理论的核心。

三

曼氏的这些见解在当时的英国是惊世骇俗的，自然会引起对他思想甚至人格的攻击。1723 年该书第 3 版出版时，米德塞克斯（Middlesex）郡法庭就判定该书"是在扰乱社会秩序"，是"一种公害"。但曼氏在世时，该书已出 6 版，且受到欢迎。

在欧洲学术界，曼氏的这本书震撼了一代学人。在整个 18 世纪，英国、法国、德国学者围绕私利与公益这个问题展开了争论与讨论——思想史学家称之为"蜜蜂寓言之争"。休谟从功利主义出发，肯定了曼氏的观点。斯密把"恶德"改写为"自爱"，并形成他"看不见的手"的思想。曼氏这本书的编者盖依教授认为，曼氏是斯密之前最出色、最完全的个人主义者，他对经济思想上自由放任主义的形成做出了重大贡献。甚至在经济学之外，曼氏对康德、黑格尔这些哲学家和人文学者思想的形成也有相当大的影响。

　　近代经济思想史上的两位思想大师凯恩斯和哈耶克都高度评价曼氏。凯恩斯认为斯密的思想是曼氏思想的发展与完善，斯密证明了私益与公益一致的基础——价格机制。凯恩斯还在《通论》中用《蜜蜂的寓言》证明了增加有效需求的必要性。我正是从《通论》中知道了这本书。哈耶克认为，市场经济体制不是什么伟大人物设计出来的，而是人的利己行为自发地引起的。他指出是曼氏"首先明确地系统阐述了这一重要思想"。1966 年哈耶克在一篇题为《医学博士伯纳德·曼德维尔》的讲演稿中高度评价了这位启蒙思想家在近代思想史上的伟大贡献，指出曼氏关于私利与公益的讨论"显然已经有了一种对市场产生自发秩序的意识"。哈耶克正是按这一思路来建立自己的市场经济思想的。

　　读完《蜜蜂的寓言》之后，我思考的一个问题是：我们应该从什么角度来认识市场经济。经济学家们通常的观点是市场经济有效率。我总觉得这种解释不够完全。强制的经济体制就没有效率吗？古埃及在奴隶制下建造了至今令人惊叹的金字塔，中国在封建制下产生了许多辉煌的奇迹，苏联计划经济体制下许多东西还领先于美国。当然，从长期来看，市场经济的效率的确更高。但仅仅是效率吗？读了《蜜蜂的寓言》，我悟出，市场经济是符合人性的。利己乃人之本性，能使这种人性引起社会进步繁荣者，唯有市场经济。

换言之，市场经济实现了私利与公益的一致。人不用抑制本性就可以实现社会利益。那些强制的社会也有过效率，也有过辉煌，但那是以"灭人欲"为代价的。以这样巨大的代价去换取什么成就都不值得。市场经济是一种把人性与效率完美结合起来的制度。尽管市场经济有这样那样的缺点，但谁能找到一种比这更好的制度呢？

学者们常爱讲人文关怀，甚至以此为由批评市场经济。其实人文关怀不是对弱者掉几滴同情的眼泪，而是对人性的尊重。市场经济以人性为基础，保证每一个人充分发挥自己的人性，自由地由自己的私利引导去从事各种活动——当然是在法律允许的范围之内。这才促使包括富人和穷人在内的一切人生活得更好。正如《蜜蜂的寓言》中所说，"竟使那些赤贫者，生活得比往日阔人还要快乐"。

在今天重新认识人性是一种新启蒙。正因为如此，我向每一个有人文关怀精神的人推荐《蜜蜂的寓言》。

15

经济增长与企业家本位

——《好的资本主义，坏的资本主义》[①] 与市场经济形态

市场经济有四种形态：国家导向型、寡头型、大企业型以及企业家型。市场经济形态的选择是重中之重。

经济增长一直是经济学的热门话题。亚当·斯密的《国富论》探讨国民财富如何增加就是以经济增长为主题的。斯密认为直接引起国民财富增加的原因是分工与贸易，进而论证了"看不见的手"，即市场机制是增长的制度框架。以后的经济学家分析了劳动、资本、自然资源和技术进步在增长中的作用，但有许多国家，这些因素都具备了，经济增长却没有实现。诺斯则回到斯密，把增长对市场机制的依赖总结为"路径依赖"，近年来经济学家又把这种认识

①　威廉·鲍莫尔、罗伯特·利坦、卡尔·施拉姆：《好的资本主义，坏的资本主义：以及增长与繁荣的经济学》，中信出版社，2008 年。

归结为"华盛顿共识"。

不过这些经济学家难免只见物，不见人。无论是劳动、资本、自然资源，还是技术，都是"死的"，要由人把它们组织起来，它们才能"活"起来，正如演员、剧本、舞台，要由导演组织起来一样。经济中的这个导演就是企业家。熊彼特早就注意到企业家的创新才是经济的动力，才是增长的灵魂。但是市场经济的形态并不一样，哪一种才最有利于企业家对经济增长起到最大的作用呢？美国经济学家威廉·鲍莫尔、罗伯特·利坦和卡尔·施拉姆的《好的资本主义，坏的资本主义》探过了这一问题。

一

有些朋友一听资本主义还有"好""坏"之说，也许会吓一大跳！其实西方经济学家在用这个词时就是指与计划经济不同的市场经济。

资本主义绝不是只有一种形态。各个国家的资本主义，"经济的组织，政府的经济职能以及各种其他要素都是非常不同的。有些资本主义经济非常社会化，而另一些有更多的管制"。"把所有形态的资本主义都简单化为一种单一类型是根本不行的。"在讲到增长时，"一个国家采取什么形态的资本主义，对其增长的表现有深刻的影响"。

作者把不同国家的资本主义经济分为四个类别：第一种，国家导向型资本主义；第二种，寡头型资本主义；第三种，大企业型资本主义；第四种，企业家型资本主义。

这四种形态的资本主义仅仅在保护私人产权，即产权明晰这一点上是共同的，但它们在经济增长、创新和企业家活动等方面的机制都极为不同，所以增长的业绩也不同。任何一个国家都不是纯粹的一种资本主义形态，而是不同类型的混合。这本书就要比较这四种不同的形态，并说明哪种混合最有利于经济的增长。

国家导向型资本主义，仍然是市场经济，产品和劳务以及劳动的价格仍然由市场机制决定，政府保护私人产权，仍然有私人企业存在，但其基本特征是政府决定哪些行业或企业应当增长，并以政府的力量给予支持。政府用各种手段，如直接控制国有企业或其他政策，决定资源配置，并把这种方针作为促进经济增长的最佳方式。东南亚国家采取的主要是这种形态。这种形态以国家的力量促进经济增长也的确取得了巨大的成绩，增长率可以很高，而且，可以维持相当长时间，东南亚的增长奇迹已经证明了这一点。

但这种形态的缺点比优点还要多。一是以增长为目标，又有国家的支持，这就会引起过度投资，出现泡沫，使增长停滞。韩国和日本都出现了这种现象。二是政府可能挑选了错误的赢家和输家。政府并不是万能的，由政府去选择赢家（支持发展的行业和企业）和输家（淘汰的行业和企业）并不一定正确，马来西亚、新加坡都出现过这种情况。三是极易出现腐败，导致寻租现象严重，尤其在民主化进程滞后时，这种情况更普遍。政府决定实际上是官员决定，企业用寻租的方法得到政府的支持就是成本最低的方法。四是"拔掉插头"和重新配置政府资源的困难。这就是企业重组与资源重新配置将遇到的既得利益集团巨大的阻力。一旦采用了这种形态就会认为"国家导向将永远管用"，难以转变，从而使经济增长到一定水平时会发生各种问题。

寡头型资本主义是政府并不直接控制经济，但它支持少数富人控制经济（我们也称之为"裙带资本主义"）。这种形态在世界上也不少，拉美、欧洲、中东和非洲都采用之。在这种形态中，增长是不平等而缓慢的。这就是说，它增长缓慢，而收入分配又极为不平等。作者引用了拉美 14 个国家的基尼系数，都在 0.5—0.6 之间。其次是在这种形态中，非正规的活动严重、腐败严重，这些经济能维持下去，主要是借助于政治的强权（拉美）和自然资源丰富（中东）。这种形态增长的结果是少数人越来越富，而大多数人处于贫困之中。

　　大企业型资本主义是由大企业主宰经济的体制，日本、韩国和美国以及欧洲一些国家都是这种类型的资本主义。这种经济中市场高度集中，具有垄断性，但不利于消费者，也会失去创新的动力。如果这些企业有创新的能力，而且，可以实现规模经济，也具有竞争力，尤其在经济全球化的格局下，在世界市场上更具竞争力。

　　最后是企业家型资本主义。这种经济最具竞争性，不断有新企业产生和旧企业退出，竞争迫使企业家不断进行突破性创新。

　　作者强调了经济增长的核心因素是技术进步，或者说是企业家的创新。因此，国家导向型资本主义和寡头型资本主义都不能最有效地实现增长。最有利于经济增长的应该是"企业家型和大企业型资本主义的某种混合"。在这种经济中，既有促进创新的竞争，又有具备创新能力的大企业。都是大企业控制，甚至成为与政府勾结的寡头，这些大企业必然缺乏创新的动力。但都是中小企业，则缺乏创新的能力，而且规模经济也必然在竞争的过程中形成大企业。让大企业在创新中起主导作用，又让它们面临市场竞争，这就是企业家型与大企业型资本主义某种混合的优势，就是最理想的增长路径。

二

　　在这种类型的经济中如何才能有利于企业家的创新，促进经济增长呢？作者指出，促进增长有四个条件，这些条件要通过制度来实现。第一是易于创办和发展企业。包括降低"正式手续"的成本，如企业和资产的注册成本，雇用和解雇员工的便利，建立可实施的破产制度；完善金融制度，保证企业所需资金的可获得性。第二，保证企业家活动的回报，如法治、财产和合同的权利；避免过度征税，适当的监管，或管制过多时减少不必要的监管；奖励新创意；政府支持研发；将发明商业化的专利制度；对模仿的奖励。第三，制止非生产性活动。非生产性活动这里主要是指寻租或行贿等腐败活动，制止这类活动主要是消除这类活动的基础——政府的腐败。第四，保持赢者的势头，作者称此为"红色女王游戏"。即在成功之后仍不断投资与努力，争取下一个目标。在这个问题上要克服对反垄断的迷信，并坚持欢迎贸易和投资，取消贸易保护主义。

　　以上的四个条件都是直接针对企业的制度，但实现增长还需要更广泛的社会环境，这就包括一套有利于促进增长的文化，尤其是"企业家文化"（我们习惯称之为"企业文化"），以及教育水平的提高，稳定的宏观经济和政治上的民主。政府所应该做的正是为企业家的创新和增长创造这些条件。

　　作者进一步用发展中国家的落后和发达国家的停滞说明了这些条件的重要性。许多发展中国家尽管有丰富的自然资源和劳动力，也不缺乏资本和技术，但仍然没有发展起来。根本原因在于选择了国家导向型资本主义，或者寡头型资本主义，企业家的创新精神没有得到发挥，甚至受到压抑。作者提出的建议是摆脱国家导向，包括减少创办企业的障碍，使法律体系规范化；改善资本的可获得性；发展教育事业。欧洲和日本的停滞则在于企业家精神的衰落和转向大企业型资本主义。当大企业型资本主义不与企业家型资本主义结合时就会成为寡头型资本主义。欧洲的停滞被称为"硬化症"，主要原因在于高税负与高福利支出，不利于激励企业家的创新。而且，欧洲和日本的文化都明显敌视收入不均。企业家创新得不到回报就使创新失去了动力。

16

大经济学家的小文章

——从《生活中的经济学》① 中学习经济学

专家写专栏文章首先要选大众关心的热点问题，要讲出一般人讲不出的看法，并要有活泼、风趣、大众喜闻乐见的文风。诺贝尔经济学奖获得者贝克尔就是一个专家为大众写专栏文章成功的榜样。他分析的许多案例都过去了，但他的写法值得我们学习。

从 1983 年起，美国的《商业周刊》就有一个名为《经济观察》的专栏，请四位学者每月写一篇，点评各种公共事务与公众所关心的事。1985 年 6 月，当时的总编史蒂芬·薛巴德（Stephen B. Shepard）发现，由于里根政府经济政策的争论以及各种新问题的出现，原有评论已经失去吸引力，于是决定换人。他们邀请了左翼的《纽约时报》专栏作家席尔克（Silk），右翼的乔治城大学教

---

① 加里·贝克尔、吉蒂·贝克：《生活中的经济学》，华夏出版社，2000 年。

授、供给学派发言人罗伯兹（Roberts），中间偏左的普林斯顿大学教授布林德（Blinder），以及中间偏右的芝加哥大学教授加里·贝克尔（Gary Becker，该译为贝克）来为该专栏写稿。贝克尔在12年间为该刊写稿130余篇。这本集子中的文章就是从这些文章中选出来的以贝克尔夫妇的名义出版。

贝克尔是获得过诺贝尔经济学奖的经济学大师。他1964年出版的《人力资本》一书被认为是这一领域的奠基之作，他本人则被称为人力资本理论之父。他还是"经济学帝国主义"的创始人，用经济学去分析人口、家庭、婚姻、犯罪、歧视等广泛的社会问题。他的做法曾引起学界的轩然大波，经济学家认为他不务正业，社会学家认为他"入侵"其他领域。但他的这些贡献逐渐得到公认。诺贝尔奖委员会由于他把经济分析方法扩大到更广泛的领域而授予他经济学奖，社会学界也接受了他，他以经济学教授的身份又被聘为芝加哥大学社会学教授。

像贝克尔这样既是高水平经济学家又关注广泛社会问题的学者来当专栏作家是最合适不过的。所以，他当了12年《商业周刊》的专栏作家。从今天来看，他当年写的许多文章，至今仍有意义。专栏文章都是一两千字的小文章，对象是缺乏专业知识的公众。大经济学家如何写好这种小文章是大有学问的。他所谈的许多事都已成为历史了，但他的文章仍对我们有许多启发。

专栏文章是写给公众看的，要让公众喜欢看，首先是选题，或者说一定要写公众关注的热点问题。那些两耳不闻窗外事的学者，脱离了火热的现实生活，很难把握公众关心什么，想着什么。而且，公众所关心的也不是那些宏大的问题。专栏文章应该选那些看似不大，但与公众生活息息相关，公众有困惑或争论的问题。贝克尔的专栏文章之所以好，就在于选题得当，抓住了读者的眼球。这些选题分为"政府管制与自由化政策""劳工市场及移民问题""人力资源和学校教有""家庭问题""歧视问题""犯罪和毒瘾问题""利益和政府决策""政府和税收制度""国际贸易和国际协议""股票市场和经济衰退""经济学家"11 个专题。这些专题都是美国公众几乎每天都遇到的现实问题。看这些标题，就能引起读下去的兴趣。

专题是一个大方向，但专栏文章还要就一个具体问题去写。如果脱离了具体问题去空谈这些方面的大道理，很难让读者读下去。贝克尔的这些专题中就包括了更多公众关注的具体问题。比如"政府管制与自由化政策"讲了电信业、油价、邮政这类与公众生活息息相关的事情。公众对电信管制与垄断、油价控制和邮政国营所带来的弊病和给他们生活带来的不便，深有体会，由这些具体事情讲到自由化（教育管制、打破垄断和民营化），读者当然兴趣盎然。许多专栏文章都是以当时的一个热点为题的，这种话题，当然能抓住人心。比如克林顿提出了改变联邦政府补贴大专教育的政策，包括不由银行经手就学贷款，让学生以社区服务方式来抵消借款等等。这个政策会影响每一个家庭，在公众中也引起了极大争论。以这样的事情为专栏文章的题目，当然有吸引力。在这本书中所收入的各篇文章中，这种公众关注的热点话题是主流。这是贝克尔专栏成功的首要因素。

当然，仅仅有好话题是不够的，还要看作者如何去写。这正如仅仅有好原料，不一定做出好菜来一样。如果你就这些热点问题去采访每个人，他们都能说出自己的看法。如果作为专家，你谈的看法与一般人的看法差不多，有谁去关注你的话呢？专家与公众的差别就在于，他的看法比公众更深刻，更有说服力，让人听了之后有恍然大悟的感觉。人人都可以说出的话，专家不需要说。专家说的话应该与众不同，让读者看了后，有一种"我怎么没想到"的感觉，或者由衷地感叹"专家就是专家"。这就要求专家对问题的认识要有深度。贝克尔以经济学的专业知识来观察和分析广泛的社会问题，对这些问题都有更深的理解。所以，他作出的分析就令人折服。这也正是只有专家写专栏才能成功的原因。例如，在一般公众看来，提高基本工资当然是造福人民的，但贝克尔在"调高劳工基本工资，就会降低就业机会"的文章中指出，其实基本工资提高，就业减少，给人民带来的不一定是福。他的分析入情入理，读了让人不得不服。公众看的是现象，专家讲的是本质。这就是公众与专家的差别，有这种差别，专家和专家写专栏才有意义。

专栏文章不同于严肃的学术著作，有时也需要一点惊人之举。贝克尔在两篇有关毒品合法化的文章中，讨论了这种违法的经营活动。贝克尔认为，把毒品合法化，让毒品价格由市场供求原则来决定，毒品增加，贩毒无利可图，这种非法活动和犯罪就会减少。这种主张由于法律和道德上的限制，至今也未实施。贝克尔有许多大胆的思路与见解，无论它们是否能实现，都有益于启迪公众的思路。专栏文章如果没有一些惊人的观点，很难引起读者的兴趣。但这种观点又不是科幻式的胡说八道，而要言有所据，这才有意义。

专栏文章是写给大众的，不能是教条、八股、严肃的学术论文，不能用数学工具和抽象的演绎推理。文字清新、活泼、风趣是每个专栏作家必须具备的风格。当然，每个专栏的文风不会完全一样，但这些基本要点是离不了的，许多专家写不了专栏，不在于他们的专业或知识水平不够，而在于文风不行。贝克尔的每篇文章都不长，但文风极为活泼。他的英文造诣相当高，写出的文章让人读来有趣。译为中文后，差了一点，但仍能让你感到他的文风的基本特点。

现在许多中国经济学家也写专栏或经济学随笔之类的文章，也有不少写得相当好的。在这方面，贝克尔是我们学习的榜样。贝克尔文章中写到的许多事都成为历史了，但他的写作特点仍然值得学习。而且，他从市场经济角度分析各种现实问题，提出的许多观点，对我们仍然有意义。一天工作之后，沏上一壶茶，点上一支烟，读贝克尔的这本书，是一种莫大的享受。

17

市场经济是一种观念
——《不再神圣的经济学》^① 代表的自由文化

罗伯特·巴罗作为新古典宏观经济学派的代表人物把斯密市场经济的思想概括为两点。一是相信个人利己的行为在看不见的手的指引下会实现整个社会的福利，二是市场经济出了问题要由市场机制本身去解决。他以这两点为中心来分析各种问题就是《不再神圣的经济学》这本书的内容。

人们谈到市场经济时总是关注它的制度建设和运行等"形而下"的东西。其实，市场经济"形而上"的东西首先是观念。如果没有正确的市场经济观念，搞出来的市场经济也是一种"画虎不成反类犬"的拙劣仿制品，"形"是有了，但"神"一点也没有。因此，许多自由主义经济学大师，很少谈那些市场经济"形而下"

---

① 罗伯特·巴罗：《不再神圣的经济学》，中信出版社，2013 年。

的内容，而更关注用市场经济的观念来分析现实。读完美国经济学家罗伯特·巴罗（Robert J. Barro）的评论集《不再神圣的经济学》，又一次强烈感受到这一点。

巴罗是当代风头正劲的自由主义经济学流派——新古典宏观经济学派的代表人物。他的许多观点在当代经济中影响颇大。19 世纪的英国古典经济学家李嘉图曾提出李嘉图等价论，即用债务和增税的方法来为赤字财政筹资的做法对经济的影响是相同的，都会引起支出减少，因为债务以后仍要用增税来偿还。以后这种理论的影响很小了。巴罗用遗产效应重新证明了李嘉图等价论的正确性，被称为李嘉图-巴罗等价定理，以反对政府的赤字支出。这种理论引起了争论，也受到广泛关注。巴罗对理性预期、真实经济周期等当代宏观经济学中的重要理论都有贡献，也被一些人作为诺贝尔经济学奖有力的竞争者。作为新古典宏观经济学派的代表人物，巴罗当然是坚定的市场经济维护者。

巴罗这本评论集的英文版副标题是 Economic Ideas of Millennium（"新千年的经济观念"）。市场经济的思想已有 200 多年的历史，的确说不上新。巴罗把这种思想说成"新千年的经济观念"是寓意深刻的。这表明，市场经济观念尽管是在上一个千年形成的，但在新的千年中它仍然是人类繁荣的源泉，是新千年的福音。而且，直至现在仍有许多人存在对市场经济观念有意或无意的误解。巴罗的这些文章正是要对市场经济的观念正本清源，使之引导人类新千年的进步。

这本书的文章曾发表在各种报刊上，按内容分为四部分："对友人和其他名人思想的评论""关于社会问题的经济学""经济增长、民主和国际事务"以及"财政政策、货币政策和宏观经济学"。这些文章涉及的内容相当广泛，但中心是从不同的角度介绍正宗的市场经济观念，并用这些观念来分析各种现实问题。

谁都知道，市场经济的观念来自亚当·斯密。但斯密思想的核心是什么，许多人并没有正确把握。巴罗把斯密的思想概括为两点。一是相信每个人利己的行为在看不见的手的指引之下会实现整个社会的福利。这一点是许多人都了解并接受的。更重要的是第二点，即使市场经济中出现了问题，也要靠市场机制本身去纠正，而不能求助于政府或其他。例如，斯密提到了市场中的勾结定价问题，但他的结论是"事实上不可能使用任何有效执行的法律或符合自由和公正原则的法律来阻止同行业的人串谋"。各国都有反垄断法禁止勾结定价，但作用甚微，有时还成为政府干预企业决策自由的手段。勾结定价在现实中并不常见不是由于有反垄断法。博弈论已经证明了市场上勾结定价的不可能性。这是市场的作用，而不是限制市场作用的结果。

斯密的核心思想就是，市场机制是有效的，任何对市场的干预，哪怕出自善良动机，都是无效的。乔治·斯蒂格勒、弗里德曼、卢卡斯、贝克尔都继承了这一点。凯恩斯主义者和加尔布雷思等人，则相信市场需要政府干预。

斯密的市场经济观念是巴罗这本文集的一条主线。他正是用这种观念去评论各种人和事的。例如，他评论了小布什"富有同情心的保守主义"这种说法。巴罗指出，保守主义等于自由市场、产权和有限政府等基本原则。在这些原则之上再加一个"富有同情心"，不是政治家作关心百姓的"亲民秀"，就是用政府行为去破坏自由市场原则。类似这样的提法还有智利的"人性化资本主义"，韩国的"生产性福利"，以及英国的"第三条道路"。这些提法都表现了对市场经济的不信任——市场经济没有同情心，不具有人性，所以要有社会的代表来实现这一切。

巴罗与贝克尔一样，也是一个"经济学帝国主义者"，把经济分析运用于家教、爱情、犯罪、生育、漂亮等广泛的问题。但他不是对这些问题仅仅进行经济分析，而是进行市场经济观念分析，并在分析中阐发这一观念的运用。

巴罗的专长是宏观经济问题，这当然是他文章的主题。这本书中所涉及的不仅有经济增长，财政与货币政策这类传统的宏观问题，还包括国际事务，甚至政治问题（民主化与市场化）。凯恩斯的宏观经济学要证明经济应该受干预，而且可以有效干预。巴罗的宏观经济学恰恰是反对这一观点的。

在美国另一位知名经济学家克鲁格曼的《兜售繁荣》中，巴罗的《宏观经济学》一书曾被嘲讽为"销售差劲"。我就误以为巴罗的书"严肃有余，活泼不足"。读完这本书才知道，我被克鲁格曼误导了。其实巴罗的书同样妙笔生花，引人入胜。比如写到卢卡斯时，提到了卢卡斯嗜烟的故事：一次巴罗请卢卡斯去他任教的罗彻斯特大学演讲，卢卡斯居然因为飞机上允许吸烟的位子已卖光而没去。但巴罗对这位烟民极为尊敬，在办公室的牌子上写着"除了罗伯特·卢卡斯，其他人禁止吸烟"。读到这里令我开怀大笑，这本书也就放不下了。

我不追星，但崇拜各位自由主义大师。我读包括巴罗在内的各位大师的书正是为了"在灵魂深处爆发革命"，建立市场经济观念。我想每一个市场经济的支持者都需要这样。因此，我把巴罗的书推荐给每一位相信市场经济的人。

18

走出萧条之路

——《萧条经济学的回归》^① 与繁荣之路

萧条经济学是指凯恩斯主义经济学。作为当代国家干预代表新凯恩斯主义的保罗·克鲁格曼主张用国家干预来消除当前世界经济的停滞与萧条。这些思想对我国也不乏启发意义。

对于美国经济学家保罗·克鲁格曼，中国经济学界并不陌生。他曾以新国际贸易理论进入顶尖级经济学家的行列，并获得诺贝尔经济学奖。1994 年，他的《亚洲奇迹之谜》预言了亚洲增长的衰退，引起世界经济学界一场大争论。克鲁格曼作为专业经济学家写出了许多经典之作，同时又写出了许多深入浅出，极富创见的通俗读物。《萧条经济学的回归》就是这样一本书。

---

① 保罗·克鲁格曼：《萧条经济学的回归》，中国人民大学出版社，1999 年。

战后世界经济经历了 20 余年强劲而持久的增长，因此，有些经济学家提出了经济周期已经过时的观点。尽管 20 世纪 70 年代的石油危机引起了滞胀，但 90 年代后，欧洲、美洲、亚洲部分地区经济增长使越来越多的权威认为，世界进入了一个经济稳定的新时代。不幸的是，拉美国家 90 年代中期的债务与金融危机和 1997 年以后的东南亚金融危机引发的世界性衰退打破了这种乐观的预言。克鲁格曼认为，就整个世界而言，还没有发生大萧条，但发生了大衰退。克鲁格曼的这本书介绍了发生在 20 世纪 90 年代美洲、亚洲的衰退，以及围绕这些问题的争论。但作为一名经济学家，克鲁格曼不是要做那种新闻记者式的纪实报道，而是要探讨其原因，寻找走出萧条之路。

世界性萧条的出现并不是第一次。20 世纪 30 年代的大萧条是人们永远不能忘记的。30 年代之前，信奉自由放任的新古典经济学被认为是真理，但大萧条向这种经济学提出了挑战。于是，凯恩斯主义出现了。凯恩斯主义把大萧条的原因归咎于有效需求不足，并提出用国家干预来治愈萧条的主张。凯恩斯主义被称为"萧条经济学"。过去 20 年间，主流经济学扬弃了凯恩斯的以需求分析为中心的需求经济学，把研究重点集中在技术进步与长期发展上。这些问题并不是不重要，但"短期中的现实世界已经历一次又一次的危机，所有问题都涉及需求不足"。从这一现实出发，"如何增加需求，以便充分利用经济的生产能力，已经是一个至关重要的问题"。

这正是本书题目《萧条经济学的回归》的含义。

对现在而言，萧条经济学意味着什么呢？克鲁格曼指出，"从本质上看，它意味着两代人以来，宏观经济需求管理方面第一次出现问题，即私人支出不足以利用现有的生产能力，越来越成为世界大部分地区通向繁荣的障碍"。换言之，萧条经济学就是要通过国家干预刺激总需求。萧条经济学的回归要防止灾难扩散的可能性。因为"在一个没有足够需求的世界里，自由市场原则是难以运行的"。

应该说，美洲、亚洲部分国家的自由化，包括外向型发展、追求价格稳定、货币自由兑换以及全球化，都对经济增长，对创造亚洲奇迹起过重要作用。但再不改变这些政策，"确实犯了将经济政策的教条凌驾于现实之上的大忌"。克鲁格曼批评了这种严重的思想僵化。他语重心长地指出："无论从任何意义讲，经济分析都不是一堆放之四海而皆准的教条，而应该是一种思想方法，一种可以面对日新月异的世界的工具。用旧的思想来玩新的游戏，正是经济分析发挥作用的关键。"从这个角度看，"通向世界繁荣的唯一重要的结构性障碍，正是那些盘踞在人们头脑中的过时的教条"。这是本书的最后一句话，我想也是克鲁格曼这本书的中心。

美国经济学界有淡水边经济学家（芝加哥-明尼苏达）和海水

边经济学家（哈佛-麻省）之间关于新古典宏观经济学与凯恩斯主义之争。从本书的思想可以看出克鲁格曼作为麻省理工学院的教授是属于"海水边的"，即属于 20 世纪 80 年代后兴起的新凯恩斯主义经济学派。我们习惯上把理性预期和新凯恩斯主义作为自由放任与国家干预的对立。实际上这种理解多少有点简单化，易于引起误解。这两派之间对市场机制的拥护是共同的（这也几乎是世界所有经济学家的共识）。克鲁格曼的"新国际贸易理论"从规模经济与市场竞争的不完全性证明了自由贸易的必要性，成为新自由贸易政策的基础。在本书中，他也声称："我不喜欢政府必须干预市场的观点，此举只会限制市场，而不会拯救市场。"其他新凯恩斯主义者，如格里高利·曼昆等人也都表示过相同观点。他们坚持认为，市场机制是一种调节经济的良好方法，市场能做的事就尽量由市场做。他们与理性预期学派的分歧仅仅在于，新古典宏观经济学派主张，甚至在短期中发生经济波动时，政府也可以无为而治，等待经济自行恢复。但新凯恩斯主义认为，由于工资黏性与价格黏性所引起的经济自行调节的滞后性，必须由政府运用政策使经济稳定。这正是克鲁格曼在本书中所说的"任何注意到过去几年这一系列危机的人，都难以坚持无为而治的心态，都难以坚持金融市场总是回报那些逆来顺受者而惩罚不坐以待毙者的观点"。

在这本书中，克鲁格曼对中国问题谈得不多，但读这本书对我们认识中国现实经济问题也不无帮助。首先，克鲁格曼指出"能够挽救中国的原因在于，它的货币是不可'兑换'的，即在中国，你只有取得政府的证明文件，才可以将人民币兑换成美元，如果你要投机人民币，是得不到这些证明文件的"。无论他的原意是什么，按我的理解，在缺乏坚实的经济基础之前，且慢实行金融自由化，金融体系要有防范风险的措施是中国免受金融危机冲击的原因。克鲁格曼替我们总结出的这个经验是值得重视的。其次，中国也面临有效需求不足等问题，刺激总需求还是必要的。最后，也是最重要的，就是打破僵化与教条。邓小平思想的核心是实事求是。这就要求我们在经济学中不要从抽象的概念或万古不变的教条出发，而要从活生生的现实出发。天变，道亦应该变。经济学的生命在于创新而不是墨守成规。这是我们建立中国特色社会主义市场经济成功的基础。

克鲁格曼不愧是经济学大家，在一本十几万字的通俗读物中包含了许多精辟的见解。这正是我向对经济问题感兴趣的朋友推荐《萧条经济学的回归》的原因。

19

高科技发展的市场化之路

——《制度重于技术》① 与科技兴国

　　科技发展有两条路，一条是计划经济的政府亲力亲为，另一条是市场经济多以企业为主体。政府在科技发展中的作用不是亲自计划并投资，而是为企业的发展创造一个良好的环境，产权明晰并保护企业产权，提供基础研究，为企业活动开拓广阔的空间，建立良好的法治环境，疏通融资渠道等。

　　吴敬琏先生是我最敬重的经济学家之一。他称自己"除了一颗火热的心，浑身都是病"。他是最早主张中国走市场经济改革之路的国内经济学家之一。学他的人，我有了学习的楷模；读他的书，我受益匪浅。

---

① 吴敬琏：《制度重于技术》，中国发展出版社，2002 年。

最早读的吴先生的书，是他与刘吉瑞合写的《论竞争性市场体制》。当时中国还没明确市场经济改革方向，甚至还有一些人把市场经济等同于资本主义加以反对。这本书论述了中国走市场经济之路的必然性和相关的战略选择问题。对于这本书我写下了不少感悟。以后又读了他曾获孙冶方经济科学奖的《通向市场经济之路》。这本书对中国市场经济改革的许多观点和认识，至今仍未过时。在以后又读过吴先生的两本文集：《何处寻求大智慧》和《改革：我们正在过大关》。2005 年也读过他总结中国改革历程的《当代中国经济改革：战略和实施》，以及他的《吴敬琏自选集》。吴先生的著作远不止这些，我也没有全读。我向读者推荐的是吴先生 2002 年出版的文集《制度重于技术》。我认为这本书中的文章论述了中国高新科技产业的发展道路这样一个至今许多人没弄明白的问题。

谁都知道高科技是一个国家经济繁荣的关键，希望中国的高科技产业迅速发展是我们每一个人的愿望。但一谈到高科技的发展，许多人又寄希望于政府。仅依靠政府，能成功地发展高科技产业吗？在高科技产业发展中，政府能起到什么作用呢？《制度重于技术》正是要回答这样一些重要的问题。

从 20 世纪 50 年代初到现在，政府一直重视科技发展，口号提了不少，规划做了不少，资金拨了不少，也有许多辉煌的成绩，如造出了原子弹、氢弹、核潜艇、导弹等等。但是，是不是整个高科技行业都要这样由政府亲自去进行呢？正如世界上有两种经济体制一样，也有两条高科技发展的道路。一条是计划经济的，由政府制订计划、选项目、投巨资，用行政命令的方式动员全国的资源，发展科技事业。这种方法也起过重要作用，但除了在少数军事技术上以外，恐怕效果是有限的。另一条是市场经济的，除极少数军事技术和基础科学由政府投资外，由市场来主导高科技行业的发展。在市场经济中，如果高科技仍由政府主导，效果也不好。80 年代，日本通产省曾主持电子工业的发展，搞大规模集成电路，但最终在数字技术的发展中败给了由市场主导的美国。

看来那种以为用计划经济或政府主导可以集中力量办大事，实现科技事业赶超世界水平的思想并不是成功之路。科技发展市场化的实质是由政府建立一套有利于科技发展的制度，放手让企业去发展科技产业。这正是吴先生这本书书名的含义，也是书中各篇文章的中心思想。

科技发展与经济发展所需要的制度其实是共同的。这种制度首先是产权的确立与保护。吴先生参与了四通公司的产权改制工作。四通的产权极不明晰，连它的总裁段永基也曾说过，四通到底是谁的，是一个"我永远也说不清楚，你们也永远听不明白的问题"。从 1988 年起，四通就想解决这个问题，直至 10 年后仍然没有解决。《京华时报》2002 年 9 月 17 日有一篇题为《四通借壳图谋产权重组》的文章，第一个小标题就是"四通产权隐患犹在"。这十几年间，四通失去了多少发展机会？类似的产权问题，不仅四通有，许多高科技公司都有。这正是阻碍中国高科技发展的瓶颈。解决产权问题不仅仅是企业自己的事，必须有法律制度的保证，以及政府的积极主动。解决产权问题就是政府对科技发展的最大贡献。与中关村各企业同时起步的印度班加罗尔正是在强有力的产权（专利与版权）保护下迅速发展起来的。

高科技企业也是高收益与高风险并存的企业，它的筹资与一般企业不同。它不能由政府拨款，因为政府不能用纳税人的钱去冒险。它也不能从银行得到贷款，因为银行追求稳健。高科技行业在初期（种子期或研究期）主要由个人或合伙人筹资。到了产品开发、成长阶段，需要有风险投资介入。到了成熟期后，要在资本市场筹资。政府要有一定的制度，使高科技企业能在不同阶段以不同方式得到资金。例如，在《公司法》中健全风险投资公司的组织并规范其行为，发展较为完善的"二极市场"等。还要在各个方面优化投资环境。吴先生分析了中国《公司法》在这方面的不足，并提出了可行的建议。

在市场经济中，政府要起到拾遗补阙的作用，即市场和企业无法做到的，就需要政府去做。例如，高科技企业的发展以基础科学研究为基础。基础科学是公共物品，要由政府提供，政府必须对基础科学给予资助。与此相关，在高科技发展中，人是第一位的，人力资本对高科技发展至关重要。发展教育专业，培养高科技发展所需要的人才，也是政府的职责。

吴先生特别强调，建立硅谷这样的高科技企业（创业企业）的栖息地，并不是由政府"直接组织、指挥和操办高技术企业，而是要注重为包括技术人才和经营人才在内的各种专业人才万马奔腾、各展所长，创造适宜的环境"。这包括"为创业活动开拓广阔空间""建设良好的法治环境""疏通融资渠道"以及"提供支持性的设施和支持基础理论的研究及公用技术的开发"。这正是通过市场化方式发展高科技事业的制度保证。

这种制度的建立为高科技企业的发展制造了条件。但这仅仅是高科技企业成功的起点。在此基础上，高科技企业才能采取适当的组织形式，建立合理的公司治理结构和激励机制，在市场的公平竞争中求得发展。吴先生特别重视中小企业的优越性，对这些企业寄予厚望。

吴先生对中国经济改革有许多独到的见解。这些来自他"读万卷书和行万里路"。收入这本书的文章是他在各地进行调查研究的体会，也是他学习的结果。我们读他的这本书时，还应该注意他作学问的态度。

20

玩出一个经济繁荣来

——《娱乐经济》① 前途无量

娱乐经济就是玩所带动的经济活动。这是广义服务业的一个重要组成部分。在服务业已占 GDP 三分之二到四分之三的今天，玩就可以玩出一个经济繁荣。改变社会，把能在国内玩的产业玩到全世界，经济就前途无量。

中国的杂技花样独特，技艺精湛，走遍世界各国，既宣传了中华文化，又赚到了外汇。但国人却很少能看到这些精彩的表演。大力发展国内杂技表演不仅能给我们以高雅的文化享受，还可以拉动经济繁荣和就业。为什么杂技在国内就玩不起来呢？读读世界最有影响的美国波兹-阿伦-汉密尔顿传媒娱乐公司首席顾问米切尔·沃尔夫的《娱乐经济》一书，你对这个问题会有深刻的认识。

---

① 米切尔·J. 沃尔夫：《娱乐经济：传媒力量优化生活》，光明日报出版社，科文（香港）出版有限公司，2001 年。

中国传统思想是不提倡玩的。说得好听一点，那只是文人雅士的消遣；说得难听一点，是玩物丧志。这些年人们也知道"玩"的重要性了，一些地方搞了人造风景点（西游记宫之类），旅游公司也如雨后春笋般出现。但人造风景点无人去，旅游业屡遭投诉，让人觉得还是没玩起来。如何才能玩出一个经济繁荣，还真要好好研究研究。

玩是服务业的一部分。人的物质需求其实是有限的，当物质需求基本满足之后，就会转向玩式休闲。沃尔夫把这种趋势称为"从有形消费品到花钱买感觉"。沃尔夫概括出当代的特点是享乐主义盛行，消费者热衷于寻求快乐。这正是玩的市场所在。他特别关注到，美国只代表世界玩的市场的4%，而"中国却是一个潜在的20%"。可见玩在中国是大有可为的。

今天玩已经成为拉动经济，实现繁荣的一个重要发动机。美国近年来经济繁荣、就业增加与玩的发展密切相关。在"玩都"拉斯维加斯，就业增加为8.5%，是其他地区的2倍以上。在加州，尽管航天工业衰退了，但仅为玩服务的电影制片厂和音像制品厂就使每年纯收入增加200亿美元；航天部门每失去1个工作岗位，娱乐业就创造出2个，这个部门的增长达到83%。其实在中国也是如此，仅长假期间的旅游、娱乐消费就达280亿元。在发达国家包括玩在内的服务业占GDP的2/3—3/4，而在我国这一比例仅为1/3，何况在这个广泛的服务业中，玩的比例更低。我们一直在寻找新的消费热点，什么住房、汽车、教育之类，当然这些部门不是不重要，但为什么忘了玩呢？

玩对经济的拉动有两个重要的方面。一是带动其他行业的发展。仅以杂技为例，需要建立专为杂技演出的场地，需要生产专用设备，观众看演出需要交通和其他消费，可以拉动多少行业共同繁荣？二是对增加就业作用重大。我国现在就业形势严峻，就业压力大，服务业是劳动密集型的，而玩需要的人更多。杂技玩的是人的技巧，为杂技表演直接与间接提供服务的人不计其数，且并不需要高文化的熟练人员。玩得各行业共同繁荣，玩得人人都有工作，我们何乐而不为呢？

也许当前的重要问题还不是认识玩的重要性，而是如何玩起来，如何玩得好。《娱乐经济》的作者沃尔夫本身就是从事玩这一行业的高手，书中自有他的许多感受和经验。许多对我们也极有意义。

沃尔夫注意到，玩的这个行业其实也是供给过剩，因为消费者的选择太多。在如何做好玩这个行业上，沃尔夫有一些非常值得我们考虑的观点：第一，要做大。在娱乐业只有大公司赢利丰厚，而许多小公司处于破产境地。这说明在这个行业规模经济更为重要。

第二，玩的行业竞争激烈，要在这一行业成功，就必须玩出花样来。例如，把商业与玩结合起来，既促进了商业发展（沃尔夫说"没有娱乐就不成其为商业"），又开辟了玩的新领域。新加坡航空公司在飞机上提供玩的服务就是一个成功的例子。第三，在玩这个行业，创造经典、推出名牌、造就明星更为重要，因为这才能吸引消费者的注意力。第四，要争夺全球的主导权，不仅要在国内玩得好，还要玩到全世界。当更多的人把眼光盯在物品出口上时，美国人已经在出口玩了。美国大片走向全世界就是出口玩的成功。

当然，应该注意的是，沃尔夫对玩的论述是以美国这样的发达市场经济为背景的。对于我们来说，玩不起来的一个最重要原因是市场经济的不发达。

为娱乐业创造一个良好的环境是政府的责任。例如，娱乐业的发展需要经纪人，但规范经纪人的行为是政府的职责。现在我们一方面缺乏真正有能力的经纪人，另一方面缺乏对经纪人的规范，有些经纪人成了骗子。此外，要发展娱乐业，有些规则、立法需要建立和调整，这些都是政府应该做的。

看来要玩起来，玩出一个经济繁荣，要把沃尔夫在《娱乐经济》中讲的那些道理运用于中国的现实，并不容易。但归根结底，与发展其他行业一样，都是要深化市场经济改革。

21

经济发展的新趋势

——《体验经济》① 代表新潮流

体验由服务发展而来，是消费者在消费过程中的感受。体验经济就是以体验为中心的经济。在农业经济、工业经济、服务经济过去以后，将要来临的会是体验经济。无论作者的体验经济是否能与以前的各种经济同样重要，重视消费中的体验肯定是社会发展的趋势。

人类社会经历了农业经济、工业经济和服务经济这三个阶段，这是已有定论的。现在争论的是，下个阶段应该是什么。有人认为是以信息为中心的信息经济，因为信息革命改变了人们的生产与生活方式。有人认为是以科技革命为中心的知识经济，因为由知识引起的科技进步已成为第一生产力。也有人认为是以网络普及为中心

① B. 约瑟夫·派恩、詹姆斯·H. 吉尔摩：《体验经济》，机械工业出版社，2002 年。

的网络经济，因为网络主宰了现代人的生活。美国经济学家约瑟夫·派恩二世和詹姆斯·吉尔摩在他们 1999 年出版的《体验经济》中提出，下一个阶段应该是体验经济（experience economy）。

要了解什么是体验经济，首先要知道什么是体验。作者说："体验本身代表一种已经存在但先前并没有被清楚表述的经济产出类型。"体验是产品（从自然界中开发出来的可互换的东西）、商品（公司标准化生产销售的有形产品）、服务（为特定顾客所演示的无形活动）之后的"第四种经济提供物"。体验由服务发展而来，它与服务的差别就好像服务与商品的差别。体验是"使每个人以个性化的方式参与其中的条件"，也是消费者在消费过程中的感受，"当体验展示者的工作消失时，体验的价值却弥留延续"。体验经济也就是以体验为中心的经济。

如何区分体验经济和其他经济？我们可以以蔬菜的生产和消费来说明这一点。当农民种菜自给或出售时，蔬菜是产品，这时的经济是农业经济。当在工厂化的蔬菜大棚中不受季节限制地生产并出售蔬菜时，蔬菜是商品，这时的经济是工业经济。当饭店用蔬菜向顾客提供餐饮服务时，提供炒菜服务就是服务，这时的经济是服务经济。当顾客买菜进行野餐活动，并在这一过程中获得某种感受时，这种活动就是体验，这时的经济是体验经济。当人们种菜时，他们获得产品；当人们购买蔬菜时，他们获得商品；当人们去饭店用餐时，他们获得服务；当人们买菜野餐时，他们获得体验。

作者认为，体验是迄今为止尚未得到广泛认识的经济提供物。体验的出现使原有的物品增值，成为一种新的价值源泉。例如，在蔬菜的例子中，同样的蔬菜在农业经济中只值 5 元，在工业经济中值 10 元，在服务经济中值 20 元，在体验经济中就可以值 30 元。价值是消费者对物品的主观评价，提供的方式不同，消费者的评价不同，价格也就不同。在体验经济中，消费者对体验享受的评价最高，也就愿意付出最高的价格。该书的作者解释，在体验经济中，消费是一个过程，消费者是这一过程的"产品"，当过程结束时，记忆将长久保留对过程的"体验"。消费者愿意为这种体验付费，因为它美好、难得、非我莫属、不可复制、不可转让、转瞬即逝。它的每一个瞬间都是唯一的。你对一次野餐美好的回忆就属于这种体验，所以，你为野餐愿意付出更高的价格。

在以前的经济中也存在体验。例如，体验一直是娱乐业的中心。但经济学家从未把它作为一种新的经济产出类型。作者说，当"一个公司有意识地以服务作为舞台，以商品作为道具来使消费者融入其中"时，体验就出现了。在体验经济中，企业是体验的策划者。它"不再仅仅提供商品或服务，而是提供最终体验"，给顾客留下难以忘怀的愉悦记忆。作者认为，"体验成为开启未来经济增长的钥匙"，这成为当代经济的基本特征和以后经济发展的方向。

正是在这种意义上说，在服务经济之后是一个新的体验经济时代。在体验经济中，消费者个人以个性化的方式参与这个过程，获得体验。它的生产和消费都是个性化的，称为"大规模量身定制"（mass-customerization），即普遍地、大规模地满足不同消费者最高的需求层次——自我实现。这就是以后经济发展的方向。

美国人有创造性，喜欢异想天开，标新立异。有些的确有开创性，但更多的在热闹一阵后就烟消云散，不了了之了。我对新时代是一个体验经济的时代也不敢苟同。在我看来，当前不同国家处于不同经济阶段。判断一个国家处于哪个阶段的标准，应该是主导行业在 GDP 中所占的比例。在发达国家，劳务在 GDP 中占到 2/3—3/4，属于服务经济。在我们这样中等经济水平的国家，制造业在 GDP 中占到 2/3 左右，属于工业经济。在许多贫穷国家，恐怕还处于农业经济向工业经济过渡的阶段，甚至就处于农业经济阶段。对于信息经济、知识经济或网络经济的说法，我认为它们都或多或少反映了当代经济的某些特征，但要定义为某种经济恐怕还早了点。严肃的经济学家也很少使用这些概念。

对于体验经济，我更不敢苟同。我认为，它比信息经济、知识经济或网络经济的提法更为不现实。一来商品和劳务、劳务和体验实际上很难区分。你可以把看一场话剧演出作为享受劳务，也可以作为一种体验。这没有什么客观标准。二来体验所带来的价值及其在 GDP 中的比例，现在仍无法计算。当无法区分劳务与体验，也无法计算体验在 GDP 中的比例时，把经济冠以体验经济之名，作为经济的基本特征，也许为时太早了一些。《体验经济》并不是一部严肃的经济学著作，所以我把它列入通俗读物之类。现在也还没见到哪个严肃的理论经济学家把体验经济作为一个新问题来分析。新的并不一定都是对的，流行的也并不都是好的。流行性感冒也是一种流行，SARS 也是新的，但都不是好的。

当然，我并不认为体验经济与流行性感冒和 SARS 同样是坏东西。我认为这本书还是值得一读的。作者对当代经济发展趋势，对新时代生产和消费的新特点，以及企业如何适应这种新特点，都提出了许多极有启发的新观点。

用体验来概括当代经济的基本特征是不正确的，但用体验来概括当代消费的新趋势还是颇有几分道理的。从根本上说，推动社会经济进步的还是人永无止境、不断变化的欲望。在农业经济中，人的欲望以温饱为中心；在工业经济中，人的欲望以更多的物质享受为中心；在服务经济中，人的欲望以更多更好的非物质享受为中心，渴望满足更高层次的需求，包括自我实现的需求。当代人，尤其是消费的主力年轻人，更希望从消费物品和劳务中获得个性化的体验，旅游、探险、泡吧，都是他们获得体验的途径。以研究娱乐经济著称的沃尔夫就指出，人们的消费正从"有形的消费品转向花钱买感觉"。这里所说的感觉也就是我们所说的体验。消费趋向于个性化、多样化，追求刺激，已成为新一代消费者的特征。可以预言，这种趋势还会加强，甚至成为主流。

在任何一种经济中都是消费引导经济的。消费者对感觉和体验的需求正是企业发展的新方向。该书论述了企业如何寻找新的工作模式，为消费者提供能带来新体验的商品与服务。这对企业开拓市场，确定发展战略都是有启发的。作者举了许多例子，并有精彩的分析。这正是这本书值得一读的地方。

我们常说开卷有益。只要不把《体验经济》作为圣经，一定可以从作者夸张而生动的论述中获得新感觉，得到新灵感。不信，试试看。

22

在生活中学会博弈论

——有趣的《策略思维》①

博弈论是一种思维方法，在商业竞争、政治斗争和日常生活中用途极广。然而博弈论是一个数学分支，用数学来表述，一般读者难于接受。《策略思维》用历史故事及现实案例来介绍博弈论的思想，有趣而生动，可以在轻松的阅读中掌握一些博弈论的真谛，并运用它。

博弈这个词对许多人来说还是新鲜而陌生的。什么是博弈论呢？我们先米讲一个故事。

一个乐队指挥坐火车时看乐谱，两个军官以为是密码，就把他抓起来了。第二天，军官告诉他，已把他的同伙抓起来了，且正在

---

① 阿维纳什·K. 迪克西特、巴里·J. 奈尔伯夫：《策略思维——商界、政界及日常生活中的策略竞争》，中国人民大学出版社，2002 年。

招供。他们俩人面临一种艰难的选择：如果一方招供而另一方不招供，坦白者从宽关押 1 年，抗拒者从严判 25 年；如果双方都招供，则各判 10 年；如果双方都不招供，无法定罪，各判 3 年。他们被分别关押，要决定招还是不招。在这种情况下，他们各自都在想："我招不招会有什么结果取决于对方招还是不招。对方有两种选择，招与不招。假如对方招了，我也招，判 10 年，我不招，他判 1 年，我判 25 年，所以，他招了时，我也要招。假如对方不招，我招了，我判 1 年，他判 25 年，我不招，各判 3 年，所以，他不招时，我也要招。结论是，无论对方招与不招，我招对自己都是有利的。"双方都这样想，结果都招了，各判 10 年。本来双方都不招最有利，但这种博弈的结果是双方都招了，各判了 10 年。

这个故事是博弈论中有名的"囚徒困境"。我们从这个故事中主要是了解什么是博弈论。在理解博弈论时主要应注意的是：

- 当参与的双方相互关联，各方决策的结果还要取决于对方的决策。这时双方就需要进行博弈。
- 双方的信息是不对称的，即互相并不知道对方会作出什么决策，只知道有若干种可能性。
- 各方采取占优策略，即选择在各种可能情况下对自己最有利的决策。
- 博弈的结果不利于各方，即尽管他们之间的合作实际是对双方有利的，但博弈的结果对双方都是不利的。

用囚徒困境就可以理解我们以上所说的博弈论的中心思想。像囚徒困境这样的情况在现实生活中并不少见，所以博弈论用途很广。但博弈论是一个数学分支，一般读者如何能掌握呢？其实博弈的思想既然来自现实生活，它就既可以高度抽象化，用数学工具来表述，也可以用日常事例来说明。对于一般读者而言，我们不可能掌握高深的博弈分析，只要了解一点基本知识，并用于分析我们日常生活中所遇到的问题就可以了。美国博弈论权威之一迪克西特和青年学者奈尔伯夫所写的《策略思维——商界、政界及日常生活中的策略竞争》正是用日常生活中常见的例子来给我们介绍博弈论的基本思想及运用的。我们开头所引用的"囚徒困境"就是这本书中的一个例子。

说来有趣，这本书的产生正源于该书作者之一奈尔伯夫在现实中没有运用博弈决策而失败的经历。那是奈尔伯夫在牛津大学获得博士学位参加剑桥大学的五月舞会时发生的一件事。这个会上有一种赌博游戏。每人得到相当于 20 美元的筹码，胜者可得到下一年度舞会的免费入场券。奈尔伯夫运气很好，在最后一轮之前已赢到 700 美元筹码。第二名是一位英国姑娘，只有 300 美元筹码。其他人已淘汰出局。英国姑娘希望求和，两人分享下一年度舞会的入场券。奈尔伯夫拒绝了。在最后一轮时，英国姑娘决心破釜沉舟，把

300 美元押在 3 的倍数上，取胜的概率只有 12/37；奈尔伯夫认为他已领先，不必冒险，把 700 美元押在 2 的倍数上，取胜的概率为 18/37。结果小概率事件出现，奈尔伯夫输了，那位英国姑娘赢了。其实采用什么赌法也是一种博弈，如果奈尔伯夫要保持相对领先地位，他就应该采用与英国姑娘同样的赌法，称为跟随策略。这样，无论对方输赢，他都稳赢，因为要输全输，要赢全赢，相对结果并没有变。

类似的真实事情发生在 1983 年美洲杯帆船比赛中，在前几轮中，"自由号"已经领先，且第二名"澳大利亚二号"抢先出发，又失去了 37 秒。"澳大利亚二号"转到左边赛道，寄希望以风向改变，而"自由号"没有跟随调整航道。结果风向果然变了，"澳大利亚二号"获胜，"自由号"反而在有利形势下输了。这又是一次没有采取跟随战略失败的例子。

剑桥大学五月舞会上的赌博仅仅是玩玩而已，一张入场券的意义与古代奥运会上橄榄枝编的桂冠一样只有象征意义。但奈尔伯夫从这件事情中认识到博弈方法的重要性，遂与迪克西特合写了这本书。作者在中文版前言中指出，写这本书是想让读者熟悉并掌握一种思维方式。这种方式一是让你设身处地进行换位思考，即要分析自己若处于对方的境地，思路会有什么变化；二是"向前展望，倒后推理"，即首先确定自己最后希望达到什么目标，然后从这个结果倒后研究，直到找出自己现在应该选择哪条道路，这样才可以保证以后可以达到哪个目标。在读这本书时一定要记住这两点。

这本书的最大特点在于通俗性和趣味性，作者的目的是"用描述性的例子和案例分析取代理论证明"，使普通读者能读懂，而且能读下去。在我读过的有限几种博弈论著作中，这本是最好读，也是最引人入胜的。

作者对博弈论的介绍是从第一部分第一章的 10 个策略故事开始的（包括美洲杯帆船赛和囚徒困境），在解释了在一系列不同的决策中策略问题是如何出现的之后，指出了一些行之有效的策略，以及一些不那么行之有效的策略，甚至一些完全错误的策略。这 10 个故事有实际案例，也有故事，写得生动活泼，使人欲罢不能。这就达到了吸引读者的目的，作者称之为主菜之前的开胃小菜——英语中称为布丁。在第一部分的以后几章中把这些例子变成一个思考体系或一个思考框架，介绍博弈论的一些基本方法，例如决策树与博弈树分析。在运用博弈论分析方法时，应该遵守的原则是：向前展望，倒后推理；选择优势策略，剔除劣势策略；寻找这个博弈的均衡。这些原则说起来抽象，但只要结合书上的例子去读，并不难理解。

第二部分和第三部分阐述了几个涉及范围更加广泛的策略情

况，包括如何走出囚徒困境、策略行动、可信的承诺、不可预测性，以及边缘政策、合作与协调、投票策略、讨价还价、激励。最后一章是对 22 个案例的分析，帮助你在了解博弈论方法之后去进行实际运用。

这本书的译者王尔山，校者是王则柯。王则柯先生任中山大学教授，本人就是博弈论专家，他在北大数学系时即学习这个专业，以后又写了许多博弈论和其他经济学散文。他出版的一本通俗博弈论著作是《新编博弈论平话》，也可以找来读读。

根据我的体会，读《策略思维》不能一下读完，要读一段，停下来想一想，每天不必求多，读一二节即可，还可以反复读，这样才能读出味来。

23

民国的国有企业

——《制度变迁的逻辑》[①] 与国有企业之根

中国的国有企业并不是源自苏联式计划经济体制。从春秋以来盐铁专卖就是国企的萌芽，而国民党的"党团体制"更催生了国有企业。

国企改革是市场化中最为关键，也最难的一环。

国企这种制度由何而来？在我们一般人的认识中是来自苏联，也就是在新中国成立后倒向苏联，照搬苏联斯大林模式的结果。换言之，国企是"舶来品"，不过不是来自欧美，而是来自苏联。其实这不仅是我们这般凡夫俗子的想法，也是相当大一部分专家权威的观点。如国外研究中国的权威鲍大可（A. Doak Barnett）、叶孔嘉

---

① 卞历南：《制度变迁的逻辑：中国现代国营企业制度之形成》，浙江大学出版社，2011 年。

（K. C. Yeh）、郑竹园（Chu-yuan Cheng）等，甚至权威的《剑桥中国史》都这样认为①。美籍华人学者卞历南对这种观点提出质疑，他把中国国有企业的形成推溯到抗战时期（1931—1945），并对这一时期国企的形成和特征进行了实证分析，这就是他的大作《制度变迁的逻辑：中国现代国营企业制度之形成》的主要内容。这本书对国企的分析深入了一大步，有助于我们认识国企的本质与国企改革的方向。卞历南先生的这本书是我见到的研究国企最有深度的著作。也许卞先生为自己划定了研究的时间界限，没有涉及更远的历史。但我认为，必须从中国制度的源头，从更广泛的历史中来理解国企的渊源，也只有这样才能理解为什么新中国成立后照搬苏联模式在全国上下几乎没有什么阻力。

人类社会之初并不是从自由放任的经济开始的。面对大自然的各种物种，人是软弱的，只有依靠集体的力量，才能生存、发展。因此，人是一种群体动物，只有依靠其他人，个人才能生存。所以，把不同的个人集成一个群体的组织的任务，就是领导它所属的人从事经济活动。换言之，有人就有组织，有组织这个组织的领导人就要领导和控制该组织的人的经济活动。人类社会是从计划经济开始的。原始氏族社会的部落酋长之类就是该部落计划经济的控制者。国家出现之后，国王之类名称的领导人就是计划经济的控制

---

① 卞历南：《制度变迁的逻辑：中国现代国营企业制度之形成》，浙江大学出版社，2011年，第3—8页。

者。当国家把一些人组织在一起共同从事某一项经济活动时，这个组织就是最早的国有企业。3 000 多年前的商代曾经铸造出了迄今为止世界最大的青铜器司母戊大方鼎（今改名为后母戊大方鼎），重达约 833 公斤。这个鼎的制造者就是当时的国有企业——当然并不是先有这个国企，而是为了造出大鼎临时组成的一帮铸工。从今天的观点看，这样由国家组织并领导，按国家的意志进行生产的组织就是国企。① 换言之，有了国家，有了国家组织经济活动，就有了国企。

中国的国企制度应该可以追溯到产生了国家的夏商。不过我对这一段历史极不熟悉，也没有找到相关的直接、间接证据。可以找到的资料是春秋时各国的。春秋战国时期，各诸侯国之间战争频繁发生，需要大量武器和军需物品。这些也会有民间生产的，但主体应该是国企生产的。国企出现于军工业应该是各国的常规。这一时期国企的出现应该与生产力落后、民间无力生产制造相关。如此看来，在中国历史上国企的出现应该早于民企。

国企的出现不仅有经济根源，还与统治者维护其统治的需要密切相关。每个国家的统治者都有强国的梦想。强国对外可以在战争中获胜，扩大自己的统治范围；对内可以加强自己的控制力，维护

---

① 吴晓波：《浩荡两千年：中国企业公元前 7 世纪—1869 年》，中信出版社，2012 年。

自己的权力与利益。强国的根本在于经济，因此统治者必然有强烈控制经济的欲望，在控制经济的若干种方式中，建立国企，由国家直接控制是一种最有效的方法。国企的形成与发展还应该从政治制度中去寻找。

要认识国企制度就不能只讲新中国成立后照搬苏联模式，而应该回到中国历史上的政治制度及其与国家制度的关系。

中国历史上是什么制度？中国从秦朝以至晚清政治制度与传统从未发生根本性变化。无论是哪一次农民起义或革命，成功后仍然沿袭了这种制度与传统。这种制度我们过去称为封建制度。近年来不少学者认为，这种封建制度根本不同于欧洲的封建制度，也不同于周朝分封诸侯的封建制度，因此，反对把秦以后的中国社会称为封建社会的说法。不少人认为应该称为"皇权专制主义"，不过也有用其他名称者。我认为叫什么名字不重要，重要的是它们的共同点在于中央集权。抓住这一点就抓住了古代中国 2 000 多年历史的实质。

这种制度的特征本文不可能作出全面分析，我们要涉及的是它与国企制度的关系。

统治者的目的是维护自己的统治。尽管每一个朝代的统治者或企图取而代之的起义者都打出了"爱民""为民""民本"等旗号，但实际上这只是为了证明自己存在的合理性，让人民安于、乐于接受统治。要维护自己的统治，统治者就要以强国为目标，强国的目标来自法家，这就是中国历代统治思想都是儒表法里的根源。同时，在东方传统文化——集体主义的影响之下，社会各阶层，包括知识分子和普通民众也都能接受强国的思想，以国家的强大为荣。强国与富民是有矛盾的，这就是经济学家常说的"大炮与黄油"的矛盾。在资源既定的情况下，要强国，多生产大炮，只有穷民，少生产黄油。在生产力低下的情况下，更是如此。中国历史上被称赞的秦皇汉武、康乾盛世，实际上都是国强而民穷的时代。

一国的强大与实力来自经济，因此，实现强国必须直接控制经济。在以小农经济为基础的社会中，政府无法直接控制农业。工业与商业的规模也并不大，而且处于受歧视的地位，政府不屑于直接去经营。这一时期政府对经济的控制采用了五种方式。第一，少数与皇室相关的产业由皇家直接经营，这就是国有国营，如历代的官窑、清代的织造局。当然，还有民间无法从事的大型水利及其他工程。第二，没有神圣不可侵犯的私有产权。所有的财产都属于由皇帝所代表的国家所有，即所谓"普天之下，莫非王土"。这种所有制实际是皇帝一人所有的最极端的私有制。个人可以拥有土地、财产，但都不神圣，皇家可以随时取走。皇家害怕民间钱多的人富可敌国，不听话，不好统治，因此要持有这种最终所有权。第三，重要的行业属于国家经营，这就是盐铁专卖。在历史上，这种专卖有政府直接经营，有国有民营，也有政府把专卖权转包给私人等不同形式。第四，政府用苛捐杂税来获取财富，增强实力。第五，严格限制私人工商业的发展。私人工商业只能在政府允许的范围内有限发展，这就是"鸟笼经济"的由来。历史上那些颇受称赞的改革，从商鞅变法、王安石变法到张居正变法，目的都在于强国。

洋务运动从学习西方开始，就采用了国有企业的形式。

在近代，由于中国太过贫弱，总受洋人欺负，因此强国成为政府、知识分子和民众的共同理想。这正是计划经济和国有企业制度这种苏联模式很容易被中国上下一致接受的深层次原因。任何外来的东西，总要适合中国的国情才会被接受。苏联所追求的强国梦与中国是一致的，苏联模式也为强国提供了一条可行的途径，因此，新中国成立后接受苏联模式成了历史传统下的必然结果。20 世纪30 年代，知识分子无论左翼还是右翼，主流都主张计划经济模式。卞先生书中就引用了已故北大教授陈岱孙先生在 1938 年 11 月的《新经济》杂志上说的"一定要采取计划与统治的经济政策"。他们在新中国成立初期对苏联有不同看法，但对建立计划经济和国有企业，反对者很少。

回到民国时期，回到卞先生的著作。1927 年蒋介石成立南京国民政府之后，奉行"一个主义，一个政党，一个领袖"，这是地地道道的秦以来制度的延伸。国民党政权也想控制经济，但他们依靠江浙财团上台，无法对财团的企业实行国有化，以前也没留下什么国有企业让他们接管。因此，蒋氏政权试图建立自己的国有企业。1927 年国民党政府成立之后，就建立各种组织来有计划地推动经济发展，先后在 1929 年和 1931 年设立全国建设委员会和全国经济委员会。1932 年又设立国防设计委员会，1935 年更名为国家资源委员会。出于强国的目标，而且由于日寇在 1931 年入侵东北，发展的重点在兵器工业和重工业。《制度变迁的逻辑：中国现代国营企业制度之形成》在第一章和第二章论述了兵器工业和重工业中国有企业的建立与发展。

在 1928 年以后，政府接管了洋务运动以来遗留的兵工厂，并适应战争的需要，进行了内迁与扩张。抗战期间，用于兵器工业的支出占总财政支出的 10%[①]。在此期间，重工业也得到扩张。从 1936 年到 1945 年 7 月，资源委员会共创办和接管了 130 个重工业企业和组织。其中，由资源委员会独资经营的 75 个，参加经营并主办的 37 个，参加经营并不主办的 18 个[②]。这两个行业的接管与新建企业都是国有国营企业。在 20 世代 30 年代的中国，民营企业

---

① 卞历南：《制度变迁的逻辑：中国现代国营企业制度之形成》，浙江大学出版社，2011 年，第 55 页。

② 同上，第 79 页。

在中国经济中占据支配地位[1]。但在 1935 年到 1945 年这十年间，国营经济与民营经济的地位发生了一个根本的改变。国营重工业在中国工业中"牢固地确立了其支配与主导地位"[2]。当然，这一时期国企扩张的重要因素之一是抗日战争。

国营企业现在改称国有企业。是国营还是国有，名称并不重要，关键在于企业的治理结构。如果国家独资或控股的企业由董事会决策，任免主管人员，按企业方式运行，这就是国有民营。但如果这类企业由政府决定一切，任免董事会和主管人员，按行政方式运行，这就是国有国营。名称的改变并不代表国企运行方式的改变。卞先生在书中分析了民国时期国营企业的治理结构，说明了这类企业行政化、官僚化的本质特征。洋务运动以来的兵器工业采用的是官僚机构的组织模式。辛亥革命"并未从根本上改变国家机器以及国营企业治理结构的官僚性质"。1927 年之后，这种"已成行政官僚机构的组织模式得到进一步强化"[3]。管理人员都有行政级别，并与政府机关中同级别的人享受同样的待遇。换言之，在国有企业中的管理人员仍然是官僚，无非在不同单位工作而已，差别仅仅在于技术人员进入企业，官僚化了。国企机构的设置套用了行政

---

① 卞历南：《制度变迁的逻辑：中国现代国营企业制度之形成》，浙江大学出版社，2011 年，第 97 页。

② 同上，第 104 页。

③ 同上，第 105—106 页。

机构，管理也完全是行政方式。制度上有了新的会计制度，但仍然是以精神为主的"工作竞赛运动"。企业提供社会服务与福利，企业办社会。

中国的政府历来重视意识形态。国民党的"党国体制"强调了国有企业对国家的重要性，这就决定了国民党政府不走自由市场经济之路，而是"建立一个社会主义计划经济体制"①。蒋介石在《中国之命运》中"亦表达了中国应该建立计划经济体制这样一个信念"②。可见即使没有抗日战争这一事件，建立计划经济与国企制度也是必然的，这是国民党的"党国体制"维护中央集权所需要的。

总结一下，实行计划经济和国企制度是自秦以来中国政治体制的内在需求，但在国民党政府之前，缺乏形成这种制度的条件，只好用其他方法来控制经济。洋务运动只是一次失败的建立国企的实验。计划经济与国企制度真正地建立还是在 1927 年以后。卞先生在书中分析的，正是 1927—1945 年间国民党政府建立国企的努力和国企制度的特征。国民党当年模仿的就是苏联模式，从根本上说，孙中山的党国体制来自苏联，国民党政府建立国企是这种思路

① 卞历南：《制度变迁的逻辑：中国现代国营企业制度之形成》，浙江大学出版社，2011 年，第 268 页。
② 同上，第 276 页。

发展的结果。照搬苏联模式不是从新中国成立后开始的。

卞先生这本书以实证分析为主线，资料丰富，分析有理论深度，是一本优秀的学术专著。我建议对国企制度与改革有兴趣的读者都来看看这本书。读国内学者的书，深感像卞先生这样下功夫研究某个方面的人，已经成了大熊猫一类濒临灭绝的动物了。

不过，对这本书的出版，我有两点想法。一是书的题目我认为用副标题"中国现代国营企业制度之形成"更好。现在这个书名过于抽象、空泛了。如果不是有人推荐，只凭书名，这本书我是不会读的。二是这本书编辑尚不够细。书后索引用的是页边码，应该是原文的页码，但第四章以后就没有边码了，读用起来极不方便。比如，我查陈岱孙一条，索引上写的是 201，但边码却找不到。之后我在书中第 272 页才找到，但这一页并没有原书第 201 页的边码。也许编者认为索引只是个样子，或是可有可无的程序，未必有人看吧。但总有读者会利用索引寻找需要的材料的，做书还是要在细节上多下功夫，否则有误导读者之嫌。书是好书，若没有此类瑕疵，就更好了。

24

通向法西斯之路，由通胀铺就[①]
——《纸与铁》引发通胀

　　"纸"代表货币，"铁"代表实体经济。对"铁"的追求引起"纸"的增加，这就是通胀。法西斯的出现当然有更多、更广泛的因素，但德国一战后的恶性通胀是最直接的因素。从世界历史来看，恶性通胀基本总会导致经济崩溃和政权更迭，例如1949年蒋介石政权的崩溃，20世纪90年代南斯拉夫的瓦解。

　　20世纪30年代的德国，不是先有了希特勒，再有法西斯，而是先有了法西斯的政治、文化、经济的历史根源，再有希特勒。产生法西斯的政治、文化、经济根源是什么？在这方面学者已有了可观的研究成果。英国金融历史学家尼尔·弗格森（Niall Ferguson）在《纸与铁》中又一次研究这个问题，并得出了极有意义的结论。

---

　　① 尼尔·弗格森著：《纸与铁》，中信出版社，2012年。

为什么研究法西斯起源的书名叫《纸与铁》？作者在"引言"中指出，纸"是维持德国最大港口（汉堡）经济运行的纸币"，铁是"运输货物、保卫贸易的钢铁舰船"。"从广义上讲，则是位于柏林奥拉宁街的帝国印钞厂印制的纸钞和债券，以及帝国本身的工业和军事力量。"简言之，纸代表货币，铁代表实体经济。作者在这本书中研究的是一战后德国通货膨胀的原因和后果。这本书的结论是一战引发了战后德国严重的通货膨胀，这次通货膨胀引致魏玛共和国的破产，进而导致希特勒的出现和法西斯政权上台。

故事从 1913 年 6 月 11 日汉堡-美洲公司的巨型邮轮"皇帝"号下水开始。巨大的邮轮象征着德国工业与经济的成就，同时邮轮为富人精英服务而由穷苦的工人制造。这就象征着当时汉堡是"一个经济迅猛发展，物质分配不公的社会"①。这就是当时整个德国的状况。1914 年一战开始后，德国为了保证战时供给，加强了对经济的控制，把原材料配给权委托给工业企业组成的托拉斯，并成立"战争物资部进行监管"②。"为了融资，不仅扩大了公共债务规模而且扩大了货币供给，甚至为货币无限增长创造了空间。"③ 这一切为战后严重的通货膨胀埋下了隐患。所以，"政府融资是德国经

---

① 尼尔·弗格森著，贾冬妮、张莹译：《纸与铁》，中信出版社，2012 年，第 41 页。
② 同上，第 76 页。
③ 同上，第 84 页。

济面临通货膨胀压力的根源"①。

一战以德国的失败结束，当时汉堡和德国其他地区物资极其匮乏，食物严重不足，政治动乱，爆发了十一月革命。民怨沸腾，"这种民怨带有一种民族主义和民粹主义的色彩"②。在这种局面下，物价不断攀升。政府为了平息民怨，同时刺激经济，实行财政扩张，大幅度增加支出。这种财政政策加之"放松战时物价管制和公共债务飙升"，就"导致物价失控"③。这应该是通货膨胀之源。另一方面则是战后签订的《凡尔赛和约》。这个条约被称为对战败方条件苛刻的"迦太基式和约"。当时德国的魏玛政府企图修改这个和约，这就形成"修约主义"。当然，无论修约有什么后果，赔款总是少不了的，经济也会受到巨大冲击。因此政府就使马克汇率贬值，增加出口，并通过财政政策刺激经济。这就是"政府为加快经济复兴坚持采取赤字开支政策，导致流动性过剩加剧。在某些情况下，政府会直接投资，其中最突出的就是给航运上的赔偿金"④。这又使大多数人预期货币贬值会持续下去。当时"对马克的悲观预期在德国国内表现为货币需求下降"，结果是"1919 年的货币增长

---

① 尼尔·弗格森著，贾冬妮、张莹译：《纸与铁》，中信出版社，2012 年，第106 页。
② 同上，第 126 页。
③ 同上，第 137 页。
④ 同上，第 171 页。

率只有49%，而通货膨胀率却高达228%"①。

　　1920年后，德国经济进入相对稳定时期，但"要改革马克是否必然崩溃，1920年3月至1921年5月这段时期至关重要"②，因为在这一时期中，通货膨胀加剧了。而其原因之一在于财政赤字严重。"赤字的居高不下最终导致通货膨胀，而引发赤字的核心因素不是逃税，也不是对新税制不满，而是财政支出政策。"③ 引起支出增加的并不是战后赔款，而是国内的社会政策，包括增加政府资助企业提高薪酬的支出，对失业人员的救济，住房建设补贴，食品价格补贴，以及给予商船队的补贴，而且"补贴项目一旦启动，就很难再停下来"④。通货膨胀加剧的另一个原因是货币供给的迅速增加。引起货币扩张的一部分原因是财政赤字，另一部分则是市场流动性高，而央行贴现率一成不变。这就是"德意志帝国银行已经在不惜一切代价确保市场中的流动性"⑤。通货膨胀加剧的第三个原因是混乱的对外贸易。自由贸易给国内带来两种影响：一是出口增加，国内物资短缺；二是进口品物价飙升。这两者加剧了通货膨胀。通货膨胀加剧的最后一个原因是劳工运动高涨，引起成本推动

---

　　① 尼尔·弗格森著，贾冬妮、张莹译：《纸与铁》，中信出版社，2012年，第176页。
　　② 同上，第201页。
　　③ 同上，第207页。
　　④ 同上，第211页。
　　⑤ 同上，第217页。

型通货膨胀，尤其是工资的推动。比如，1921 年"钢铁价格实际降低了 16%，工资却上涨了 81%"①。

由这一段历史可以看出，"通货膨胀是由不负责任的财政政策和货币政策造成的"②。换句话说，通货膨胀完全是由政府人为造成的，通货膨胀的罪魁祸首就是政府。任何历史时期，任何国家，都是这样。德国一战后的历史又一次证明了这一点。政府，无论是独裁政府，还是民主政府，都继承了法国路易十五的格言："我死后，哪怕洪水滔天"，都是为了经济上的短期利益而不顾政策的长期结果。当经济出现困难时，政府会不惜代价直接投资于有效益或无效益的项目，提高社会保障讨好民众，银行则要扩大货币供给来配合政府。而且，这些支出都有"不可逆性"，只能增加不能减少，即使经济繁荣了，还要用这些政策来"锦上添花"。这就是通货膨胀易发而难治的根源。说到底政府所推崇的都是凯恩斯主义，这也是凯恩斯主义尽管在理论上已被批驳，但仍然长盛不衰的原因。特别应该指出的是，在民主政治体制下，政府的这种愿望还会受到一定程度的制约，但在独裁制度下，政府的这种愿望会顺利地变为现实。这就是从历史上看，独裁国家的通货膨胀比民主国家的时间长且严重的原因所在。德国在一战后还没有完全形成现代民主制度，

---

① 尼尔·弗格森著，贾冬妮、张莹译：《纸与铁》，中信出版社，2012 年，第 225 页。

② 同上，第 2 页。

所以，就出现了严重的通货膨胀。

一些经济学家对通货膨胀有点像对臭豆腐的心态。理论上不敢公开支持通货膨胀，但总觉得通货膨胀有利于刺激投资，增加就业，甚至主张实现经济增长就要以一定的通货膨胀为代价。那么，一战后的通货膨胀有这样的好处吗？让我们再回到弗格森的《纸与铁》。

在一战后，德国政府推动通货膨胀的动机之一是用通货膨胀证明自己无力赔偿，以达到"修约"的目的。同时，借助于通货膨胀也可以增加出口，并通过货币贬值来减少实际赔款。但这个目的并没有实现，"事实上利用货币贬值来要求修改赔偿计划本身就有问题：它牺牲了国外的投资者，让德国获得了非法收益，无论是怎样的收益，如果想让其他国家明白这笔巨额赔款是一个不可能完成的任务，那么更好的方式也许是以更真诚的态度努力按要求支付赔款"[1]。

那么，对德国国内经济呢？在 1920 年这个相对稳定时期，德国的确出现了生产增加，就业增加，但"这种繁荣只是假象，因此

---

[1] 尼尔·弗格森著，贾冬妮、张莹译：《纸与铁》，中信出版社，2012 年，第236—237 页。

通货膨胀有利于德国经济的说法并不成立"[①]。其表现是 1922 年德国经济出现了明显的下滑，原因则是用通货膨胀来刺激投资并不成功。原来认为，在通货膨胀下，企业会为了"用真实价值来避险"而增加投资。但事实上，一部分来自政府的投资缺乏经济合理性，而对私人企业而言，"通货膨胀加剧会造成企业放弃原有的投资计划"[②]。典型的例子就是德意志造船厂原计划投资 1.036 亿马克，但是 1922 年，实际用于新工厂的投资只有 1 660 万马克[③]。而且，人们在行为上的转变也减弱了货币贬值带来的经济优势。这包括生产率的下降，消费的增加。所以，"通货膨胀促进投资的论调不足为信"[④]。而且"通货膨胀在经济方面无疑弊大于利——尤其造成了一些结构性问题，如错误投资和货币疲软，极大地破坏了资本市场"[⑤]。

通货膨胀还带来了严重的社会危机。在 1919—1922 年间，通货膨胀政策使工资和就业增加，改善了收入分配不平等状况，的确大多数人更有益处。但用通货膨胀来实现这个目标，"也只是推迟了一场必然会来到的经济危机"。德国 1924—1932 年的失业率就高

---

① 尼尔·弗格森著，贾冬妮、张莹译：《纸与铁》，中信出版社，2012 年，第 247 页。
② 同上，第 248 页。
③ 同上，第 248 页。
④ 同上，第 251 页。
⑤ 同上，第 311 页。

于其他国家①。而且，通货膨胀显然增加了就业，提高了工资，尤其是低收入者的工资。但"实际工资上涨并不意味着生活水平提高"，例如食物匮乏，消费品质量低劣，住房长期短缺。而且，收入平等引起两个恶果："其一，通货膨胀把收租人的收入转移给了工人，从而降低了储蓄能力，因此在某种程度上导致了后来德国货币和资本市场疲软；其二，如果实际工资的增幅超过了生产力，那么后者就会受到侵蚀，降低整体经济的增长率。"②

这种收入分配平等使中产阶级的收入和财产减少。这就使社会不稳定，所以，"我们之所以质疑通货膨胀对收入分配的平衡作用，原因之一是它没有促成社会的稳定"③。

通货膨胀还改变了传统的文化。"19世纪，资产阶级经历了一场沉默革命，其依据是自由市场、私有财产神圣不可侵犯、法治精神以及建设公共领域等原则，然而通货膨胀却吞噬了这场革命的成果。资产阶级社会提倡勤奋工作，但通货膨胀却打破了生产效率和报酬之间的关系，勤奋程度和收入高低无关。资产阶级社会强调节俭和简朴，但通货膨胀却剥夺了储蓄者的利益，让那些过度借债和

---

① 尼尔·弗格森著，贾冬妮、张莹译：《纸与铁》，中信出版社，2012年，第314页。

② 同上，第317页。

③ 同上，第318页。

过度消费的人获益。资产阶级社会结构以财产的所有权为基础，但通货膨胀却促使财富所有权被彻底打乱，债券和其他纸质资产变得一文不值。资产阶级社会民法典的精髓是契约责任，是平等和诚信，但通货膨胀彻底颠覆了这些原则，债务人用贬了值的马克来偿还债务。资产阶级社会坚持法治理念，但通货膨胀却引发了犯罪，同时让法庭不再有威信。除此之外，资产阶级社会渴望'安静和秩序'，而通货膨胀时期充斥着混乱和暴力。"[1] 总之，通货膨胀打乱了使社会稳定的文化价值观和法律，这就预示了社会动乱和政权更迭。通货膨胀对文化价值观的破坏远远要大于它对经济的破坏。

经济与价值观的动荡也使德国政治斗争加剧，政府无法采取制止通货膨胀的政策，同时代表各阶级和各个利益集团的政治派别和党派兴起。这时希特勒出现了，"希特勒早已营造出一种反对通货膨胀的形象"[2]。而且，面对通货膨胀所引发的各种经济与社会问题，德国人民也盼望有一个强人来结束这一切。希特勒的出现迎合了人们的这种希望，因此就通过合法的选举程序上台了。希特勒的上台"从根本上改变了德国的政治经济，从而消除了导致从前那些问题的三个制约因素——集团组织的权力、财政和货币政策的软弱

---

① 尼尔·弗格森著，贾冬妮、张莹译：《纸与铁》，中信出版社，2012 年，第 322 页。
② 同上，第 347 页。

无力，以及国际收支状况带来的外部限制"①，使德国经济发展、物价稳定，这就为他发动二战创造了条件。

法西斯的出现当然还有更多、更广泛的因素，但通货膨胀是最直接的。所以，可以说，一战后的通货膨胀使德国走上了通向法西斯之路。

我们来看世界历史，恶性通货膨胀尽管不会总引发法西斯，但总会使经济崩溃和政权更迭。1949年蒋介石政权的崩溃，20世纪90年代南斯拉夫的瓦解，都源于这种通货膨胀。当然，按美国经济学家卡甘提出并为经济学界所接受的定义，恶性通货膨胀（或称超速通货膨胀）是指每月通货膨胀率达到50%以上的通货膨胀。通常的通货膨胀很难达到这样的程度。但别忘了恩格斯说过的一句话：一旦坐上滑梯，下滑的速度就不由自己控制了。用在通货膨胀上就可以说，一旦开始通货膨胀，以后不断加速，最后达到恶性的程度，就并非政府本身可以控制的。所以，从善良的愿望出发用财政赤字和扩大货币供给来刺激经济是相当危险的。用通货膨胀来刺激经济无异于饮鸩止渴。稳定物价永远是稳定经济与社会的基础。离开了物价稳定，一切繁荣都是泡沫，都是未来

---

① 尼尔·弗格森著，贾冬妮、张莹译：《纸与铁》，中信出版社，2012年，第348页。

之祸。

　　《纸与铁》是经济史的经典之作，其中的许多奥妙之处还要自己在阅读中去体会，书评仅仅是一种分享。

25

给孩子灌输正确的观念

——《一个经济学家给女儿的忠告》[①] 讲给孩子什么

给儿童写经济学不是给他们一些经济学的概念、理论或思维方式，而是给他们一些正确的理念。从小给他们一些理念，也许会影响他们一生。而且，儿童世界中发生的许多事情都包含着这些理念。抓住这些事件，告诉他们其中的道理，他们也会自然地接受，并不像上奥数、剑桥英语或学钢琴那么痛苦。

经常有出版社来约我为少年儿童写点经济学，但我始终未敢答应。一来是不知道该写什么。我想总不能把给儿童的经济学写成成人经济学的简写本或通俗本。经济学是一门抽象的科学，尽管它来自生活，但你要把边际量、利润最大化、乘数原理这些东

[①]　史蒂文·兰兹伯格：《一个经济学家给女儿的忠告》，中信出版社，辽宁教育出版社，2003 年。

西告诉他们，无论用多少事例，他们也难以理解，更别说接受了。何况现在的孩子已经够累的了，哪忍心再用这些东西去折磨他们？二来是不知道该用什么方法给儿童写经济学。离开儿童时代已经太久了，对新一代吃麦当劳长大又会玩电脑的儿童，我一无所知。

读《一个经济学家给女儿的忠告》之后，似乎有了一点感觉。给儿童写经济学不是给他们一些经济学的概念、理论或思维方式，而是给他们一些正确的理念。从小给他们一些理念，也许会影响他们一生。而且，儿童世界中发生的许多事情都包含着这些理念。抓住这些事件，告诉他们其中的道理，他们也会自然而然地接受，并不像上奥数、剑桥英语或学钢琴那么痛苦。

兰兹伯格的女儿9岁了，自然是父亲的掌上明珠。兰兹伯格作为经济学家注意给她一点经济学理念。例如，兰兹伯格带女儿及另一个小朋友去吃饭，要他们在现在吃冰激凌和饭后吃泡泡糖之间作出选择。另一位小朋友选择了冰激凌，但饭后却为没有泡泡糖而大哭。他就以这件事向女儿说明了人作出选择的重要性。我想，孩子每天作出的选择很多，用这些事例完全可以让他们理解选择的含义，以及选择一件事必须放弃另一件事。这对他们以后作出理性选择将是有意义的。再如，孩子们经常交换自己的玩具。一件玩具玩久了就没意思了（经济学家称为边际效用递减），与小朋友换一件没玩过的玩具，双方都得到好处。这种交换要能有利于双方，必须是自愿的。兰兹伯格的女儿凯利知道，不能抢其他小朋友的玩具，也不能强迫别的小朋友与自己交换玩具。这种交换中就包含了自由贸易有利于双方的思想。给孩子讲清楚哪种方式交换得到的玩具才是正当的，公平交易的思想就在孩子幼小的心灵里扎下了根。孩子长大就会成为自由贸易的实践者或支持者。

孩子的求知欲很强，对这世界上发生的一切事总想问一个为什么。这种好奇心正是孩子认识世界获得知识的出发点。你只要常与他们在一起，留心他们身边那些富有童趣的事情，告诉他们什么事对，什么不对，为什么该这么做，不能那么做，他们就会领悟许多道理。这些道理中蕴含的理念就会影响他们一生。给孩子灌输正确的观念并不难，关键是要因势利导，从那些看似毫无意义的小事入手。你要让他们上少儿经济学班，讲授选择或者自由贸易，对他们是一种折磨。但当他们要在用钱买什么或交换玩具时讲这些道理，在他们听来会是一种享受。我总反对用什么"头悬梁"的方式来教育孩子。对孩子，还是要寓教于乐。我们一生中有多少知识不是在严肃的课堂上学来的，而是来自轻松的玩乐，何况对一个孩子。

向孩子灌输经济学理念并不是单向的。当孩子用自己天真的眼光来看世界时，也会给大人许多启示。这本书的英文原名是 *Fair*

Play: What Your Child Teach You about Economics, Value and the Meaning of Life，直译出来是"公平的游戏：你的孩子对经济学、价值观以及生活的意义能告诉你什么"。这个名字作为中文的书名的确不大合适，所以译者改成了现在的书名。但这种改动会引起一些误解，以为中心内容就是作为经济学家的父亲如何给女儿一点正确理念的忠告，忽略了父亲与女儿之间的互动，即女儿也给了父亲许多启示。兰兹伯格在第十八章和第十九章中告诉我们女儿给他的两个重要观点。一个在生活中，爱是最重要的，金钱不是最重要的。她去购物是为了"消灭我的金钱"。另一个是与众不同，是有利可图的，"如果你喜欢的东西不是那种大众流行的东西，你就可以很便宜地买到它，如果你不想要的东西当下非常受欢迎，你就可以把它卖个好价"。这两个由儿童天真的眼光中所发现的观点对许多成年人都是清醒剂。我们不必为了金钱而放弃爱，也不必追求时尚而与别人竞争。多好的思想啊！

兰兹伯格在父女的互动中介绍了许多平凡而重要的经济学观念，涉及了人们关注的问题，例如，克林顿提高所得税、贸易保护主义、环保与禁毒、文化偏见、最低工资、各代人的公平观、歧视、赋税、司法与政府的责任、遗产、人口与增长、教育、政府债务等等。通过对这些问题的探讨，说明了公正、效率等观念。著名经济学家米尔顿·弗里德曼认为"本书绝好地、富有独创性地给大众解释了经济学最核心的原理"。读完本书你会感到这是一个恰如其分的评价。兰兹伯格是一位写通俗经济学的高手。他的另一本书《不切实际的经济学家：经济学与日常生活》（*The Armchair Economist: Economics & Everyday Life*, 1993, The Free Press）同样是一部广受关注而且好评如潮的书。

在读这本书前，我很希望能从中找出给儿童写经济学的方法，读后也感悟到了方向。但读完后发现他的方法是不能模仿的。兰兹伯格有一个极聪明的女儿。这孩子 5 岁时，看电视听到克林顿要增加所得税就大哭起来，6 岁就向政府建议如何使用我们的税款，5 岁时还向 12 岁的孩子解释鲍里斯·叶利钦。我没有这样的女儿。更重要的他是在美国的背景之下，用美国的事例，来解释美国的观念的。我当然不能这样写。何况我这样写了，别说孩子，连大人也难看懂。所以，如何给中国儿童写一本经济学的启蒙读物，仍然是我思考的问题。也希望更多的人与我一同考虑这个问题。儿童是我们的未来啊！

26

商道即人道

——《商道》①

　　商道，即从商的道理，就是人道，即做人的道理。儒家文化的核心是一套做人的伦理道德规范。修身、齐家、治国、平天下，首先是修身。这就是说，按儒家文化的思路，成功的人生，无论是从政、从文、还是从商，都是从做一个好人开始的。19 世纪朝鲜商人林尚沃的成功正在于他"财上平如水，人中直似衡"的人生态度。

　　读《胡雪岩》，知道徽商成功之道；读《白银谷》，知道晋商成功之道；读《商道》，又可以知道韩商成功之道。这三种商人所生存与发展的环境不同，成功的道路不完全相同，但都是东方儒家文化的产物。儒家文化的核心是一套做人的伦理道德规范。修身、

①　［韩］崔仁浩:《商道》，世界知识出版社，2003 年。

齐家、治国、平天下，首先是修身。这就是说，按儒家文化的思路，成功的人生，无论是从政、从文，还是从商，都是从做一个好人开始的。《商道》这部历史小说的主人公林尚沃是 19 世纪李氏朝鲜末期的"天下第一商"。他成功的经历又一次证明了这一点。

每个成功的商人都有自己的机遇，得到了权势者的支持，但能得到这种机遇，得到别人的支持，却根源于他们超过别人的品质。胡雪岩当初倾力帮助过王有龄，王有龄科举成功并当上杭州知府之后，就成为胡雪岩成功的起点。林尚沃的情况也十分类似。林尚沃的成功靠了中国光禄寺大夫周炳成的夫人张美龄的支持。张美龄支持林尚沃是因为林尚沃把她从妓院中救了出来。林尚沃出于深深的同情为救张美龄出火坑而花费了 500 两银子。这包括他可以用来起步的 250 两银子和老板的 250 两银子。为此他失去了起家的原始资本，还被老板炒了鱿鱼。但是他觉得值，因为他挽救了一个不幸的女子。他并不想有什么回报，也没有什么企图，只是一种对人的同情、关怀和尊重。这种对人的态度正是一个成功商人的道德基石，也是儒家文化中与人为善的君子作风。

一个不懂得尊重别人的人，一个利欲熏心的人，一个太精于成本-收益计算的人，也许可以发财，但绝对成不了"天下第一商"。尽管林尚沃离现在已有近 200 年，尽管儒家文化中也有许多与现代社会不一致的落后、保守因素，但这种与人为善的态度绝没有过时。以林尚沃这样高尚的人格，即使救了张美龄没有任何回报，以后也肯定有成功的机会。这就是好人有好报。那些丧尽天良造假，或像周扒皮一样盘剥员工的老板，一辈子也成不了大器。

一个人的人格不仅体现在这种对人的关怀和同情上，还体现在他的志向上。儒家文化也倡导人要有"治天下"的大志，但大志不等于超出自己能力和社会规范的野心。与林尚沃第一次同去中国的李禧著以"天下第一王"为志，这就是野心。在这种野心的支配下，他以后参加了洪景来的叛乱，结果身首异处。林尚沃以"天下第一商"为志。他经商有个人追求，也是为社会，所以，他没有乱天下的政治野心，希望在安定的政治环境中实现经商的理想。他成功之后，有大钱了，但气不粗，也没有以钱破坏社会秩序达到个人政治野心的念头。儒家的"治国、平天下"并不是自己去当皇帝，而是使天下治，即维护天下太平。造反被称为"犯上作乱"，在儒家文化中这种造反的人是人人得而诛之的"乱臣贼子"。经商是在实现自己财富增长的同时造福社会。如果一个人有了钱还要权，野心与财富同时增长，结果使天下大乱，生灵涂炭，这种成功对社会有什么意义呢？林尚沃用经商实现他"平天下"的理想，这是值得敬佩之处。

林尚沃是封建社会的商人。封建社会的商人成功总离不了权。林尚沃当然要依靠官，但他的高明之处，在于不是以钱买官，而是以诚打动官。当皇上决定实行人参出口五家垄断，由国家授权时，从事人参生意的林尚沃不得不走官路。当权贵朴家庆为父亲办丧事时，林尚沃送去了银票。但写的不是银子数，而是空白的——得银票者可以任意填写。当朴家庆让他填写时，他写下了"赤心"二字。这份诚心感动了朴家庆，林尚沃得到了人参交易的垄断权。这是他成为"天下第一商"的真正起步。儒家讲"信义"，讲以诚待人，林尚沃这次成功靠的不是银子，而是这"信义"二字。无论在商场还是官场，一个人只有讲信义才会被信任。林尚沃在银票上写下"赤心"二字，表明他的为人之道。信义是无价的，林尚沃也实践了这一点。在朴家庆失势之后，林尚沃给他送去珍稀的人参，使朴家庆救了皇上的命，又官复原职。林尚沃守住了"赤心"这个承诺，他当然会成功。

当然，商人就是商人，不是腐儒。仅仅有高尚的人格还不足以成为成功的商人。林尚沃的人格是他成功的起点，但成功靠的还是经营才能。商人要认准时机，该出手时就出手。他在垄断了对中国的人参贸易之后，把每斤人参的价格从 25 两银子提高到 40 两银子。这种做法受到了中国药材商的抵制。这是双方的较量，勇者胜。林尚沃在这场较量中显示出了他超人的勇气。面对中国药材商的集体抵制，他不仅不降价，反而把价格提高到 45 两银子。当中国药材商群情激奋时，他开始烧人参。这种举动的确石破天惊。这时中国药材商顶不住了，不仅接受了 45 两银子的高价，还补偿了烧掉的人参的损失。林尚沃的这种举动绝非匹夫之勇。他摸准了中国药材商离不开高丽参，得不到人参的代价比付高价的损失大得多。用今天的话来说，林尚沃的这次营销策划可谓大手笔。这种大手笔来自对中国药材市场的了解，并非孤注一掷，而是胸有成竹。做大买卖的人，可以好好研究一下这个成功案例。

一个人的成功不仅在于赚了多少钱，还在于他如何赚到这笔钱，以及用这笔钱去做什么。如果一个人坑蒙拐骗赚钱，又用钱去为非作歹，这样的人再有钱，也是"千夫指"。林尚沃至今仍被人们称道，并不是因为他富可敌国的财富，而是因为他是一个大写的"人"。他靠自己的人格和能力成功，成功之后回报社会，捐出了自己的钱，自己退隐寺庙。财富于他如浮云。他要做的是事业，而不是敛财。钱象征他的成功，并不是他追求的终极目标。所以，成功了，有钱了，就要实现造福社会的目标。这正是儒家思想的最高境界。我并不认为儒家思想可以作为市场经济的思想基础，但我认为，儒家思想中的一些精神的确可以古为今用。"为天下苍生谋"，"民为贵"都是儒家思想中值得我们继承的东西。林尚沃的可贵之处在于，他以一生的成功和对社会的奉献实现了这一点。

《商道》一书的中心是"财上平如水，人中直似衡"，这是对林尚沃一生的总结，也是他成功的经商之道。我想，这不仅是这本小说之始写到的 20 世纪成功企业家、麒麟集团金起燮的座右铭，也应该是每一位有志于做大事业的企业家的座右铭。

27

基业长青的理念
——《基业长青》^① 的基础

基业长青企业的基础在于有一种核心理念指引和激励公司的人。《基业长青》这本书批判了十二种错误的理念，从而树立了相应的正确理念。任何一个企业无论如何辉煌，只有以这十二种正确理念引导才能基业长青。

市场经济中，企业的生死盛衰成为一道亮丽的风景线。但大浪淘沙，总有一些企业长盛不衰，成为百年老店，也是一个社会经济的支柱。每个企业家都想使自己的企业成为长寿企业，社会也需要这样的企业。社会动荡会使企业夭折，如太平天国就曾给显赫一时的晋商和徽商以沉重的打击。但在一个正常的社会中，企业的兴衰还在于其内部原因。美国管理学家詹姆斯·C. 柯林斯和奎里·

---

① 詹姆斯·C. 柯林斯、奎里·I. 波拉斯：《基业长青》，中信出版社，2001 年。

I. 波拉斯的《基业长青》一书正是要揭示这类高瞻远瞩公司（Visionary Company）"长生不老"的秘诀。

什么是高瞻远瞩的公司？这两位作者确定的六条标准是：所在行业中第一流的机构，广受企业人士崇敬，对世界有着不可磨灭的影响，已经历许多代 CEO，已经历过很多次产品（或服务）的生命周期，1950 年以前创立。我们注意，这些标准不是营业额有多少，或者利润率有多高，或者股市表现如何，而是它的社会影响（前三条），以及经历了多次变动的考验（后两条），并由时间作出了判断（最后一条）。这表明，一个高瞻远瞩的企业是有社会声誉且能适应变化的企业。这也是我们创立一个企业时应该追求的。

根据这六条标准，作者评选出的公司有：美国运通公司、波音公司、花旗银行、福特汽车公司、通用电器公司（GE）、惠普公司、IBM 公司、强生公司、马立奥特公司、默克制药、摩托罗拉公司、3M、诺斯壮公司、菲利普·莫里斯公司、宝洁公司、索尼公司、沃尔玛、迪士尼公司，共 18 家。我们可以注意到，这 18 家企业的评选不同于《财富》杂志的世界或美国 500 强。这是因为它们评选的标准不同。《基业长青》正是要通过这些公司与相对应的公司的比较，说明企业长盛不衰要依靠的法宝。作者认为这种法宝是企业所依赖的核心理念。

德国哲学家黑格尔从理念出发引申出物质，这被称为唯心主义。但千万不要丑化唯心主义。理念对现实的指导的确是重要的。有什么样的理念就会得出什么结果。作者认为正是"有一种核心理念指引和激励公司的人"使公司基业长青。这种理念不是无中生有地产生的，也不是从其他企业克隆过来的，而是各自公司长期实践的产物，是这些公司成功经验的总结和升华。

其实，任何一个公司，无论基业长青还是昙花一现，都有意无意地由一种理念所指引，正如每个人的行为都由一种或正确或错误的世界观指引一样。它们之间的区别在于，失败的公司依据了错误的理念，成功的企业依据了正确的理念。正确与错误是相比较而言的，有比较才有鉴别。因此，作者在批判 12 种错误理念，即"破除 12 个迷思"的基础之上，用高瞻远瞩公司的经验，树立了 12 种正确的理念。对这 12 种迷思的批判，以及在此基础上的立，是本书的核心。

第 1 种迷思：伟大的公司靠伟大的构想起家。许多人认为在开始时有伟大的宏图是以后成功的起点，其实在这 18 家公司中，有 15 家开始时并没有伟大构想，只是"骑驴看唱本——边走边看"。这也就是说，它们开始时并没有想到将来怎么样，而是干起来再说。这就是作者总结出的，重要的是建立一个公司，并根据形势变化不断修改和调整自己起初的构想，或者说，企业不必有一个先验的长期战略规划，因为未来是不确定的，要以可以预见到的短期目标来引导自己的行动。短期目标可以与时俱进。

第2种迷思：要有杰出而眼光远大的魅力型领导者。其实这种强人往往会由于独裁或员工的崇拜迷信，而对公司的长期发展有害。公司是一个团队，依靠的是团队成员之间的合作与协调。实现这种合作与协调的不是强人，而是制度。有强人的企业易于走上人治之路，而这个强人又不可能永远正确。高瞻远瞩公司是法治企业，它成功的关键不是一个人，而是一套制度。

第3种迷思：以利润最大化为首要目标。企业当然应该赚钱，但赚钱并不是唯一的。而且，短期内把赚钱作为唯一目标反而会不利于长期的赚钱。公司应该追求包括赚钱在内的一组目标。把公司做强做大，才能实现长期的利润最大化。

第4种迷思：有共同的"正确"价值组合。其实世界上没有什么放之四海而皆准的价值组合。一种价值组合正确与否不在于理论的判断标准，而在于它起到什么作用。能使本公司成功的价值组合就是正确的。不同的公司具体情况不同，价值组合也应该不同。一个公司也很难克隆成功公司的价值组合。

第5种迷思：唯一不变的是变动。这种观念看上去辩证得很，也相当迷人，实际上形而上学得很。高瞻远瞩公司的核心的价值基础不会随时代变动而变动，理念是要坚持的，所变的只是这种理性的具体表现形式，或者具体做法而已。

第6种迷思：事事谨慎。其实谨慎绝不是成功的经验，敢于不断冒险才有成功。把谨慎作为原则，处处保守，结果是企业的停滞与衰落。对一个人和一个公司都是如此。当然，这里所说的冒险并不是盲目的冲动，而是基于科学分析的理性行为。

第7种迷思：高瞻远瞩公司是每个人绝佳的工作地点。如果一个公司成为这种地方，成为各教派的福地，兼收并容，它就没有了自己的核心价值观，员工之间很难实现合作与协调。对于一个公司来说，重要的是员工对公司核心价值的认同，而不是各行其是。

第8种迷思：最佳的行动来自高明、复杂的策略规划。策略规划再高明也会有错误，最佳的行动只能来自实验和失败，要靠机遇。关键不是事先如何策划，而是如何去抓住机遇，不断纠正错误，这些都是无法规划的。

第9种迷思：高薪雇用外来的CEO才能刺激根本性变革。依靠空降兵CEO变革是个例而不是通则。许多高瞻远瞩公司的CEO都是自己培养的，庙内的和尚同样能念经。他们了解本公司情况，变革和新构想更切合实际。

第 10 种迷思：最应该注重击败竞争对手。其实公司竞争中最大的对手是自己。竞争对手打不垮你，只有自己能打倒自己。不是要击败对手，而是要战胜自我。这就要克服自我满足。

第 11 种迷思：鱼与熊掌不能兼得。这是非此即彼的形而上学观，并不正确。在高瞻远瞩公司中的确可以做到"兼容并蓄的融合法"。

第 12 种迷思：高瞻远见主要依靠"远见宣言"。其实重要的是行动，而不是宣言，一打宣言不如一个具体行动。

对于企业家来说，重要的不是教他们如何做，而是给他们一些正确的观念，有正确的观念才会有正确的行动。这正是本书作者所强调的，他们不是告诉你具体时间，而是教你如何造一个钟。一个成功的企业家重要的不是评出具体的产品开发和营销计划，而是知道用什么核心理念去指引自己的行为。一个公司基业长青不在于赚了多少钱或卖了多少产品，而在于以一种核心理念为基础。明白了这个道理，读这本书就会其乐无穷，学有所得了。

28

谁当大象的领舞者

——《谁说大象不能跳舞?》① 与大企业复兴

小企业、大企业都是经济所需要的,也各有自己的利弊。郭士纳让 IBM 公司这个大企业重获新生,说明了大企业的成功之道,但打破各种传统观念,找到郭士纳这样的人更重要。

美国是一个法制完善的国家,但谁当总统仍然至关重要。GE、IBM 这些企业都是公司治理结构完善的现代股份制企业,但谁当 CEO 同样至关重要。我们强调制度,强调法治,但并不否认个人的作用。对一个企业来说,一个优秀的企业家也是成败的关键。没有亨利·福特就没有福特公司,没有比尔·盖茨也不会有微软。因此,如何选出一个优秀的 CEO,对任何一个企业都是关键。郭士纳在 IBM 公司起死回生中的作用就是一个现成的例子。

---

① 郭士纳:《谁说大象不能跳舞?:IBM 董事长郭士纳自传》,中信出版社,2001 年。

1992 年，当郭士纳（Louis V. Gersther Jr.）出任 IBM 的 CEO 时，这个庞大的公司已成为一头步履蹒跚的大象，面临绝境。但在不到 10 年的时间里，它却又焕发了青春，重振雄风，在商界跳了一场令世界惊讶的绝佳舞蹈。这场舞蹈的领舞者就是郭士纳。郭士纳在卸任之后把他在 IBM 公司的经历写出来，就有了这本许多企业家和非企业界人士都在热读的畅销书——《谁说大象不能跳舞?》。

郭士纳如何领舞 IBM 呢？我们看他的几招：

- 有人认为 IBM 的问题在于太大，出路是拆分。郭士纳坚信，大有大的好处，维护了 IBM 的整体性，利用了大规模在市场上的优势。郭士纳的信念是：并不一定是小耗子才能跳好舞，指导得当大象也能跳舞，而且跳得比小耗子更好。这是指导郭士纳领舞的理念，或者说必胜的信心。

- 一个公司效率低下，经营不善，大多是内部管理机制有问题，从此入手先把大象体内的病治好，它才有可能跳好舞。郭士纳找到了两个关键问题。一是公司内分配制度上的平均主义大锅饭，缺乏有效的激励机制。郭士纳由此入手确立了有效的激励手段，尤其是适当扩大高管层股票期权制的范围，以及实行绩效工资制。二是原有的各个分公司独立性过大，影响 IBM 作为一个整体的竞争力。因此，郭士纳加强了公司的集权，让公司由一个机构指挥，用一个声音说话。比如，将 IBM 公司遍布全世界分散独立的广告部门都集中起来。

● 像 IBM 这样老公司的传统往往趋于保守。郭士纳发现，IBM 的企业文化实际上是其创始人老托马斯·丁·沃森的影子，这种企业文化曾经起过积极作用，但领导人未变，企业文化亦未变。郭士纳努力打破了那种保守、封闭、呆板的文化，使公司富有生气——甚至连着装上都体现出活泼与朝气，不像过去那样千篇一律。

● 最重要的是有所为而有所不为。IBM 公司以制造电脑主机起家，有对技术的痴迷，也有自己的某些优势。郭士纳在对市场和内部条件分析的基础上断然放弃了原来为公司带来巨大利润的电脑主机业务，转向以电脑相关的服务为主业，成为世界上唯一一家不生产电脑的电脑公司。

世人以成败论英雄，郭士纳的这些做法使 IBM 的股票价格在 9 年内上升了 9 倍。郭士纳成功了，IBM 这只大象又翩翩起舞了。郭士纳成功的经历又为全世界企业家上了一课。

平心而论，IBM 的成功与郭士纳个人的远见、胆识和开拓务实的作用是分不开的。可以毫不夸张地说，没有郭士纳，就没有今天充满活力的 IBM。

　　企业家对企业成功的关键作用是一个"地球人都知道"的道理，正如谁都知道一场精彩的舞蹈要靠领舞者一样。问题是如何找到这样的领舞者。

　　其实，千里马常有，而伯乐太少。好的职业经理人并不缺，缺的是能发现他的好人。往往是那些自命为伯乐的人事部门，满脑子是一些陈腐的条条框框。凭一些过时的、教条的标准去找千里马，就要感叹千里马太缺了。《谁说大象不能跳舞?》主要记录的是郭士纳在 IBM 的所作所为，但我更感兴趣的是 IBM 公司如何找到郭士纳的。

　　IBM 找到郭士纳这样的领舞者关键是打破了传统的思维方式和一些人们认为理所当然的条条框框。

　　一种传统条条框框是"外行不能领导内行"，把专业知识作为选 CEO 的一个重要标准，在 IBM 所确定的选 CEO 的标准中，从事电脑出身就曾是个硬标准。起初，郭士纳其他条件都符合，只有这一条不符合——他完全不懂电脑。在 IBM 抛开这一条时，他们才得到了郭士纳。其实，本行专家能否领导好本行企业并没有定论。领导宝丽莱公司的都是一流光学专家，它的领导集团就是一个专家组。按说光学专家领导制造照相机的企业应该是内行领导内行了，但正是在这些光学专家的领导下，宝丽莱破产了。领导微软的比尔·盖茨，连大学也没上完，对软件了解多少呢？但他成功了。我们不否认内行领导成功者，如领导福特汽车公司的亨利·福特的确是一个汽车专家。但这不是一个规律。

专业技术与管理是两回事。管理一家企业重要的不是专业知识，而是管理才能，尤其是企业家的悟性。而且，专业知识太多了，太专家了，头脑有时反而会僵化，被一些技术细节所困扰。管理是一门艺术，需要创新，外行有时反而能看出问题，独辟蹊径。当 IBM 的专家们迷恋于其技术时，郭士纳看出了公司治理结构和经营战略上的问题。专家舍不得放弃电脑技术开发，只有郭士纳这样的外行才舍得丢掉专家们钟情的主机技术，开辟一个新的服务领域。

在全球畅销的《基业长青》一书中，作者总结出的高瞻远瞩公司的一个理念是不要迷信空降兵，要从公司内培养和提拔 CEO。这是一条用人之道，但绝不是唯一之道。郭士纳正是一个空降兵。

空降兵的重要性在于能打破原有公司多年来形成的传统。IBM公司由沃森父子创建并掌权，在他们的影响下公司形成一种传统，许多问题积重难返。要让这种传统培养出来的人去打破这种传统，可能性很小。这时从天上降下一个没有这种传统约束的郭士纳。他不适应原来的保守传统，包括一律穿白衬衣这样的小事。这样他才能突破传统。郭士纳在管理上的许多重大措施都是反沃森的传统的。改变了这些陈旧的传统，IBM才有了新活力。谁都知道创新重要，但传统有时候却是扼杀创新精神的。你能想象出一个从IBM内提拔的CEO能像郭士纳这样大刀阔斧地反传统吗？许多大公司最终都难免走上衰败之路，正在于传统的力量太大了。因此，引进空降兵不失为一步好棋。

郭士纳的这本自传，文字平淡，谈不上生动与趣味，但坚持读下去还是其味无穷的。他如实写了自己在IBM的经历，不同的人读了会有不同感受。记得我在万里高空的飞机上读完这本书后，总在想如何找到郭士纳这样的人。看着飞机上那一个个成功人士的模样，我突然悟到，郭士纳就在这些人之中。关键是要不拘一格。如果只记住了人力资源课上讲的那些教条，郭士纳就不能成为今天的郭士纳了。

不拘一格选领舞者，任何一个企业都可以跳好舞。

29

学习外企好榜样

——《差距》① 有多大

　　中国现在已经有了一批快速发展的企业，但与国外那些基业长青的大企业相比，这些企业仍处于初级阶段。把中国的企业做大做强，必须向国外成功的企业学习。学习的前提是找到我们与这些企业的差距，知道我们在哪些方面不如人家。

　　曾任美国总统的卡尔文·柯立芝曾经说："美国人的事业就是办企业。"美国经济的强大正是建立在一批成功的企业的基础之上的。中国经济的繁荣也依靠企业的成长与壮大。中国现在已经有了一批快速发展的企业，但与国外那些基业长青的大企业相比，这些企业仍处于初级阶段。把中国的企业做大做强，必须向国外成功的企业学习。学习的前提是找到我们与这些企业的差距，知道我们在

---

① 姜汝祥：《差距——中国一流企业离世界一流企业有多远》，机械工业出版社，2003 年。

哪些方面不如人家。正是从这种意义上说，姜汝祥博士写的关于中外企业对比的《差距——中国一流企业离世界一流企业有多远》一书，值得一读。

《差距》一书比较了一些中外企业，如海尔与 GE（美国通用电气公司），联想与戴尔等。这些企业的差别当然很多，诸如规模不同，赢利状况不同，等等。作者所比较的不是枝节问题的不同，而是重大问题的不同。应该说，中外企业不会完全一样，甚至一个国家内也不会有两个完全相同的企业，但作为市场经济的企业，它们应该有共同的规律，作为特大型企业，它们之间的共同性应该更多一些。在这些应该共同的方面，我们和国外企业的差距，正是我们要思考和学习的。

作者进行中外企业比较的目的是回答一个基本问题："为什么有一些企业长盛不衰，而一些企业昙花一现？"回答这个问题涉及三个方面："支撑企业长期持续的根本动力是什么"，"用什么来衡量企业是长盛不衰，还是昙花一现"，以及"为什么要在否定与创新的基础上重建中国公司发展战略"。弄清楚了这些问题，中国企业就会知道自己与外国企业的差距所在，以及向哪个方面努力了。

在这些基本问题上，中外企业差别还相当大，作者把中国企业的不足归纳为：

- 缺乏一套完整的战略指导思想整合企业行为。

- 缺乏一个制度化的管理平台来处理三大矛盾：一是决策层管理层与操作层之间的授权矛盾；二是部门之间配合与协调的矛盾；三是目标与行动之间的矛盾。

- 缺乏对核心竞争力的统一认识，从而不能建立基于核心竞争力的持续增长战略。

- 缺乏一套科学、有效的人力资源考核与激励体系将个人目标与企业目标融为一体。

按我的理解，这些不同的中心还是制度上的，即一套决策和运行的制度，或者说是公司治理结构。也可以说，国外成功的大企业是法治企业，它们的决策和运行是按制度来的。制度不能保证完全正确，但可以少犯错误，尤其避免重大的决策失误。在这种制度下，企业的每一个人都是这部机器的一个组成部分或零件，零件坏了可以更换，并不会给总体带来毁灭性打击。基业长青的保证是制度，而不是某一个英明伟大的人。中国的大企业，无论国有还是民营，人治居多，也有制度，但所起作用有局限。企业在开始时确实离不了一两个天才的人，在这种意义上可以说，没有萨姆·沃尔顿就没有沃尔玛，没有张瑞敏就没有海尔。这时的企业实行人治也不算怪。但一个人无论多天才，也不会全知全能，永不犯错误，因此企业管理必然走向制度化，逐渐建立和完善公司治理结构，并实现制度化决策和运行。我始终认为，这一点是中外企业的关键差别，也是引起其他差别，包括书中所列出的差别的原因。姜博士所说的"中国企业的战略是'总裁战略'——总裁的话就是战略，中国企业的管理是'总裁管理'——总裁的命令就是管理"正概括出了中国企业的人治特点。

针对人治的问题，姜博士提出要"警惕企业家的雄才大略"。在企业开始时，企业家的雄才大略是成功的基本条件，只有有这种雄才大略的企业家才能成功，才能把企业做大。但这种雄才大略往往也是企业失败的根源。许多企业垮在做大的过程中，垮在多元化的过程中，这种盲目扩张正来自企业家有大略而又认为自己有雄才。《差距》所描写的中国企业所走过的弯路及各种失误恐怕都源于那些有雄才大略的企业家。企业家的雄才大略只有在制度的制约之下才能发挥正确的作用。

其实企业缺乏一套合理公司治理结构的原因还在于产权制度上。部分国企领导人的目标是职务提升。提升与否和企业规模相关（不同的企业行政级别不一样，把一个小企业做成大企业，企业的行政级别就提高了，企业领导人的级别也提高了），所以国企领导人有把企业做大的冲动。如果在做大中出了差错，只要没有贪污受贿，风险并不大。若企业是家族所有，或一人控制，所有者与经营者为同一人，更有做大的冲动与权力。企业就是自己的，爱怎么做怎么做，人治是必然结果。从这种意义上说，这本书中所谈的许多问题根子仍然在产权上。不知作者为什么没有谈及这一点。

应该说《差距》这本书通过中外企业的对比，以翔实的事实尖锐地指出了中国一些现在极为知名的企业存在的问题，对这些自我感觉良好的企业是一服清醒剂；同时，也使这些企业改有方向，学有榜样。

做中国企业要向外企学经验，不是克隆或照搬。中外的社会经济背景差别很大，中国的国情与欧美也不会完全相同。中国的企业永远有自己社会背景下所形成的特点。就目前而言，这种差别相当重要。我们的目的不是把海尔办成中国的 GE，而是产生我们自己的 GE。对比外国企业找自己的差距，就应该认识到哪些差距是应该消除的，例如，不要盲目追求大或多元化。但有些差距也一时难以消除，还有些也许永远消除不了。我们学习国外企业的是那些属于规律性的东西，而不是形式上的——比如厂长改叫董事长或CEO。学习外企好榜样，是学他们好的方面，对中国有意义的方面，而不是一切都学。如果记住这一点，读这本书时收获就更大了。

这本书的特色在于对案例的分析。这些精彩的内容还是留给读者自己去享受、体会，我就不越俎代庖了。

30

如何创名牌

——《鞋王耐克》^① 的成功之道

一个品牌的成功靠的是产品的质量、产品的特色以及相应的广告宣传。耐克是我们创品牌的榜样。

谁都知道名牌的价值,任何一个企业都想创名牌,可惜许多企业并不知道如何去创名牌。在转型时期快速致富这种浮躁心态的支配下,一些企业把广告作为创名牌的捷径。结果呢?曾经名震华夏的秦池倒下去了,孔府家酒倒下去了,爱多也倒下去了。当年在他们以数亿元的高价夺下中央电视台广告标王之后,何等风光,但仅仅几年功夫,市场上哪有它们的产品,谁还记得它们的名字呢?如何创名牌,耐克提供了成功的经验。每一位有志于创名牌的企业家都应该读读记录耐克创名牌经历的《鞋王耐克:一个著名品牌的

---

① 朱莉·B. 斯特拉瑟、劳里埃·贝克伦德:《鞋王耐克:一个著名品牌的诞生》,上海译文出版社,1997。

诞生》。

如今耐克已经是一家驰名全球的公司了，耐克也是世界上价值最高的品牌之一。当年菲尔·奈特（诨名巴克）在 1960 年创建这家公司时，名字是蓝带公司，销售日本鬼冢公司的虎牌运动鞋。1971 年起，它们才生产并销售名为耐克的运动鞋，开始很不顺利，冬天在足球场上穿这种鞋，鞋底便裂口。1 万双鞋中有 9 000 双是以 7. 95 美元的价格抛售的。但它在 1978 年就在美国鞋业中位居第四，1980 年进入 500 强，并在 1980 年实现了年销售额 10 亿美元的目标。耐克能有如此迅速的发展，成为鞋业的名牌首先是它做出了高质量的好产品。没有好的产品，其他都是没用的。

耐克作为一个知名品牌首先在于坚持了高质量。当耐克到韩国寻找生产商时，他们提出要用"最棒的尼龙，最牢的黏合剂，最好的橡胶，要中间加软化层的坡跟鞋底，要用皮面不要塑料面"，钱是不在乎的。这也是他们一贯所坚持的做法。他们把质量放在首位，而不以低成本为目标。20 世纪 70 年代美国工资高，许多企业都到亚洲发展，他们为了保证质量在美国国内建了第一家鞋厂，尽管成本高了，但保证了质量，并在以后成为研发的基地。当他们在韩国和亚洲其他地方设厂时，都要派高层领导人常住。

一种名牌产品还必须有自己不同于其他产品的特色。当阿迪达斯、彪马等产品已经风行世界时，他们要创造耐克鞋的特色。一位名叫弗兰克·鲁迪的发明家获得了一种气垫鞋底的专利，他在四处碰壁之后找到了耐克。气垫鞋底并不是新技术，早在 1882 年就有人申请了专利，但却一直没有真正运用到生产中，因为它的耐磨性和使用寿命等问题一直没有解决。耐克公司意识到这种特点的重要性，于是购买了专利并投资开发。经过无数次试验，解决了各种问题，终于成功地制造出了名为顺风鞋的气垫底鞋。这种特色是其他鞋子所没有的，这就成为耐克鞋与众不同的特点，成为有效的竞争手段。特色是名牌的生命，任何一个名牌都有一种自己独特的东西。

既然要成为名牌，产品的名字一定要让人好记而不易忘记。耐克这个名字起得的确好，只要听一次你就忘不了。这个名字是公司的领导之一约翰逊的灵感。在为新鞋起名字时，有人建议叫"六号尺码"，有人建议叫"孟加拉湾"，约翰逊认为都不好。在苦思冥想中，他突然想出了耐克（Nike）——希腊神话中一位长着双翼的胜利女神的名字。耐克的标志正好象征胜利女神的双翼，而且发出音来也是好听的。我们可以设想如果当初用了"六号尺码"或"孟加拉湾"之类的名字，知道的人肯定不会有这么多。一个好产品要配一个好名字。名字就成为产品的一部分、一个象征。给产品起名字并不比给孩子起名字容易。

　　名牌的另一半是销售和广告宣传。"酒好也怕巷子深"，好产品若无好的销售与宣传，也不会成为名牌。耐克公司的前身蓝带是从事运动鞋销售的，他们的许多领导或是运动员，或是教练员，这为他们成功的销售奠定了基础，但并不是成功的充分条件。在竞争的鞋业市场上，还发明了一种名为"期货"的销售法，即与经销商签订数年的合同，给予让利，保证稳定的市场。这种做法对耐克在市场上的迅速扩张起到关键作用。

　　运动员既是耐克鞋的客户，又是宣传耐克鞋最好的媒介。耐克公司早就与运动员或运动队有合约，给予运动员优惠的条件（如带家属坐头等舱休养等），让他们在各种运动会上穿耐克鞋。这对宣传耐克，提高它的知名度起了重要作用。但在耐克的众多广告策划中，最成功的还是请 NBA 著名球星迈克尔·乔丹当形象代言人。他们与乔丹签订了为期 5 年，总金额为 250 万美元的合同，在 20 世纪 70 年代中期这是一个相当大的数额。乔丹不仅可以从出售的"飞人乔丹"篮球鞋中提成，从乔丹服装系列中提成，还可以得到一定数量的耐克 B 股。乔丹在美国和全世界年轻人（耐克的潜在客户）中极有魅力，当电视上乔丹穿着耐克鞋跳起投篮时，没有人不知道耐克这个品牌了。以后尽管乔丹的身价一直上升，但耐克仍然与乔丹签约。乔丹的中国之行正是耐克在全球广告宣传活动的一部分。一个有魅力的品牌形象代言人，一个成功的广告，是名牌形成的必要条件。

　　耐克成功的经验告诉我们创造名牌的两个条件：做出高质量的产品和进行成功的广告宣传，两者缺一不可，但前者是后者的基础。

　　当然，《鞋王耐克》这本书也并不仅仅是记录创造名牌的经验。这本书记载了耐克发展的全部历史，有经验，也有教训；有成功，也有失败；有商场上的明争暗斗，也有内部的合作与纷争。耐克也与所有成功企业一样，酸甜苦辣五味俱全。读了这本书，你的感悟一定比我所介绍的丰富得多。

31

成功企业家也应该读的书
——《大败局》① 告诉我们什么

失败乃成功之母。那些毁灭在成功道路上的企业家为我们提供了血的教训。后来的企业家只有吸取这些教训才有成功的希望。

一个个企业迅速崛起，声名显赫，然后又迅速倒下，销声匿迹，已成为中国经济中一道"亮丽"的风景线。《大败局》记载了瀛海威、秦池、爱多、玫瑰园、飞龙、巨人、三株、太阳神、南德、亚细亚等的兴衰史。如今，这些当初无人不晓的企业已经成为历史遗迹，甚至无人知晓了。他们的企业没了，产品没有了，一切有形的痕迹都找不到了，但他们以自己的牺牲给我们留下了一笔宝贵的精神财富——深刻的教训。

---

① 吴晓波：《大败局》（1、2，修订版），浙江人民出版社，2007 年。

这些企业的失败当然有外部原因。中国市场经济的不规范性和不完善性是这些企业迅速扩张和壮大的条件，也埋下了日后它们灭亡的祸根。但外因永远是次要的。为什么与它们同时成长的许多企业依然在发展、辉煌，而只有它们失败了？这种现实使我们必须从这些企业的内部去探寻它们失败的关键原因。只有从这个角度出发，我们才能从它们付出的学费中学到一些宝贵的教训，不再重走那条不堪回首的路。

在市场经济的初期总是英雄创造企业，而不是企业造就英雄。成就这些企业的是张树新、姬长孔、胡志标、刘常明、姜伟、史玉柱、吴炳新、怀汉新、牟其中、王遂舟这些曾经呼风唤雨的人物，但使企业垮台的同样也是这些人。真一个"成也萧何，败也萧何"。刚刚起步的企业当然不会有什么公司治理结构，也不会有制度化的决策与管理。人治使这些人可以很大地发挥自己的聪明才智，也可以使他们为所欲为地消灭这些企业。在这种人治企业中，企业成败靠的是人，所以，这些企业失败的根本原因还在于这些人本身的素质，即企业家素质。

我们说的企业家素质还不是学历和文化水平。应该说，在市场经济初期，成就一番事业靠的不是学历和文化，而是对市场的敏感、胆大。有些有学历和文化的人往往受到许多传统观念的束缚，很难成就什么事业。而且，企业家是一种天才，不是靠上学能学到的。所以，第一代企业家还是草莽英雄多。在这些失败企业的企业家中，只有少数几个上过大学，而且学非所用。成功的企业家靠的是天才、经验和机遇，而不是学历。比尔·盖茨大学没上完，王永庆只上过小学，而且还是经常排在倒数十名之内的。历史上的晋商和徽商也都并非科举出身，文化水平充其量是读过《三字经》《千字文》之类，识几个字，会一点珠算而已。

我们所说的企业家的素质是指这些人的人格修养和品质。导致他们失败的修养和品质，也不完全是他们个人的问题。这些企业家的血液里浸透了成长环境的特点。

在企业刚刚起步时，这些人格上的特点也许正是他们成功的基础。中国人传统惯了，守旧惯了，安于现状而不思进取。他们大胆的个性就使他们脱颖而出，成为第一代企业家。但当他们成功之后，这些人格上的特点就向相反的方向发挥作用，使一个刚刚成功的企业还没有达到光辉的顶点时就衰败了，而且一败涂地。只有从这种人格的角度，你才能理解，他们为什么做出那种在常人看来不可思议的事情。

在这些失败的企业中，我曾多次去过亚细亚，与其领导人也有过接触。说不上有多少了解、研究，感觉还是有一点的。我对王遂舟至今仍深为佩服。20 世纪 80 年代末，仍然是国营商业占绝对主导地位的时代，王遂舟的亚细亚做了几乎所有国有商业企业从来没想过的事。商业做广告，亚细亚是第一家。"中原之行哪里去，郑州亚细亚"，这句地球人都知道的广告词为亚细亚赢来了多少顾客！升旗仪式、乐队表演作为整体服务的一部分，使它成为全国商业界的一匹"黑马"。他们实践了"顾客是上帝"的观念，以微笑服务打遍郑州无敌手。当那些保守的企业经理嘲笑王遂舟，想看他失败的笑话时，他成功了。1991 年我应河南省商委之邀去郑州讲学。当主人问我想到河南哪里看看时，我放弃了少林寺、洛阳龙门等名胜，点名一定要去亚细亚。我与亚细亚的领导们交流时，为他们的雄心所震撼，也为他们的雄心所担忧。他们想把郑州打造成芝加哥一样的商业中心，要把超市推向全国，而且是在短短的几年之内。以后他们就在实践自己的扩张诺言，也正在走向灭亡。当我最终听到亚细亚破产的消息时，我为他们悲伤。

这些早期成功的企业家们把自己看得太高了，潜意识中认为自己是没有什么法律和客观规律可以约束的神。他们忘了一个成功的企业往往被称为"百年老店"，那"百年"二字不是夸其历史长，而是道出了做这样一个店需要百年之久的艰辛。能迅速膨胀的是气球，而不是企业。任何一个人在世界上做事都要受到限制与约束，经济学上所说的最大化一定是约束条件下的最大化。不考虑约束条件去追求最大化，是"知其不可而为之"，蠢也。山东的秦池，广东的爱多，都曾是中央电视台的广告标王，但没有过硬的产品，称王又有什么用呢？亚细亚想靠"诈贷"、非法集资等方法迅速扩张，但这种非法行为能维持多久呢？何况在市场经济不完善的情况下，地方保护主义还在阻挡这种扩张。飞龙的姜伟居然置专利权法不顾，要用伟哥这块牌子，且敢与辉瑞公司打一场明知必败的官司。做了这样不可能的事，不垮台还会怎么样呢？

　　已经失败的企业家读这本书已没有什么用了。应该读这本书的是那些依然风光的成功企业家。成功与灭亡就是一瞬间的事。如果现在的成功者不以过去的失败者为鉴，他们就会成为前仆后继的失败者。我们每一个人身上都有太多的历史沉淀，都有人格上的缺陷，敢于承认这一点才是走向成功的开始。正是在这种意义上，我把《大败局》推荐给今天的成功者。

32

西南航空的奇迹是如何创造的

——《我为伊狂!》^① 不仅是说航空业

西南航空是世界首家廉价航空公司,它的成本不仅依靠高效率的管理及低成本,也依靠把公司变为家庭的企业文化。它的成功不仅航空企业,而且任何企业都可以学习。

在美国民航业中,西南航空公司是一个奇迹,这家规模并非最大,且以国内城际间航线为主的公司创造了多项美国民航业之"最"。西南航空是自 1973 年春以来唯一一家每年都盈利的航空公司,且利润净增长率最高,甚至在 1990—1994 年和"9·11"之后,美国民航业全行业亏损时,它仍然盈利。当许多民航公司破产时,它保持了稳定的增长率,在 1991—1995 年间,增长率在 20%—30%,为全行业之最。它的负债经营率仅为 32%,资信等级

---

① 凯文·弗莱伯格、杰姬·弗莱伯格:《我为伊狂!:美国西南航空为什么能成功》,中国社会科学出版社,2005 年。

为 A，是民航业中最高的。这些奇迹是如何创造的呢？美国管理咨询专家凯文·弗莱伯格和杰姬·弗莱伯格的《我为伊狂!》为我们揭开了谜底。

企业成功的关键在于赢得消费者。赢得消费者的主要手段之一在于低价格。西南航空成功的秘诀之一还在于低价格的政策。美国航空业有一个不成文的规定，统一实行民航局批准的高票价。西南航空的成功在于打破了这个规则。它在成立之始就把投资方向转向提供永久的低价机票。该公司成功地实行了双层票价——高峰票价和低峰票价。在达拉斯到休斯敦航线上，该公司实行有赠品（1/5 加仑芝华士 12 年苏格兰威士忌或其他）的 26 美元商务票价和无赠品的 13 美元普通票价。商务乘客可报销，买高价票，民用乘客选择低价票。这就适应了不同乘客的需要。在周五晚上的航班甚至有 10 美元的票价。这种灵活而低廉的价格使西南航空赢得了消费者，立于不败之地。

西南航空的低价格政策使飞机成为真正意义上的"空中巴士"，使城际间的旅行快捷而舒适。这样经营当然就客源滚滚而来，成功是水到渠成的事。

在市场竞争中，低价格是企业经常运用的手段之一。但运用低价格也有技巧，并非一"低"就灵。首先，并不是低价格就一定成功，要根据市场需求来调整价格。在以品牌为核心竞争力的高端市场上，低价格是不适用的。西南航空的低价格成功在于认准了民航降价的时机。原来的民航以高端乘客为中心，但随着民航业的发展，民航必然走向大众，成为普通旅行方式。实现这一目标在于降低价格。西南航空认识到这种转变的必然性而用低价格获得成功。其次，低价格要以高效率和低成本为基础。长期低于平均成本是不能成功的。西南航空能实现低价格的能力正在于它的成本与效率。这家公司想尽办法降低成本，如只给乘客提供花生和水，没有其他享受，整个公司只有波音737飞机，降低了维修费用和飞行员的培训费用。它们还充分利用机场等资源，并使航班从降落到再次起飞的时间缩短至10分钟。每个工作人员为2 400名乘客服务，为各航空公司之最。最后，仅仅有低价格还是不行的。在低价格的同时还必须有优质服务，以降低服务水平来降低价格同样难以成功。西南航空降低的是价格，提高的是服务。该公司在行包处理、服务迅捷和顾客投诉三方面被美国联邦运输部评为"三冠王"。它的237架飞机平均寿命为7.9年，是各航空公司中最低的。它的飞机维护和飞行操作标准超过了联邦航空管理局的要求，这些使它在成立以来没有发生过重大事故。而且，该公司的机上服务极具个性化特色。这些保证了低价格的成功。

其实每个企业都想实现低价格高服务质量，为什么只有西南航空实现了呢？这就在于公司的经营管理风格（中文来说为"品格"）。该公司的风格包括："不达目的绝不罢休的毅力，具有积极意义的狂放不羁，勇于标新立异，对爱的敏感，深谋远虑而富于创造性，凝聚人心的团队精神。"在我看来，这种风格包含了三点精神。第一是有一个有毅力，勇于进取，且有创新精神的领导团体。一个企业成功的关键还在于领导，这个领导不是一个人，而是一个群体。西南航空的领导团体是被称为"一群老家伙"的人。他们在对手如林的航空业中打出一片新天地，靠的是有明确的目标——"赚钱、给每位员工提供稳定的工作，并让更多的人有机会乘飞机旅行"。而且，他们为实现这一目标而克服了无数困难。老人也许会保守一些，但西南航空的成功正在于摆脱传统进行创新。有这样一个领导团队，任何一个企业都可以成功。第二，明确的市场意识。一个大公司容易产生官僚主义，即内部管理的低效率和市场的麻木。西南航空把"打破官僚主义"作为自己的口号，不仅各级管理效率提高，而且能根据市场变动及时进行调整。一个公司在刚成立时能做到这一点并不难，难的是几十年坚持下来，西南航空正在于坚持了这一点而成功。第三，能激励员工的企业文化。一个企业的成功，制度固然重要，但制度并不是万能的。要使每个人自觉为企业奉献，还需要一种精神。创造这种精神是企业文化的作用。西南航空的企业文化是把公司变为一个大家庭。这个大家庭中充满了对每个人的爱、关怀和活跃的气氛。西南航空从不解雇员工，对每个员工体贴入微，甚至对已患重病无法工作的员工都极为关心。它还经常通过各种庆祝活动活跃气氛，把那些做出贡献的普通员工作为英雄。员工在这样的文化气氛中工作，能不努力奉献吗？

《我为伊狂!》讲的是西南航空公司的事，但其中反映出的道理是有普遍意义的。每个成功的企业都有自己独特的模式，但其中总有某些共同之处。这些共同之处值得每个企业学习、借鉴。正是在这种意义上，我把这本书推荐给每一位企业家，希望他们从中吸取有益于自己的内容。我想，这本书生动活泼的写法，通畅的译文，以及发人深省的事例，一定会让读者在享受的同时获得启示。

33

下围棋与做企业

——《中的精神》① 为为人之道

　　吴清源先生以"中"为宗旨的精神是一种平静地对待人生的逆境和困难，脚踏实地追求事业上不断进取的积极人生观，值得每一位企业家学习。

　　我不会下围棋，也不会做企业。但不同的事业要做成功，总有共同的规律。无论在哪一个行业中，要做到极致，大凡必须具备四个条件：天才、机遇、知识、人格。具备天才、机遇和知识的人并不少，但具有事业顶峰所要求的人格的人并不多。这种人格是什么？它对事业的成功为什么至关重要？我正是抱着寻求这些问题答案的目的来阅读围棋大师吴清源先生的自传《中的精神》。

---

　　① 吴清源：《中的精神：吴清源自传》，中信出版社，2003 年。

吴清源先生无疑是一位围棋天才，从小就被称为"围棋神童"和"天才少年"，以后几十年打遍天下无敌手，被称为"围棋之神""围棋泰斗"。吴先生也有好的机遇，能到围棋大国日本去向当时顶尖级的大师学道，并在与这些大师的对弈中得以提高。吴先生对围棋之道既有实践经验，又有理论研究，他所开创的"新布局"开一代围棋之风，自成流派，其知识当属顶尖级水平。但读完这本自传，我觉得造就这位顶尖级大师的，还是他那高尚的人格。没有这种人格，天才也好，机遇也好，所起的作用都有限，知识也无法达到顶级水平。

吴先生把自己的围棋观概括为"中和"，用日本语来说就是"调和"。他说"中这个字，中央有一根棒子，从形状上分为左右两个部分，表示着阴和阳。取得阴阳平衡的那一点，就是中。对于围棋，我总是在思考中的那一点"。我觉得这段话是吴先生对自己人生经验的总结，是他高尚人格的体现，也是他成功的源泉。他这本看似平淡的自传中，正体现了这种精神。

围棋在古代被称为手谈，弈棋的双方，以平淡的落子交流对棋道、对人生的理解。高手下棋，在小小的方寸之地中布局、征战、防守，体现了人生的大智慧。年轻时我也下过围棋，对弈中总以取胜为目的，急切地去占地盘，吃对方，结果总是败者多。当时以为自己棋艺太臭，也读一点棋谱书，但总没有长进，常败将军当多了，也就金盆洗手了。现在想来，我的失败还不在技术上，是在年轻时那种好大喜功、急功近利的浮躁心态上。不懂得下围棋需要一种平和从容的气度，不败才有鬼。我想"中和"的精神无疑就是这种平和从容的人生态度。正因为吴先生有这种气度，才把以争胜负为唯一目标的围棋艺术，提高到了极高的人生境界，也才能无往而不胜。

吴先生的一生是以中为宗旨的，但这种中和完全不同于随遇而安，不求上进的人生态度。吴先生中和的实质是一种平静地对待人生的逆境和困难，脚踏实地追求事业上不断进取的积极人生观。与满足现状者比，吴先生有永无止境的人生追求。他 19 岁时以自创的新布局与本因坊秀哉等名人对弈，横扫棋坛无敌手。即使在1961 年不幸遭遇车祸之后仍在顽强地研究棋道，到 80 多岁高龄时还在倡导促进各国友好的"21 世纪六合之棋"。吴先生的一生有顺利，也有挫折，但无论什么时候，其追求棋艺最高境界的努力从未放弃。与急功近利者比，吴先生没有一丝一毫的浮躁，不以物喜，不以己悲，融人生的大志于平淡的生活态度之中。这是一种人生的最高境界。

如果把"武"作为棋艺之道，把"文"作为为人之道，吴先生称得上文武双全。在《天外有天——一代棋圣吴清源传》中，吴先生说："我一方面作为棋士，在残酷的胜负世界中奉行武道；另一方面，吸收了红十字会的宗教思想和东方哲学思想，并将其作为人生的指南而自我培育出丰富的精神世界。我就是用这样的方式，披荆斩棘地踏出了一条文武双全的道路。因此，对我来说，胜负与信仰，如同人离不开水与火一样，缺一不可。"我想这段话是对中和思想最好的解释。

我的这篇文章题目为《下围棋与做企业》，是写给企业家朋友的。我劝每一位企业家都读读《中的精神》这本书。这本书没有讲如何做企业，但下围棋与做企业有共同之处。吴先生的中和精神是他棋艺成功的基石，也是每一位企业家做企业成功的基石。这种想法来自读企业家的传记和与企业家的交往。

中国的企业家成功者很多，但我总觉得在他们身上缺了点什么。读完《中的精神》，我悟出，许多成功企业家身上缺的正是吴先生的这种人生态度。这些企业家进取之心是有的，但缺乏一种平和的人生态度。许多企业失败于高速扩张之中。我把这种盲目扩张，想一口吃个胖子的心态称为"大跃进情结"。这种情结的背后实际上是一种急功近利的浮躁心态。在这种心态支配下，难免做出错误决策。一个企业的成败，在很大程度上取决于企业家本人的人格和修养。我总觉得，一个企业家的人格有多高，他的企业就能做多大。那些满足于一星半点成绩，在媒体上沾沾自喜的企业家难免成为历史的匆匆过客。只有那些平淡地看待成败，默默地不断追求的企业家才能到达顶峰。

我把民营企业的发展分为三个阶段。第一阶段是创业时期，这时可以靠胆识和机遇掘到第一桶金。第二阶段是规范化时期，这时要靠经济学与管理学知识实现股份化改造和科学化决策与管理。在这一阶段，文盲企业家被淘汰了。第三阶段是成熟与壮大时期，这时要避免扩张中的各种失误更多要靠一种人生态度。在这一阶段，那些急功近利、好大喜功的风云企业家将被淘汰。做到顶尖级企业家，需要的是吴清源先生一样的人生态度。不信，你去读读沃尔玛创始人萨姆·沃尔顿的自传《富甲美国》（上海译文出版社《海外企业家丛书》之一）。沃尔顿的事业与吴清源完全不同，但他们的人生态度何其相似乃尔！

许多企业家认识到知识的重要性，学习之风日盛，这是一种进步。但知识不等于文化，缺乏吴清源这样的人生态度，再多知识也难以有用。这种人生态度要靠自我修养，也要更多地向那些成功的大师们学习。正在这种意义上，我劝每一位有志于成功的企业家都读读《中的精神》。

34

为什么中国未能产生资本主义？

——《中国经济史》^① 的中心

在君主专制制度之下，中国历史上数度繁荣的商品经济却无从产生资本主义，导致中国处于长期的落后与停滞之中。究其原因，君主专制体制下经济是一种权力经济，而这与资本主义是不相容的。

一

法国年鉴学派的历史学家费尔南·布罗代尔（Fernand Braudel）研究资本主义诞生的历史，他的结论是，资本主义是欧洲特殊历史和制度环境的产物，并不是每一种文明都可以自发地形成的。为了证明他的观点，他特意举出中国商品经济没有发展为资本

---

① 侯家驹：《中国经济史》（上、下），新星出版社，2008 年。

主义的例子。

　　布罗代尔关心的例子，也是长期困扰中国学者的一个问题：中国曾经有相当发达的商品经济，商品经济是资本主义的萌芽，为什么这个萌芽没有长成参天大树？有论者认为，是帝国主义的入侵打断了中国历史的正常进行，摧毁了中国的资本主义萌芽。换言之，如果没有 1840 年鸦片战争之后的帝国主义的入侵，中国也会进入资本主义。这种观点的提出者曾经是权威，但现在怀疑这种权威观点的人越来越多。

　　中国商品经济的历史相当悠久而发达。但是否所有商品经济都是资本主义的萌芽就值得商榷了。中国的商品经济在战国时代已经相当发达，台湾地区经济史学家侯家驹教授甚至把这一时期称为"重商主义"时代。到鸦片战争之前"萌芽"了近 2 000 年了，怎么还没成"树"（更别说"参天"了）？就从公认的明代中期资本主义萌芽开始，也有几百年了，怎么还是萌芽？马克思早就指出，是鸦片战争打开了中国的大门。在古老中华的大门打开之前，中国是有商品经济而无资本主义"萌芽"的，是外国的大炮给中国送来资本主义的种子，中国才有了资本主义萌芽。不过，这个萌芽始终也没有成长为参天大树。其原因则是中国这块土地上的环境不适于资本主义萌芽成长。

中国这块土地为什么不适于资本主义萌芽成长呢？布罗代尔把市场分为两类：包括集市、店铺和小贩在内的低级市场与包括交易会和交易场所在内的高级市场。产生资本主义的只能是后一类高级市场。中国的商品经济无论多发达，仍然居于低级市场，布罗代尔称之为"毛细血管"的底狭层面，而高级市场的"动脉和静脉"则始终缺位。造成这种局面的原因在于，其一，缺乏基本的法律保障而使工商业者没有安全的地位；其二，权力体制始终强制性地将国民的经济活动压制在这种低级层面，不允许它有向高层境界升华的可能。

布罗代尔对中国没有产生资本主义制度的解释尽管颇有见地，也相当有启发，但他毕竟不专门研究中国经济史，要从更深层次上认识资本主义在中国的缺失，还要读一点系统的中国经济史。最近读了侯家驹先生的《中国经济史》，对中国不适于资本主义这个问题，才有了一点头绪。侯先生写的《中国经济史》和我读过的其他学者写的同类著作有很大差别。最大的差别在于，他是以经济学家的身份来写历史，而不是以史学家的身份来写历史。这样，他在结构安排、材料选取和分析立意上都有自己的特点，使我们是在了解以经济为主线的历史而不是作为历史一部分的经济。

二

侯先生在《中国经济史》中关注到中国未产生资本主义的问

题。他指出："资本主义在中国初次萌芽，却因汉武帝的抑商措施
与盐、铁、酒收归国营而告夭折，使中国经济停滞约 2 000 年或成
长受到限制，其中虽于南宋及明代中叶再次萌芽，但均不旋踵而
灭，其所以如此，是因政治制度决定经济制度，而非经济制度影响
政治制度。"① 侯先生这里所说的资本主义萌芽是指商品经济的发
展，这种商品经济是否能称为资本主义的萌芽尚可讨论，但他指出
这种"萌芽"受到了政治制度的扼杀却是千真万确的。换言之，中
国没有产生资本主义还在于政治制度。

中国的历史是统一与分裂、治与乱交替循环的历史。正如《三
国演义》中所说是"分久必合，合久必分"。侯先生正是从这一点
出发，把中国经济史分为五个阶段："一、第一次一元体制：郡县
制度——秦汉时期；二、第一次多元体制：坞堡经济——始于后汉
末期，迄于隋之统一；三、第二次一元体制：府兵制度——隋唐时
期；四、第二次多元体制：区域经济——始于唐玄宗天宝之乱，迄
于元之统一；五、第三次一元体制：中央集权——元、明、
清代。"②

中国人有顽固的大一统思想，尽管秦始皇的暴政几乎无出其右
者，但因为他实现了统一，赞扬者历代不绝。一般认为，统一时期

---

① 侯家驹：《中国经济史》（上），新星出版社，2008 年，第 33 页。
② 同上，第 43 页。

社会安定，百姓可以安居乐业，称为"治"世，所以将秦皇、汉武、唐宗、宋祖，以及清朝的康、雍、乾三代称为盛世，赞不绝口。在分裂时代，人民遭战乱之苦。这种观点不能说全错，但至少有许多误解。侯先生指出，一元体制之下，实现了规模经济，可以降低转换成本、保障成本和交易成本，亦可修建全国性大型水利工程（如治理黄河）。但分裂时期放松了政府管制，促进了移民和落后地区的开发。

无论统一还是分裂，中国历史上的政治制度都是君主专制的集权制度。统一是大专制，分裂是地区性专制。侯先生指出，"专制政治经常包含两种成分：一为中央集权，二为君主独裁。"① "集权"指中央与地方的关系，一切权力集中于中央，国家越是统一，集权的程度越高。但集权并不一定专制，"真正构成专制要件的乃是君主个人的独裁"②，集权加君主专制就成为最高级的专制体制。在这种体制下就是政治制度决定经济制度而不是相反。王亚南先生把专制的官僚政治作为中国长期停滞落后的原因，深入研究这种体制的特点，是相当有见解的。③

中国历史上还是以统一为主的，侯先生指出，"在统一时期，

① 侯家驹：《中国经济史》（上），新星出版社，2008年，第135页。
② 同上，第136页。
③ 王亚南：《中国官僚政治研究》，中国社会科学出版社，1981年。

政治趋于专制，经济趋于统制，社会趋于管制，以致经济难以有突破发展"。① 中国"不能发展出资本主义，最主要的原因还是在于大一统在经济上的或然与当然缺失，其中尤以统制经济与管制社会对于经济发展——尤其是工商发展打击最大"。② 侯先生在《中国经济史》的第二十三章"结构内结论"中从专制体制下的崇本抑末观念、商业与企业家精神、对外贸易、科技、人口、土地、资本以及产权、人权的角度分析了专制体制对经济发展的不利之处。葛剑雄教授在《统一与分裂》中也指出大一统时代，这种专制经济体制下的巨大浪费。③

尽管中国的疆域在不断变化，人口也在扩大，并经历了许多次分裂，但中国已有数千年的历史。这就为商业的发展提供了条件。中国早就有发达的商品经济，到明代还形成了曾经辉煌一时的十大商帮。但在君主专制制度之下，这些商品经济不能成为资本主义的萌芽，也无从产生资本主义。中国处于长期的落后与停滞之中。究其原因，在君主专制体制下，经济是一种统制经济，或称权力经济。权力经济与资本主义是不相容的。读侯先生的《中国经济史》，对这一点会有深刻的感受。

---

① 侯家驹：《中国经济史》（上、下），新星出版社，2008年，第776页。
② 同上，第163页。
③ 葛剑雄：《统一与分裂》，三联书店，1994年。

三

　　权力经济就是政治权力决定经济，政治制度决定经济制度。这种体制下，统治者的唯一目的是维护自己的统治。要维护自己的统治就必须"强国弱民"。"强国"是统治者有足够的力量可以抵御外来的侵略，并镇压国内的任何反抗；"弱民"是使老百姓贫穷、无知，易于统治。资本主义的目标是"强国富民"。在农业社会中，农业的发达足以强国，又可以使人民得以维持生存。但抑商，即压制工商业是为了使人民不至于由于富有而挑战独裁政治。我们常讲"饱暖思淫欲"，其实这个"淫"不只指男女那点事，还包括有更多的欲望与要求。比如，富了就要读书，有更多的知识，就不会相信统治者的"指鹿为马"；富了就会要求有人权，就会要求民主，而不满于受专制、独裁。富是不满专制的起点，人民富起来，专制独裁就危险了。所以，即使在农本经济中，商也不可缺，但绝不能影响到专制统治的稳定。这就必须把"商"排在末位，不断地加以抑制。重农抑商，商业受到限制，如何能发展出资本主义；在这种观念指导下，商人处于社会最低的地位，何以有推动资本主义发展的企业家精神？

　　权力经济的基本特点之一是政府决定资源配置。政府主导资源配置的确可以集中力量办大事，但办的大事如果错误，就成了集中力量浪费资源了。在封建社会中，统治者的目的是维持自己的统治，实现个人无限的欲望。翻翻中国历史看看统治者是如何穷凶极恶地生活的，看看他们极尽豪华之宫殿、陵墓，看看他们如何穷兵黩武，就知道在这种权力统治下，资源是被如何浪费的了。

权力经济的另一个基本特点是国家直接从事经营活动。在这种经济中，凡是利润大的行业都由政府直接垄断经营或由政府卖给私人垄断经营。中国早在春秋时期的齐国就实行了由管仲设计的盐铁专卖，经西汉的"盐铁会议"确定了以后一直实施的盐铁专卖制度。即使以后政府放开了盐业，也只是政府把盐业专卖权卖给了商人（徽商），利润的大头仍然归了政府。至于对外贸易更是由政府控制，广东粤商的十三行就被称为"天子南库"。直到洋务运动，仍然摆脱不了政府直接经营的传统。洋务运动中主体是政府直接办的企业或名为官商合办，实际上完全由政府控制的企业。

权力经济之下也有私人企业，但这些企业与资本主义下的私人企业完全不同。资本主义下私人企业的成功在于它们的竞争力，但在权力经济下，有些私人企业的成功在于官商勾结。侯先生指出这是中国经济史中常见的现象，即"统制经济或公营事业均可导致官商结合"①。权力经济是管制经济，对私人企业的发展规定了许多

---

① 侯家驹：《中国经济史》（上、下），新星出版社，2008 年，第 150 页。

条条框框。但这些规定并不是不可以逾越的硬规则，而是由官员"相机抉择"的。商人只有求助于官员才能突破这些条条框框取得成功。官员控制了资源和权力，但要把这些东西变为财富，也需要商人为他们效劳，官商结合是双方的愿望。历史上的徽商和粤商都是靠官商结合而致富的。晋商在明代从事盐业贸易靠的也是官商结合。清代的乔家、常家、曹家等起初都是靠自己白手起家的，但以后成为大富，靠的仍然是官商结合。这种官商结合的模式必然产生腐败，所以，这种权力经济必然是一种腐败经济。同时，官商结合能成功，也使商人失去了竞争力和创新能力。这样的商业即使再发达，也产生不出推动资本主义的竞争和创新。中国历史上的商人完全不同于资本主义下的企业家，根源正在于此。

四

中国历史上的君主专制制度与资本主义不相容的更基本的原因是缺乏一套适于资本主义生长的制度。适于资本主义生长的制度最核心的是产权制度。中国历史上有私有财产，但却没有私有产权制度，私有财产从来没有"神圣不可侵犯"过。因为中国自古即有"普天之下，莫非王土，率土之滨，莫非王臣"的观念，这就是说，天下所有一切，最终的产权所有者是皇帝。人民都是皇帝的奴仆，更谈不上人权，这不仅是观念，而且是亘古不变的法律。一个人无论多富有，只要皇帝一声令下就可以抄家剥夺。私有产权的缺失是中国经济始终没有出现资本主义的根本原因。

资本主义的发展还要以一套法律体系为依托，重要的比如专利法、公平竞争法等等，不重要的就更多了。中国历史上不能说没有法律。自从有了国家就有了法，发展到后来《大明律》《大清律》等都相当详尽，但有法律并不等于就是法治国家。哈耶克曾指出，有法律并不一定是法治国家，法西斯统治时期，德国也有法律，但绝不是法治国家。这取决于依照什么原则，由谁立法，以及如何执法。封建社会的法律体现了统治者的意志与愿望，统治者制定法律并执法，法无非是维持其统治的工具而已。这样的社会不是法治社会，仍然是由统治者说了算的人治社会。"朕即国家，朕即法律"，法律并不制约统治者（"刑不上大夫"），只用于对付反对自己的人，而无论出于什么动机反对。

中国历史上长期停滞、落后在于没有产生资本主义生产方式，而其根源则在于君主专制体制。我建议关心中国未来的人都读读侯先生的《中国经济史》。读这本书不是要回顾"祖上富过"的历史，而是要找出"祖上很穷"的根源，这对我们探讨改革、转型之路肯定是有启迪的。

35

乾隆盛世种下的乱世种子

——《饥饿的盛世》^① 徒有其表

当一代强人过去之后，治世就会逐渐转为乱世。在盛世时人民并没有享受到多少好处，但在乱世时人民却要付出实实在在惨痛的代价。正是乾隆盛世种下了以后中国历史的一系列灾难的种子。

一

查《现代汉语词典》（第 6 版）"盛世"的解释是"兴盛的时代"。这个解释如同说"强敌"是"强大的敌人"，"高楼"是"高大的楼"一样，等于没有解释。

张宏杰先生在《饥饿的盛世：乾隆时代的得与失》中的解释

① 张宏杰：《饥饿的盛世：乾隆时代的得与失》，湖南人民出版社，2012 年。

是："所谓盛世，就是内无严重的政治腐败，外无迫在眉睫的敌国外患，社会治安良好，老百姓普遍能吃饱饭的时代。"① 我认为也不确切，哪个时代没有腐败？没有外敌，也不一定是盛世，中国历史上没有外敌的时代多了，但有几个盛世？社会治安良好的确是"盛世"的一个表现，但要看靠什么来实现。老百姓普遍能吃饱饭也不准确，"吃饱饭"恐怕是最低标准，仅仅能吃饱饭算什么盛世？何况任何时代有极少数人由于各种原因而吃不饱也是正常的。看来"盛世"一词我们经常挂在嘴上，但真正要下一个定义还不容易。

什么是真正的盛世？我以为作为"盛世"起码要有两个标准。一是经济上实现了国强民富。国家经济、军事实力强大，人民起码能实现小康的生活水平。二是用法律保证人们的基本人权，靠民主与法治维持社会秩序良好。按这样的标准，中国历史上有过盛世吗？

中国人从秦王朝建立直至清朝灭亡实行的都是中央集权的专制体制。这种体制从本质上都不可能有任何盛世。先从经济上说，这种体制不可能使经济繁荣、国力强大。我们经常爱炫耀 18 世纪之前，中国 GDP 全球第一，占全球 GDP 的三分之一云云，但我一直怀疑这是否表明我们经济最强，考虑到我国人口也最多，如果按人

① 张宏杰：《饥饿的盛世：乾隆时代的得与失》，湖南人民出版社，2012 年，第 279 页。

均来算，恐怕就难以称第一了。

君主专制体制的目的在于维护一人或一家的统治，因此，经济上就有两个特点，一是由国家控制经济中最重要的、最赚钱的行业，这就是中国在春秋时齐国开始并在西汉后就作为一种制度坚持下来的盐铁专卖制度。小农经济时代，国家能直接控制的经济部门还不多，盐铁就是仅有的了。二是对私人商业活动的抑制，从秦到清，民间商业一直处于受压抑的状态，中国的"资本主义萌芽"始终没有成为参天大树，正在于这些"萌芽"还没有长起来就被铲掉了。而且，即使实现了"国强"也始终是"民穷"的。统治者可以把财富用于盖宫殿、个人挥霍，也不会用于改善百姓的生活。

从法治上说，中国历代都有法律，但有法律不等于就有法治。

哈耶克就说过，有法律并不等于有法治。纳粹德国时，德国也有法律，但却是一个没有法治的专制国家。现代法治国家的法律是根据人民的意志制定的，目的在于保护平民的人权，限制国家对人权的侵犯。君主专制体制下的法律是按统治者的意志制定的，目的在于限制人权。法律无非是为了给专制披上一件合法的外衣。在这种法律之下，人民丧失了基本的人权，当然也谈不上人权，更没有什么民主与法治。一个人民失去了人权、统治者为所欲为的时代能是盛世吗？

二

那么是不是在现代社会出现之前，世界上就没有盛世呢？外国的中世纪被称为"黑暗时代"，谈不上"盛世"了；再往前的希腊、罗马，尽管经济、科学、文化都有相当的发展，军事上也十分强大，但按现代的标准也很难被称为"盛世"。在中国 2 000 多年的君主专制社会中，根据传统的说法，能称上盛世的也就是西汉的"文景之治"、唐代的"开元盛世"和清代的"康雍乾盛世"。即使再加上东汉的"光武中兴"、隋代的"开皇之治"、明代的"仁宣之治"这些小盛世，甚至把分裂时代十六国苻坚南侵前的时期、南北朝刘宋文帝时代、五代十国的后周南唐统治的阶段都算上，也不过 400 年而已①。在漫长的君主专制时代，能勉强称上"盛世"的不过 400 年，仅接近20%，而其他 80% 的时代是"乱世"。即使按君主专制时代"盛世"的标准看，"盛世"也是例外，而"乱世"是常规。毛主席在著名的"窑洞对"中也总结了中国封建社会（即专制社会中）乱治交替的"周期率"，这个"周期率"不打破，哪能有中国盛世的出现？

这些历史学家公认的盛世，情况又如何呢？中国最长的"盛

---

① 张宏杰：《饥饿的盛世：乾隆时代的得与失》，湖南人民出版社，2012 年，第 279 页。

世"是清代的"康雍乾盛世"。"从康熙二十年（1681 年）平定三乱算起，到乾隆四十年（1775 年）为止，持续也不到 100 年。即使从康熙元年（1662 年）算到乾隆六十年（1795 年），也不过 130 多年。"① 这个"盛世"的情况如何呢？张宏杰先生在《饥饿的盛世：乾隆时代的得与失》一书中作了颇有启发意义的介绍。

先来看经济。"据统计，当时中国的 GDP 占世界的三分之一，超过美国在今天世界上的地位，中国在世界制造业中所占的份额，是英国的 8 倍，俄国的 6 倍，日本的 9 倍，比刚刚建国的美国更不知要多多少倍。""其国际贸易不仅是东亚地区贸易体系的中心，而且在整个世界经济中即使不是中心，也占据支配地位。其财政储备通常为 3 000 万—4 000 万两白银，乾隆三十三年（1768 年）超过 7 000 万两，乾隆五十五年（1790 年）达到最高的 8 000 万两"②。这个统计数字恐怕只有财政储备一项有历史记载，其他的都是估算，到底可信度有多大，只能存疑。即使这些数字真实，也别忘了，当时中国人口有 3 亿左右。

即使中国的经济强大是真实的，人民生活达到了小康吗？

---

① 张宏杰：《饥饿的盛世：乾隆时代的得与失》，湖南人民出版社，2012 年，第 279 页。
② 同上，第 132—133 页。

作者在"序"中引用乾隆五十八年（1793 年）英国以马嘎尔尼为首的第一个访华团在中国所看到的人们的生活状况，说明中国人当时"都如此消瘦"。原来想象中的中国黄金遍地，但"事实上，触目所及无非是贫困落后的景象"①。别忘了，这是"世界第一"的中国。

学者洪振快先生在《中国康乾盛世还不如英国中世纪》中说明了，"1500 年左右的英国，一个普通的三口之家，每天可以获得8 便士的工资，食物的支出是 3 便士。因此只要他们愿意劳动，他们就可以过上不算特别宽裕但无衣食之忧的日子"。而"清代雇工工值的四分之三，甚至五分之四以上用于饮食"②。这就是盛世时中国人的生活，乱世呢？

GDP 最高，财政实力雄厚，这么多钱干什么了呢？君主专制体制是为一人、一家服务的体制，这些钱无疑都是用于统治者自己的挥霍享受了。乾隆七下江南之奢华是人人皆知的。再从两件事就可以看出这些钱干了什么。一是乾隆以孝著称，他每次为太后过生日都大操大办，绝不心疼钱。乾隆六年（1741 年），太后五十大寿，仅在从圆明园回返中，组织 60 岁以上的老人"瞻仰跪接"就赏赐

① 张宏杰：《饥饿的盛世：乾隆时代的得与失》，湖南人民出版社，2012 年，第 1—2 页。
② 洪振快：《官心民意：一本书看透了中国官场》，南方日报出版社，2011 年。

这些跪接之人"白银 10 万两，绸缎 7 万多匹"①。二是当马嘎尔尼率领的英国代表团到中国时，尽管没有取得任何结果，乾隆自己也不满意，但赏赐的礼物之丰厚②连我们今天也感到惊讶。这些钱不都在支撑世界第一的 GDP 中吗？

至于军事力量的强大，也要作具体分析。在清军入关时，军事是强大的，康熙借此余威平定了周围的各个少数民族地区，形成了今天中国领土的轮廓。但到乾隆时期平定大小金川的战争中，尽管最后赢了，但耗费了巨大的人力、物力，连平定国内少数民族的动乱都如此费力，强大在哪里？如果说清王朝因为大，所以相对于国内少数民族和周边的国家（朝鲜、越南之类），尚可说强大，但在世界范围内就难说了。当时中国没有和西方国家打过仗，无法评价强弱。但从军事实力来说，清王朝恐怕是不如西方国家的。当西方各国已经由冷兵器向热兵器转变时，中国仍然在用冷兵器；当西方各国开始向海外扩张时，中国却让葡萄牙占领了澳门。中国充其量是军队多，至于强则说不上。英国之所以敢发动鸦片战争，而且打赢了，就是早已看出清王朝是"纸老虎"。

至于国际地位与声望，我觉得一般人也都夸大了。当时西方国

---

① 张宏杰：《饥饿的盛世：乾隆时代的得与失》，湖南人民出版社，2012 年，第 27 页。

② 同上，第 365—367 页。

家颇有一些人对中国相当推崇，如法国启蒙学派的伏尔泰、重农学派的魁奈等人。但这并不是说中国如何了不得，而是他们不了解中国，他们对中国的判断是根据马可·波罗的书和一些传教士的只言片语作出的，而且也并不是所有人都如此。黑格尔、斯密对中国的停滞和落后就有精辟的见解。中国人从盲目的狂妄出发，只介绍西方人如何推崇中国，而不讲他们的真知灼见，其实是一种误导。当年世界还不是一个地球村，那些无知的推崇又有什么用？

所谓盛世，一定是天下太平、社会秩序良好、安定团结。这是一种古已有之的理想状态。理想的就不是现实的，也正因为不能成为现实，才能成为理想。中外历史上有这样一种理想的天下太平状态吗？任何社会都有不同的利益集团，它们之间的利益冲突必然引起或大或小的冲突。人群中永远有少数不正常的人，这些人数量不多，但闹起事来能量不少。一个社会是否是盛世，不在于有没有冲突，而在于如何解决这些冲突，使之不引起大的社会动乱。社会基本稳定，没有大动荡都可以称太平盛世。现代社会和历史上都有这样的"太平盛世"，问题是用什么方法来实现。用民主和法治的方法来实现，这种盛世就是可持续的；用专制和独裁的方法来实现，就要付出人权丧失的代价，而且在短暂的太平之后会引起更大的动乱。

乾隆时代的确可以说实现了天下太平，但这种天下太平是如何实现的呢？君主专制体制下，有法律而无法治，人民不受动乱苦，但无人权。

三

在任何一个社会中，只有最高统治集团稳定，天下才能太平，最高统治集团中一定有一个或称皇帝，或称总统的核心。这个人的能力与品质是最高统治集团稳定的核心。乾隆时代的天下太平就在于有乾隆皇帝这样一个既有绝对权威，又有能力的人。中央集权制度下，最高权威首先在于遗传，只有一代皇帝的亲儿子才有可能当下一代皇帝。但一代皇帝往往有多个儿子，选哪一个就成为关键。乾隆时代的幸运就在于具有绝对权威的康熙帝慧眼识英雄隔代选择了乾隆作为雍正之后的皇帝。这种选择有偶然性，把天下太平寄托于这种偶然性就是使盛世变得不是常态而是非常态的原因。历史上上一代皇帝所选的接班人还是以无能力、无道德者为多，所以盛世并不常见。只有现代社会用选举制代替了世袭制，才从根本上解决了这个问题。

当然，乾隆皇帝也不负康熙的期望，稳定了高层统治集团。他首先纠正了父亲雍正皇帝的一些做法，比如为那些被父亲残酷打击、无情迫害的叔伯平反，恢复了他们原来的地位和待遇，同时也为一些受过打击的高层官员平了反。这些怀柔的做法，无疑清除了对手的敌对情绪。这是软的一手。但作为最高统治者，仅仅有软的一手是远远不够的，总是软就会没有权威，自己的意志得不到贯彻，所以，乾隆皇帝在靠软的一手获得上层统治集团的敬佩之后，又拿出了硬的一手，以孝贤皇后去世为契机掀起"乾隆十三年风暴"。他打击的重点是在康熙、雍正、乾隆三朝任重臣的张廷玉，张可以说是天下第一大臣，拳头打在了张的身上就震慑了其他的大臣。谁有张这样的地位与声望？连张都受到皇帝的打击，谁敢不听话？并以此为基础打造了一个高效、廉政的官僚队伍。

从许多诗文和一些事情来看，乾隆是爱民的，但前提是民要老老实实地当顺民。不仅要在行动上当顺民，而且在思想上也要当顺民，连"腹诽"也不许有。应该说经过了康熙和雍正两代残酷的文字狱，反清的民族主义思想被镇压下去，而且当年并没有现在如此发达的媒体，禁锢思想已经实现，但乾隆仍然继续实行文字狱，对编字典这样无关政治的事情都要鸡蛋里挑骨头，甚至对疯子的胡言乱语也要打击。看来文人只有歌功颂德的义务，没有批评甚至"腹诽"的权利。乾隆的"爱民"应该是爱"甘当奴隶的顺民"。这种人民被剥夺了基本人权的天下太平，对统治者当然是绝对好了，正如平静的湖水正好载舟。但这能成为我们所追求的太平盛世吗？

乾隆盛世下靠集权的确可以实现一时的天下太平，靠集中国力也可实现 GDP 第一或真实或虚幻的国强。但一个国强民穷、缺乏人权的社会是不可能成为真正的"盛世"的。在靠暴力实现的天下太平下，各种矛盾被掩盖或被暂时压制住了。当一代强人过去之后，治世就会自动变为乱世。在盛世时人民并没有享受到多少好处，但在乱世时人民却要付出实实在在惨痛的代价。正是乾隆盛世种下了以后中国历史的一系列灾难的种子。

在君主专制制度下，时代的兴衰往往系于一个人的身上。乾隆盛世成也乾隆，败也乾隆。从一个人来看，有年轻气盛时，有中年鼎盛时，也有年老衰落时，这个规律对皇帝也不例外。专制下的兴衰取决于一个人，这个人精神和身体上的衰老决定了"盛世"必然成为历史。当这个人的盛世过去后，他在盛世时种下的各种灾难的种子就要发芽、开花、成长为参天大树，他当时压抑的各种矛盾会在更高程度上爆发。这时乱世就要来临了。

腐败是专制的必然产物。专制下的腐败也是时高时低的。当皇帝反腐坚决时，官员的腐败会有所收敛，但当皇帝对腐败纵容时，腐败就会迅速爆发。乾隆早中期，对反腐颇为坚决，但晚年却宽容腐败了，所以出现了和珅这样历史上著名的大贪官和不少集团腐败案件。无官不贪成为乾隆后期官场的一大特征。要命的不仅是官员贪，皇帝也贪。乾隆晚年贪腐之大，历史上记载颇多，这就更加剧了官员的贪腐之风。当这个制度下的贪污成为不可救药的癌症时，不仅盛世不再，而且又到了改朝换代的周期了。

乾隆时代以盛世自居，这就形成了整个高层统治集团和社会上文人、百姓的盲目自满之风，在国内无视整个社会的各种矛盾和人民的苦难，一味歌功颂德；在国际上则是无视世界的进步和巨大变化，关起门来称王称霸。以中国为世界中心的华夷之辨膨胀到了极点。

上帝让谁灭亡，先让谁疯狂。当乾隆皇帝以这种盛世之帝的态度拒绝了英国人邀请中国进入世界潮流中时，中国在近代史上所经受的各种苦难实际上已经开始了。近代史上的两次灾难，鸦片战争和太平天国运动尽管是在乾隆皇帝去世几十年后发生的，但种子却是乾隆盛世时种下的。自乾隆之后，嘉庆、道光、咸丰一代不如一代，清朝的灭亡就已经是时间早晚的问题。根本体制不变，什么戊戌变法、洋务运动、末期的宪政只是在不改变君主专制下的小改小革，不足以挽回失败的命运。由盛到衰成为君主专制制度下历史的必然规律，不从根本上改变这种制度，无论有过多强大的盛，动乱和衰亡是不可避免的。

任何社会都有治有乱，现代民主社会是长治短乱，而且社会有调节能力，可以实现大体上的盛世。君主专制社会则为短治长乱，而且没有解决乱的机制，小乱经常会变为给社会带来灾难的长乱、大乱，这就是历史上无数次的农民起义。称赞历史上盛世的人心中的模式仍然是旧制度那套思维。

36

隐而不传的中国海盗史

——揭秘《大国海盗》①

为什么西方的海盗在强国富民中起到了积极作用，至今被认为是英雄，而我们的海盗在正统中国史里却隐而不传，今日我们仍羞于提起？

一

国人与外国人对自己的祖先当过海盗这件事，态度截然不同。

北欧人的祖宗是当年驰名海上的江洋大盗，他们不以为耻，反以为荣。瑞典、丹麦的博物馆中，都客观展示出自己祖先当年当海盗的雄姿，挪威甚至还有海盗博物馆。这些国家的人有时会说到自

① 雪珥：《大国海盗：浪尖上的中华先锋》，山西人民出版社，2011年。

己的先人是海盗，说这话时，没有一点不好意思，反而还有几分得意与自豪。

国人就不同了。与朋友闲聊，我讲到商帮与海盗的关系，总有年长的朋友告诫我，在公开场合讲商帮时，一定要避开这一点。有一次我在福建讲闽商是亦盗亦商，下来就有几个年轻人责难我。在徽州，王直的墓都被愤青破坏了，更不能把他包括在徽州人引以为豪的徽商之中。甚至主流媒体亦持这种态度。陆地上造反抢劫的盗贼，古时称为绿林好汉，今天叫作农民起义。但若跑到海上，古今都称为海盗。在正统的中国史里，对国人当海盗一事，一直隐而不传，雪珥先生的《大国海盗：浪尖上的中华先锋》，偏偏要拿这一段历史说事。作为研究中国商帮的票友，我通过这本书，对商帮有了更多了解。

二

徽商在中国十大商帮中的地位十分重要，号称第二商帮（仅次于晋商）。平时我们提到徽商，都说他们的四大产业是木材、茶叶、盐业和典当业，其中以盐业为主。其实，徽商还有一个相当重要的产业，这就是对外贸易。古代政府允许对外贸易时，这是一个正经的行业；政府不允许时，就变成了走私。古代政府用武力镇压走私活动，走私的商人奋起反抗，就被称为盗。明代实行严厉的海禁政策，于是从事海上贸易的徽商就成了海盗。这些海盗中，最著名的是王直集团。中国人不忌恨陆上的盗，而忌恨海上的盗，所以谈起徽商，是从来不把王直及其外贸活动包括在内的。

王直是徽州歙县人，又名汪直，因为自知做海盗会连累家族，故而改名王直。他在与日本的贸易中致富，并加入了以许栋为首的海盗集团。当年浙江沿海的双屿岛成了对外贸易中心，其地位有如今天的上海。明政府用武力消灭了许栋以后，王直率部下数千人在日本长崎的五岛列岛建立了根据地，势力之大，到了自称"净海王"（后改称"徽王"）的地步。他们向明政府叫板，公开从事走私活动——当然，从商与为盗是兼而有之的。在他们的指挥下，日本浪人在中国东南沿海地区烧杀抢掠，被称为"倭寇"。然而，王直的本意是从商而不是为寇，所以，他有意接受招安，当一个本分的商人。他的徽州绩溪同乡胡宗宪对他实施了招安，但在他接受招安以后，朝廷又背信弃义地杀了他。这不仅没有消除倭寇，反而使之蔓延开来，为祸更烈。高阳的历史小说《徐老虎与白寡妇》正是以这一段历史为背景的。

三

与海盗关系更密切的，是闽商，因为闽商的主体就是以郑芝龙为首的海盗集团，闽商的基本特征是亦盗亦商。

郑芝龙是福建泉州南安石井乡人，17 岁左右的时候投奔在澳门经商的舅舅黄程，来往于我国、日本、吕宋（今菲律宾）等国家和地区。他不仅因此开拓了眼界，而且学会了葡萄牙、荷兰等国的语言，经商时兼做翻译。后来，有机会搭乘大海盗李旦的船为舅舅押送货物到日本平户，遂认识了在平户经商的李旦，并加入了李旦的海盗集团。郑芝龙在平户与日本女子田川氏结婚，生下儿子郑成功。这时，李旦集团分成了三支：以李旦为首的日本大本营，以另一头目颜思齐为首的台湾集团，以及以许心素为首的福建本土集团。

1625 年，李旦去世后，其子李国继续主持日本事务。不久颜思齐去世，郑芝龙掌控了台湾分支，进而消灭了许心素集团，在福建安平（今晋江安海镇）建立了大本营。1628 年，郑芝龙接受了明政府的招安，并利用官军的势力消灭了李魁奇、杨六杨七兄弟、诸彩老、钟斌等海盗集团，军队达万余人，战舰有千余艘。他们建立了以"仁、义、礼、智、信"为名的五大流通体系，管辖内陆各地的流通渠道，又建立了以"金、木、水、火、土"为名的五支船队，航行于东西各洋。他们颁发实为保险单的"令旗"，每年收入高达 400 万两黄金，还垄断了对台贸易，控制了定价权，威胁到荷兰人的利益。1633 年，荷兰人偷袭厦门，向郑芝龙进攻，并得到了郑芝龙的对头刘香海盗集团的帮助。郑芝龙靠官兵的支持击败荷兰人，并消灭了刘香集团。自此，郑芝龙垄断了东西两洋的海上贸易。这就是历史上所说的闽商的主体。郑芝龙集团还为明政府守卫南疆，被称为"南海长城"。

清军入关后，郑芝龙不顾其弟郑芝凤和其子郑成功的反对降清，后被骗入北京软禁，清军占领郑芝龙的大本营安平后，杀害了郑成功的母亲田川氏。1661 年，郑芝龙被清廷斩首。郑成功在福建、广东一带抗清，并仍保持了海上的垄断势力。1662 年，郑成功战胜荷兰人，收复了台湾。当年，郑成功去世，郑成功之子郑经统治台湾。1683 年，康熙派郑家降将施琅攻占台湾，实现了"金瓯一统"。此后清政府继续实行海禁政策，郑芝龙集团退出了历史舞台。当然，闽商并没有就此终结，不仅闽西北的商业高度发达，而且后来福建人继续从事与东南亚各国的贸易，并向这些地区移民，其中涌现出许多优秀的商人。追溯他们的起源，还要感谢亦盗亦商的郑芝龙集团。

四

东南沿海另一个重要商帮是粤商。我们一般把以十三行为中心的广州帮作为粤商的代表。其实粤商还包括潮汕商帮和客家商帮。但粤商中的任何一个商帮都是由海盗发展而来的。沿海各省的百姓都以海为生，捕鱼或从事海上贸易成为他们主要的谋生方式。明政府实行严厉的海禁后，他们就不得不做海盗了。明代时著名的海盗，潮州澄海的林道乾和饶平的林凤，就是粤商的先辈。他们都是亦盗亦商，公然与明政府对抗的。林道乾曾在今日泰国的北大年港、当年独立的小邦大泥国（渤泥国）建立定居点，但被明政府联合暹罗（今泰国）、柬埔寨等国的葡萄牙人所消灭。林凤本来有望占领马尼拉，但由于得不到国内支持而被西班牙人消灭。"林凤兵败菲律宾，明朝政府虽未参战，却等同参战，因为它在心理上极大地牵制了林凤的斗志、决策乃至兵力，而成为西班牙军队的盟军。"作者雪珥的判断，是正确的。

五

读到《大国海盗：浪尖上的中华先锋》中介绍的这一段历史，我不禁想到，为什么外国人的海盗在强国富民中起到了积极作用，至今被认为是英雄，而我们的海盗当年一点也不比外国人的差，却不仅没有起到任何强国富民的作用，反倒当时死无葬身之地，今日我们仍羞于提起？

是我们的海盗太与古代政府对抗了吗？并不是。因为中国古代几乎所有的海盗都是被逼上梁山，而且上山后所惦记的还是招安，想要当一个听话的商人。从王直到郑成功，从林道乾到林凤，都有受招安的历史。他们的受招安也是诚心的，再次为盗，还是政府不信任给逼出来的。

是政府不想扩张吗？也不是。那个时候的世界处在一个没有游戏规则的时代，是一个弱肉强食的世界。

是中国的航海技术太落后吗？更不是。中国人早就发明了指南针，起码在明代之前，中国的造船技术一直是领先于世界的。郑和能远航到东非沿岸，靠的正是先进的航海技术。

是中国人缺乏冒险精神吗？是中国人缺乏航海的传统吗？是中国的内陆足够广阔，无需海外扩张吗？……这些都不是。中国的政府没有进行海外扩张，更没有利用海盗去通过海外掠夺实现强国富民。黑格尔认识到了这一点。他在《历史哲学》中说："中国、印度、巴比伦……占有耕地的人民闭关自守，并没有分享海洋所赋予的文明，现在他们的航海——不管这种航海发展到何种程度——没有影响到他们的文化，所以他们和世界历史其他部分的关系，完全是由其他民族把它们寻找和研究出来的。"

我们不能否认传统文化中许多优秀的东西，但也不能不看到，传统文化有保守与封闭的部分，这部分是对外来文化排斥的。认识不到这一点，中国就无法全面实现现代化。今天的种种进步，不正是与世界接轨的结果吗？

从商帮的历史来看，我们有前资本主义社会最发达的商业，明清时有在今天仍有影响的商帮。这些曾被称为资本主义萌芽，但这些萌芽没有成长为参天的资本主义大树，甚至在西方资本主义入侵之后就迅速凋零了，其原因还不是这块保守的大地吗？在文化上，只有世界的，才是民族的。固守自己那一套不合时宜的文化，拒绝学习外来文化，不接受全世界都承认的东西，哪能保持并发扬自己的传统文化？

这正是从鸦片战争以来，我们一直寻找现代化之路，却反复失败的根本原因。方向不对，找的路子也是歪路、邪路，最后仍然是远离现代文明。从洋务运动以来，中国的现代化之路如此曲折，还在于方向不对。

仔细想来，保守并不是中国固有的文化传统，也不是与生俱来的东西。虽然中国传统文化的基础儒家文化产生于春秋，到汉代成为官方正统的主流意识形态，但直到明代之前，还不是那么保守、那么故步自封。汉唐两代的强盛，正来自开放。尽管在当时的条件下，主要是陆地的开放，但已为中国吸收了从物质到精神诸多丰富的因素。宋元两代，除了陆地上的文化交流外，又有了海上交流的内容。尽管那时更多是中国文化的出口，但对外来文化决不排斥。宋代的理学已经曲解了孔子的儒学，但还没有从思想变为实践，无论统治者还是人民，都只把它作为一种学说而已。

　　变化的关键是在明代之后。明初的海禁放大了传统文化中的不利因素，保守、狂妄成为主旋律。从那时起，偌大的中国成为与世隔绝之地。到了清代，这种特点更为明显也更为固执。鸦片战争打开了国门，国人并不是向外部学习，而是更为强烈地抵制外来文化。即使要学习，也是"中学为体，西学为用"，用西方的技术来维护本位文明。直到今天，仍有人以这种心态来看世界。

　　明清以来对海上争霸重要性的毫无认识，决定了这两代政府要实行严厉的海禁，也决定了民间对海盗的错误认识。在这种背景下，我们放弃了原有的海上领先地位，根本不可能扶植或支持海盗集团去扩张，也不可能利用海上贸易来强国富民。从明代镇压海盗集团到清代乾隆拒绝对外贸易，再到慈禧利用义和团排外。近代中国不断挨打，屡遭失败，正是这条路的必然结果。

　　在我读过雪珥的几本书中，我认为写得最好的，是这本《大国海盗：浪尖上的中华先锋》。他讲了中国海盗的历史，讲了昔日海上中国的辉煌与苦难。他对许多问题的独到分析值得我们重视。例如，前几年我们还在回忆郑和远航的意义，但有谁认识到，郑和远航实际上是中国的封闭之始呢？读一本书，如果见不到一点能震撼人的思想的东西，有什么意思呢？

37

还原大英帝国
——《帝国》^① 的功与过

大英帝国衰亡了，但大英帝国的历史仍影响着全世界。这种影响就是推动了世界资本主义化。弗格森说："如果不是英国人的统治扩张到世界各个角落，我们很难相信，自由资本主义的框架会在全球如此多的不同经济体内成功地建立起来。"

如果把 20 世纪初大英帝国的衰落作为这个庞大帝国解体之始，那么它的解体已经一个多世纪了。如果把二战后原英联邦多个国家独立作为这个庞大帝国的正式解体，那么它的解体已经 70 多年了。如果把英联邦作为大英帝国的标志，那么它今天仍然存在。对于大英帝国，有人赞之为推动了全球一体化的进程，有人斥之为对落后国家的掠夺、屠杀和剥削。如何看待大英帝国？它从兴到衰的历史

---

① 尼尔·弗格森著，雨珂译：《帝国》，中信出版社，2012 年。

告诉了我们什么？英国金融历史学家尼尔·弗格森（Niall Ferguson）的《帝国》要"还原一个真实的大英帝国"，让我们更加接近历史的真实，并得到一些启发。

一

用暴力对别国进行殖民化是古已有之的，目的在于掠夺别国的土地、资源、人口和财富。这是一种成本最低的致富方式，也是吴思先生所说的血酬定律之一。就近代的殖民而言，"英国绝对属于起步晚的"[①]，直到 1655 年，英国才统治了牙买加。而早在英国之前，西班牙已经建立了西起西班牙马德里，东到菲律宾马尼拉，包括秘鲁和墨西哥的帝国；葡萄牙则建立了西起大西洋的马德拉群岛，东到巴西的帝国。这时的殖民化基本是以政府支持的海盗为主体。

英国人当然羡慕西班牙、葡萄牙人的掠夺致富，但有两个原因使他们起步比这两个国家晚。一是"西班牙帝国是一个集权的独裁帝国"，而英国"君王并非独立权力"，有贵族和上下两院，都瓜分了君王的权力[②]。这种分权制限制了英国的对外掠夺。但这种分权"从长远来看却成为一大优势"。这就在于"权力越分散，财产

---

① 尼尔·弗格森著，雨珂译：《帝国》，中信出版社，2012 年，第 4 页。
② 同上，第 6 页。

也越分散，不会有一个绝对的权威来强行征收他们的财产。事实证明，这成为探险者最重要的驱动因素"①，使英国后来居上。二是"在航海技术上，英国人也落在了后面"②。但后来英国赶上并超过了西班牙。早在 1493 年 3 月，英王亨利就向威尼斯航海家约翰·卡伯特颁发了许可证，全权授权他与其 10 个儿子开展各种殖民行为。宗教改革之后，英国建立帝国的野心愈发强烈，在 18 世纪初以后的一个世纪里，其"海上帝国的梦想变成了现实"③。

　　尽管英国从 15 世纪就开始了殖民化，但大规模的殖民化和大英帝国的建立是在 18 世纪。这时英国的资本主义正在迅速发展。资本主义与殖民化的结合就使这种殖民化不同于西班牙、葡萄牙等老牌国家的殖民化。资本主义的本性要求在全世界扩张。马克思、恩格斯在 1848 年发表的《共产党宣言》中就指出："美洲的发现，绕过非洲的航行，给新兴的资产阶级开辟了新的活动场所。东印度和中国的市场、美洲的殖民化、对殖民地的贸易、交换手段和一般商品的增加，使商业、航海和工业空前高涨，因而使正在崩溃的封建社会内部的革命因素迅速增加。"这就是说，殖民化是资本主义的加速器。在资本主义发展过程中，"不断扩大产品销路的需要，驱使资产阶级奔走于全球各地"。"资产阶级，由于开拓了世界市

---

① 尼尔·弗格森著，雨珂译：《帝国》，中信出版社，2012 年，第 6 页。
② 同上，第 10 页。
③ 同上，第 9 页。

场，使一切国家的生产和消费都成为世界性的了"。"过去那种地方
的和民族的自给自足和闭关自守状态，被各民族的各方面的互相往
来和互相依赖所代替了。物质的生产如此，精神的生产也如此"。
"它把一切民族甚至最野蛮的民族都卷入到文明中来了"。"它按照
自己的面貌为自己创造出一个世界"。① 这就是说，殖民化成为资
本主义发展过程最基本的内容之一，从一国开始的资本主义最终是
全球化的结果。这不仅仅是马克思主义的看法，西方经济学家也是
这样看的。美国经济学家西蒙·库兹涅茨就指出，首先实现了资本
主义，发展起来的国家，"具有向世界其他地方伸展的趋势——这
就使整个世界成为一个统一体"。他把这一点作为现代经济增长的
第五个特征，并强调"这一含义在现时代以前是不存在的"。② 这
就说明，英国的殖民化，大英帝国的建立就是全球化的过程。如果
说那时的全球化是全世界英国化的过程，那么今天的全球化就是全
世界美国化的过程。主导者不一样，方式也不全一样，但本质是相
同的。

二

　　弗格森正是从全球化的角度来分析大英帝国的形成与功过的。

　　① 马克思、恩格斯：《共产党宣言》，《马克思恩格斯选集》，人民出版社，
1966 年，第 240—243 页。
　　② 西蒙·库兹涅茨：《现代经济增长：发现与思考》，《现代国外经济学论文
选》（第二辑），商务印书馆，1981 年，第 23 页。

他把由英国主导的全球化概况为：商品市场、劳动力市场、文化、政体、资本市场和战争的全球化。资本主义时代的全球化不仅仅是抢夺金银和屠杀，它与资本主义发展所产生的需求相关。资本主义发展了生产力，也提高了人民的生活水平，这就产生了许多新需求。没有资源满足这些需求的英国就要到海外掠夺或交换这些产品。全球化就开始了。这种需求最初是糖，是因为"英国人嗜甜的口味"①。英国的糖无法满足这种日益增长的需求，于是就要到海外寻找。以后，又是茶、咖啡、烟草、衣服（印度的纺织品）。全球化是从商品的全球化开始的。这种贸易导致 1600 年英国东印度公司的成立，1650 年它成为"永久性的股份制公司"②。以后，英国通过向外移民和黑奴贸易实现了劳动力的全球化；传教士的活动实际上是把英国文化传播到世界的文化全球化；建立殖民地，把英国的政治制度搬到这些国家是政体全球化。对外输出资本是资本市场的全球化；全球化中英国和其他国家的冲突导致战争全球化。

英国殖民化或全球化的手段首先是战争。所以，弗格森说："这次的全球化则是由炮舰开始的。"③ 这种战争主要是对殖民地国家的战争，英国要获得自己需要的商品当然可以通过国际贸易，但有这些产品的国家处于自然经济阶段，并不需要与英国贸易。当商

① 尼尔·弗格森著，雨珂译：《帝国》，中信出版社，2012 年，第 19 页。
② 同上，第 17 页。
③ 同上，第 16 页。

品不能跨过边境时，士兵就跨过了。没有一个民族愿意让外国的士兵进入自己的国家，这就必然发生战争。"爱尔兰是英国殖民统治的试验场"①。英国人进入引起了当地人的反对，这就有了战争。以后对美国、澳大利亚的殖民，对印度人反抗的镇压、对中国的鸦片战争、对南非布尔人的战争，无一不是血腥的屠杀。另一种战争是欧洲各国为争夺殖民地而进行的战争。可以说，英国的全球化是与战争相随相伴的。

　　但是，英国的殖民化与早期殖民化的差别就在于它不仅仅靠炮舰，还有其他手段，其中最重要的就是金融。弗格森指出："维多利亚统治后期，大英帝国之所以能够大规模扩张，一个关键原因就是金融力量和武力的结合。"② 在对南非的殖民中，罗德斯能建立垄断世界钻石业的德比尔斯公司，就靠了他在伦敦的朋友的支持。其中最主要的是罗斯柴尔德家族的纳撒尼尔·罗斯柴尔德。他在公司中的股份是罗德斯的两倍。在英法的争斗中，法国的实力是大于英国的。"1700 年，法国的经济规模是英国的两倍，人口是后者的三倍。"③ 英国能战胜法国是因为"英国较之法国有一个关键能力：借贷的能力"。所以，"借贷是英国超越法国的主要优势"。④ 遍及世界各地的商业公司与银行就是英国全球化的工具和大英帝国的经

① 尼尔·弗格森著，雨珂译：《帝国》，中信出版社，2012 年，第 50 页。
② 同上，第 196 页。
③ 同上，第 26 页。
④ 同上，第 30 页。

济基础。

如果说武力和金融都是"硬"实力，那么文化就是"软"实力。在英国的全球化中，文化也起了极为重要的作用。在文化扩张或全球化中起重要作用的是传教士和宣传舆论。传教士到不信教或信其他教的落后国家与地区本来是要传播"上帝的福音"，让人们信教。实际上，传教士的作用绝不仅仅如此。有些传教士到各地传教或深入没人去过的地方探险实际上是为殖民化当先行官。他们对各地自然环境、资源、人文历史、民族风情的了解，或有意或无意地为大英帝国的扩张提供了丰富而宝贵的情报。从这种意义上说，有些传教士是"特务"也无不妥之处。同时传教士让当地的百姓接受基督教或天主教，也让他们接受西方的文化理念，从而易于统治。从这种意义上说，传教士又是"精神麻醉师"。当然，传教士也传播了西方的科学、文化、医疗、天文、地理学知识。从这种意义上说，传教士又是"先进文化的传播者"。传教士还出于各种目的，在殖民地建立慈善机构、医院、学校等为当地人服务的机构。从这种意义上说，传教士又成了"慈善天使"。无论传教士做了什么、起了什么作用，它作为非政府组织对殖民化和全球化起到了不可低估的作用。英国人还利用他们拥有的文化优势与媒体工具，在国内外从舆论上为殖民化和全球化营造一个文化氛围。这些对推动全球化和大英帝国的建立也起到了推波助澜的作用。

武力、经济和文化是大英帝国建立并维持的三大支柱。当然，这背后还是工业革命以来，英国雄厚的经济实力。这与二战之后，全球化变成美国化，本质上是一样的。

三

英国的全球化给世界带来什么影响呢？我们不能否认，这种全球化过程中英国对殖民地国家进行武力侵略、压迫、金融控制、经济掠夺等等，的确给这些国家的人民带来一场灾难。弗格森也没有否认这一点，并用许多史实证明了这一点。但是，同样不可否认的是，这种全球化也促进了各国经济、政治、文化的现代化。在全球化过程中，英国扩散了增长和现代文明。这种进步的过程是血腥的，但正如恩格斯所说，历史的进步本来就是以恶为代价的。尤其对那些原本极为落后停滞，甚至处于原始状态的国家来说，英国的殖民化有现代化启蒙的作用。如果不是有这种恶的过程，许多国家的现代化也许要推迟许多年，甚至现在也不可能开始。殖民化打破了停滞，尽管是用带血的锤头。

那么，没有血腥的殖民化和全球化，落后的国家会不会自发走上现代化之路呢？这里我们要回到马克思关于东方亚细亚生产方式的论述。马克思认为东方社会的性质决定了它不可能产生出作为欧洲中世纪社会变化前提的任何因素，所以长期以来只有政治变化

（革命或政变），而没有经济和社会方面的变化。这就需要靠外部力量来打破这种封闭、停滞状态。所以，马克思和恩格斯一方面严厉谴责殖民主义的罪恶动机，另一方面又认为这种行为打开了东方的大门，引起了历来仅有的第一次社会革命。马克思把英国消灭印度的当地工业当作革命行动来描述。马克思在批判战争的罪恶和肮脏动机的同时，也对打开中国大门持欢迎的态度，认为这是中国结束孤立状态必要而痛苦的一步。① 中国的现代化正是从鸦片战争之后的洋务运动开始的，日本的明治维新也缘于外国入侵。

这种殖民化和全球化的过程能否借机实现现代化呢？这就取决于英国采取的殖民方式，以及被殖民国家的反应态度和能力。

从《帝国》中看，英国的殖民化采用了这样几种方式，各种被殖民化的国家作出了不同的反应，也出现了不同的结果。爱尔兰就不必说了，因为最后它成了英国的一部分。第一种殖民方式是用英国的移民去殖民。美国、加拿大、澳大利亚、新西兰等国都属于这一种。尽管这些国家原来有原住民，如美国的印第安人，但是主体居民都是英国人。这些英国人由于宗教原因和经济动机，即弗格森所说的"清教徒主义加利益的驱动"② 来到这些地方，或作为罪犯

---

① 钱乘旦：《现代文明的起源与演进》，南京大学出版社，1991年，第13—21页。

② 尼尔·弗格森著，雨珂译：《帝国》，中信出版社，2012年，第55页。

被流放到这些地方。他们在这里建立了自己的国家，但仍就是英国的殖民地。这些国家的人民与英国进行了斗争，甚至战争（如美国的独立战争），或在英国让步后，成为独立国家。美国完全独立了，加拿大、澳大利亚、新西兰则成为英联邦国家。这些国家的人民原来就是接受英国文化的，因此，独立后完全接受了英国的政治与经济体制，没有任何阻力。它们成为最早进入现代化社会的国家，与英国没有什么差别。通过殖民化和全球化，这些国家推行现代化最快也最直接。全球化由英国向外扩散在这里最见效。

第二种是英国直接进行统治的殖民地。英国派总督，并仿照英国政府的模式建立一个政府，照搬英国的政治、法律与经济制度，并与当地精英结合，借助于这些英国人培养的精英来进行统治。这类殖民地由于原来的文化不同，对全球化的反应和结果也完全不同。由于印度原来的文化及复杂的社会制度与习俗，在殖民化过程中并不顺利。正如弗格森所说："英国统治者和当地精英阶层（无论是保守人士，还是新贵精英）"之间是"不可持续的共生关系"。加之，英国还利用当地原有的"柴明达尔"土地制度"以印治印"。这就使印度在被殖民之后，直到独立之前在经济、政治上仍没有完全现代化，经济也甚为落后。印度独立后，又倒向苏联，实行计划经济，直至 20 世纪 80 年代后才有了相当快的发展。不过，不可否认的是，正是因为印度被英国殖民过，所以其政治、法律、金融等制度的框架仍然是英国式的。这为它以后的现代化奠定了制度基础。

　　第三种也是英国直接统治，不过没有当地精英参与。主要原因还是这些国家太落后，许多原来处于原始社会和奴隶社会状态，文化极为贫乏，连精英也培养不出来。这些国家的政治经济都没有得到发展。殖民化给这些国家带来的灾难更多一些。独立以后，这些地方有些仍然是独裁政体，有些采用了民主的形式，但实质仍然是专制的。如美洲的牙买加、英国在非洲的殖民地与亚洲大部分的殖民地。就面积与人口而言，这些国家占相当大比例。

　　20 世纪初开始，大英帝国衰落了。正如希特勒所预言的"推动大英帝国殖民地独立进程的，并非当地的民族主义者，而是大英帝国的敌国"①。简单地说，就是各帝国主义国家之间的战争，特别是一战和二战削弱了英国的实力，殖民地国家的民族主义者才有可能起义。

　　大英帝国衰亡了，但大英帝国的历史仍影响着全世界。这种影响就是推动了世界资本主义化。弗格森说："如果不是英国人的统治扩张到世界各个角落，我们很难相信，自由资本主义的框架会在全球如此多的不同经济体内成功地建立起来。"② 这种架构的核心

---

　　①　尼尔·弗格森著，雨珂译：《帝国》，2012 年，第 309 页。
　　②　同上，第 310 页。

就是市场经济与民主政治。尽管许多原英国殖民地的国家，如亚洲、非洲、美洲的许多国家，由于自身的反应能力所限，这方面的进程较慢，但英国的影响仍然在起作用。此外，英国在许多殖民地国家的企业和银行对当地经济都起到不同程度的促进作用。英国在各殖民地国家还修建了一些基础设施。这些都对这些国家以后的发展有一定的作用。

英国对全球四分之一土地和人民殖民化的另一个副产品是推动了英语的世界化。英国的枪炮、商品和资本把英语带到世界各地。弗格森认为，英语"也许是过去 300 年中最重要的一项出口。今天有 3.5 亿人以英语为第一语言，约 4.5 亿人以英语为第二语言。也就是说，地球上大约 7 个人中就有 1 个人会说英文"。① 而且，不像会讲中文的人虽有近 14 亿，但几乎全在中国，而会讲英文的人遍及全世界。英语成为世界语，这就方便了全球不同国家人民的交往，促进了世界进步。

大英帝国过去了，但大英帝国的历史永远是我们研究和争论的对象。《帝国》是一家之言，但弗格森作为历史学家向我们提供了不少真实有用的资料和分析思路。你可以不同意弗格森的全部或个别观点，但你不能不看《帝国》这本书。

---

① 尼尔·弗格森著，雨珂译：《帝国》，中信出版社，2012 年，第 310 页。

38

还原罗斯柴尔德家族
——《罗斯柴尔德家族》[①]

2010 年，罗斯柴尔德家族现任掌门人访问中国，在接受中央电视台专访时，曾主动提出拒绝邀请宋鸿兵为现场嘉宾。《货币战争》中所讲的罗斯柴尔德家族控制了政府，挑起一战、二战，甚至现在还控制着美联储，这都是神话。

罗斯柴尔德家族是 19 世纪欧洲最富有、最神秘的家族。当时德国诗人海涅就说："金钱是我们时代的上帝，而罗斯柴尔德则是上帝的导师。"围绕这个家族，也就有了许多或真或假的传言。

2007 年，随着宋鸿兵先生所著《货币战争》的畅销，罗斯柴

---

① 尼尔·弗格森著：《罗斯柴尔德家族》（上、中、下），中信出版社，2012 年。另外还有一本中国人编的罗斯柴尔德家族史，看起来更通俗、简单一点。李隆旭编著：《万亿美元的神秘家族：正说犹太首富罗斯柴尔德》，世界知识出版社，2008 年。

尔德家族也为中国人所了解。在这本书中，宋先生描述了这个家族的财势，描述了他们如何控制各国政府，并为了一己私利而挑起一战和二战。据宋先生估计，罗斯柴尔德家族的财富已达 50 万亿美元之多，而按照国际货币基金组织的估算，到 2006 年年底，包括各种衍生品在内的全球金融资产总值也仅 350 万亿美元。不过宋先生的种种描述似乎并不为罗斯柴尔德家族认可。2010 年，罗斯柴尔德家族现任掌门人访问中国，在接受中央电视台专访时，曾主动提出拒绝邀请宋鸿兵为现场嘉宾①。

拨开层层迷雾，寻找历史的真相是极不容易的事。但英国著名金融历史学家尼尔·弗格森（Niall Ferguson）在研究了隐藏半个多世纪的文件，总计数万封的罗斯柴尔德家族保存的信件和相关资料后，终于写出了三卷本《罗斯柴尔德家族》，使这个家族的历史真相展现在世人面前。

一

对罗斯柴尔德家族的富有，作者引用了德国大诗人歌德的话："我认为但丁伟大，但是他的背后是几个世纪的文明；罗斯柴尔德家族富有，但那是经过不止一代人的努力才积累起来的财富。"

---

① 引自《新京报》，2010 年 8 月 29 日。

每一个成功家族的兴盛都是从一个人开始的。时间久了，这个人就被传说成了神。实际上，这个人可能只是具有非凡的商业头脑而已。罗斯柴尔德家族的这个人，是生活在德国法兰克福半封闭犹太人区的迈耶·阿姆谢尔·罗斯柴尔德，通常称作老罗斯柴尔德。在他出生的 1743 年（或 1744 年），犹太人尚且是毫无人身自由的"贱民"。尽管他出身下贱，却胸怀大志，深知在这种条件下，自己唯一的出路就是"傍大官"。要"傍大官"，方法自然是投其所好。他知道通过社交场合的应酬、送礼等办法对自己来说并不现实。在捡破烂的生涯中，他发现，当时德国有许多公国发行本国制作精良的货币和各种徽章，许多有身份的王公贵族以收集这些东西为乐。于是，他将收集到的珍稀钱币和徽章卖给这些人，并进而为他们寻找所需要的钱币和徽章。通过这种投其所好的办法，他结识了许多地位显赫的王公贵族，包括法兰克福的统治者威廉王储。以后他又把业务扩展到通过邮寄的方式出售古董。随着他客户范围的扩大和自身金融实力的增长，他们家族涉足银行业就是自然而然的事情了。1890 年，罗斯柴尔德银行成立。这是罗斯柴尔德家族从一个"宫廷犹太人"成为举足轻重的金融家族的关键一步。

成就罗斯柴尔德家族的，首先是时势。所谓"时势造英雄"，确是一条颠扑不破的真理。15 世纪以来，欧洲各大国为了争夺霸权，战争频仍。为了筹措战争经费，各国不断地向商人借贷。这样做的国家被称为"财政国家"，实则是"赤字财政国家"。各国为了借债，就把未来若干年的税收抵押给商人，商人就成了"包税商"，替王室收税，然后收归己有。有的商人还以贷款换得一些重要战略资源的垄断权。这成了商人致富的捷径。政府用税权换取贷款为金融市场的建立提供了条件。政府用发行债券的办法筹措资金，这些债券的实际价格随政府财政状况的变动而变动。财政状况不好时，这些债券就贬值，有时甚至一文不值；财政状况好的时候，这些债券的价格便上扬。这些债券的价格在市场上频繁变动，就形成了与今天类似的金融市场。罗斯柴尔德家族正是在这样一个"财政国家"的时代借助于金融市场致富的，他们是"财政国家"时代造就的英雄。

在那个时代，通过政府债券投机的也不止罗斯柴尔德一家，但为什么只有他们最成功呢？这就牵涉到了官商结合的问题。身处"宫廷犹太人"的角色，老罗斯柴尔德与威廉九世、世袭王子、伯爵以及 1803 年之后的黑森·卡塞尔选帝侯之间的关系，一直被看作"家族财富的基础"。老罗斯柴尔德利用自己与政治人物的关系，一早铸就了这个家族成功的重要环节——政府贷款。1800 年，罗斯柴尔德家族就参与了几家银行对丹麦的贷款。到了 1804 年，罗斯柴尔德家族已经独占了这一业务。

老罗斯柴尔德在战争中的表现，更加深了这种关系。当拿破仑率领的法军把法兰克福的统治者威廉驱逐出去时，老罗斯柴尔德宁愿让自己的财产被法军掠走，也要保住威廉的财产，从而赢得了威廉的信任。尽管老罗斯柴尔德保管的是威廉相对不重要的物品，但已经"使得罗斯柴尔德家族能够将威廉的一部分金融实力变成他们自己的囊中之物"。罗斯柴尔德家族帮助威廉管理部分公债买卖。这批主要在伦敦买卖的债权有力帮助了这个家族第二代的核心人物内森·罗斯柴尔德，成为他在英国成功的重要因素。

罗斯柴尔德家族斡旋于权势人物之间的天赋，是他们成功的又一重要因素。老罗斯柴尔德巧妙地同时保持和被驱逐的威廉以及占领者法军的友好关系。这种同时交好冲突双方的技巧，成为这个家族的传统。老罗斯柴尔德留给其后人的智慧是："最好与处在国难中的政府打交道，而不是一切平稳的政府"。国难当头的政府才需要帮助，也才能借机觅得发财的机会。认识到这一点也许不难，但实践起来却不容易。罗斯柴尔德家族做到了，于是他们成功了。

在那个时代，有政府背景是成功的必要条件，但并不是充分条件。商业和金融上的成功关键还在于自身。任何一个企业家或商人的成功，首先取决于决策是否正确。正确的决策来自完备的信息。信息就是金钱，尤其在通信不发达的时代。晋商的大盛魁兴盛200多年，一个重要的经验就是重视广泛收集信息，并通过狗快速传递信息。而与罗斯柴尔德家族相比，大盛魁充其量只是个无足轻重的"小巫"。罗斯柴尔德家族建立了遍布欧洲的情报网，有各种身份及职业的人为他们收集各类信息，并用当时的各种交通工具传递给他们。这使他们能及时抓住各种商机，并作出正确决策。传说中，罗斯柴尔德家族兴起的关键是在滑铁卢之战后从英国政府的公债中获得暴利。传说也许有夸大的成分，但这次获利对罗斯柴尔德家族具有决定性意义是不容置疑的，而及时、准确的信息，则在这次决策中起到了至关重要的作用。

竞争对手说："我们谁也没有罗斯柴尔德家族在金融操作时那样强硬的神经。"这种"强硬的神经"正是来自他们对信息所作出的判断。1793 年至 1875 年，英国的国债增加了 3 倍，达到 7.45 亿英镑，为其 GDP 的 2 倍。100 英镑面值的债券，曾一度跌到 50 英镑以下。当时局面错综复杂，但罗斯柴尔德家族依然为英国操作金银货币的转运。1815 年 6 月 18 日的滑铁卢战役，英国获胜；6 月 20 日，罗斯柴尔德家族大量购入国债，引起债券价格上扬，其他人纷纷抛出，他们仍坚持买进，直到 1817 年下半年，债券涨至 4 090 英镑，他们才出手，获利相当于今天的 6 亿英镑。这种决策当然相当程度上取决于决策者的天才，但凭据却是翔实的信息以及在此基础上对未来的判断。

要靠一次机会暴富或许很容易，难的是有稳定的财富增长。这就是罗斯柴尔德家族不同于一般暴发户的地方。一个家族的财富积累还是要靠自己的能力，而不能仅仅靠"傍大官"。应该指出的是，虽然官商结合对罗斯柴尔德家族的成功起到重要作用，但他们仅仅是在利用官，并不能持久地控制官为他们服务。《货币战争》中所讲的他们控制了政府，挑起一战、二战，甚至现在还控制着美联储，这都是神话。他们的成功从根本上来说，还是依靠自己的经商实力。官是可以用的，但最终的成功还得靠自己，这在哪一个社会都是如此。滑铁卢战役后的债券操作这一经典之作，关键在于罗斯柴尔德家族自己的判断。而这以后他们财富的不断增长，则是因为他们把握住了各种机会。

罗斯柴尔德家族不仅是金融帝国，也是实业帝国。早期他们从事棉布贸易，19 世纪三四十年代，又投资于铁路，到 60 年代，已经建成了泛欧洲铁路网。他们还投资于苏伊士运河。至于采矿业，罗斯柴尔德家族更是早早便涉足其中，他们的矿业在全球范围内运作，从南非到缅甸，从美国蒙大拿到阿塞拜疆的巴库。直至今天，他们仍然是一些重要矿产的控制者。一个财富帝国要靠多元化支撑，只有金融与实业两手都硬，才有扎实而持续的成功。

二

除了以上所谈种种，对罗斯柴尔德家族的财富，我们可能更感兴趣的是为什么这个家族的财富能持续 200 多年。今天的罗斯柴尔德家族已经是第八代了，尽管财富与权势相对而言不如 19 世纪时，但仍然是一个超级富豪家族。从第一代到第八代，财富成功传承的原因是什么？一代巨富并不难，但他们如何打破了"富不过三代"这个规律？

我总觉得，罗斯柴尔德家族的成功传承，有不可克隆的天才成分或是基因因素。他们早期为了防止财产外流，坚持家族内通婚。"从 1824 年到 1877 年间，老罗斯柴尔德后代的 21 次婚姻，至少有 15 次发生在家族内部。"通常是堂兄与堂妹，甚至叔叔与侄女结婚。按一般的遗传学规律，近亲结婚诞生的后代多为白痴，或有其他的生理缺陷。但罗斯柴尔德家族近亲结婚没有这些问题，虽然不能说一代比一代优秀，但起码不是一代不如一代，保持了代代优秀。这一点无法解释，也让人无法学习。

当然，各代之间成功的传承，基因仅仅是一个因素，更重要的还是家族所形成的优秀传统和教育。

老罗斯柴尔德奠定了这个家族的传统。这个传统的核心是，男性后代才是家族的核心，女性，包括女儿和媳妇都被排除在外。他在遗嘱中强调："我希望公司应该只属于我的儿子。我的女儿以及她们的后人对于公司不具备任何权利。我绝不原谅我的孩子违背我的遗愿，打搅我的儿子，使他们不能平静地经营他们的生意。"罗斯柴尔德家族的企业始终是一个合伙制的家族企业，让儿子继承，就保证了这个企业的连续性和完整性，不会由于分家等原因而削弱企业的实力。为了家族企业的凝聚力，老罗斯柴尔德要求自己的儿子保持团结。他说："你们几个兄弟团结在一起，就会变成最富有的人。"在这样一个大家族，相互之间的矛盾乃至恩怨是难以避免的，但每当家族内部出现纷争与冲突时，大家就会想到"父亲命令我们和睦相处"。而且，在这200多年中，尽管相互之间争执不断，但在对外时，大家仍然是保持一致，作为一个整体的。罗斯柴尔德家族实际上是一个跨国金融集团，这个家族第二代五兄弟分别在英国、德国、法国、奥地利和意大利，并以在英国伦敦的内森为首。他们相互团结，一致行动，保证了罗斯柴尔德家族的金融统治地位。各个兄弟既有自己的业务，又相互协调，这种组织架构是他们成功的保证。

从历史来看，能在200多年的时间里做到家族企业团结，恐怕是空前绝后的。罗斯柴尔德家族能做到这一点，一是由于犹太人的宗教信仰与传统，二是受良好的教育影响。老罗斯柴尔德对第二代的教育是成功的，这更多的是言传身教。到第三代时，他们已是欧洲最有权势的家族。"富不过三代"，第三代对许多家族都是一个考验。但罗斯柴尔德家族的第三代，既接受了家族的传统，与他们的先辈相比，又接受了更好的教育。他们受教育的场所仍然是家族的金融工作间。其目标其实是培养有知识的下一代，使其比先辈更容易跻身欧洲精英阶层，同时保持从事银行生意的热情。此外，他们在"英语、德语和法语方面与同时代的贵族一样好，有时甚至还要好"。他们养成了必要的对艺术品、音乐和文学的品位，"男孩子们还养成了社会精英的爱好和恶习"。这时，他们从财富到精神，成了彻头彻尾的贵族。这个家族不仅在财富上登峰造极，而且在其他方面也同样优秀。有 153 种昆虫、58 种鸟、18 种哺乳动物、14 种植物、3 种鱼、3 种蜘蛛和 2 种爬行动物被冠以"罗斯柴尔德"之名。爱好红酒的人当然都知道"拉菲"，这种酒正是出自罗斯柴尔德家族名下的拉菲葡萄庄园。

罗斯柴尔德家族是世界上独一无二的，其他人无法克隆，但是他们成功和传承的经验还是可以借鉴的。所有想致富而且想成功传承财富的家族和个人，都应该读读《罗斯柴尔德家族》这部书。不过对许多人来说，这三大卷未免太难读了。所以我再推荐一本国人编写的同类书：李隆旭编著的《万亿美元的神秘家族：正说犹太首富罗斯柴尔德》（世界知识出版社，2008 年）。这本书尽管没有《罗斯柴尔德家族》这样严谨、准确、全面、详尽，但容易读，也有趣，作为一个"不完全替代品"，一般读者阅读也就够了。

39

探求晋商衰败之谜
——《白银谷》① 中的中国文化

晋商的成功在于建立了一套体现中国传统文化的激励机制与商业道德。晋商的衰败也在于中国传统文化中固有的缺陷，即人治与保守。这是理解晋商兴衰的钥匙，也是寻求今天山西走出贫穷的起点。

《白银谷》这本小说最早引起我注意的是晋商这个主题和发生这个故事的太谷县。

我的儿童时代是在太谷度过的。《白银谷》中多次提到的凤凰山和乌马河是我常去玩的地方，东大街是我每天上学必走之路。20 世纪 50 年代时晋商已经衰落了近 50 年，但太谷依然还有繁荣时

① 成一：《白银谷》（上、下卷），作家出版社，2001 年。

的遗迹。一座座深宅大院，正月十五挂出的宫灯，小摊上出卖的各种文物，都显示着这里曾经很富。我的同学中也不乏晋商子弟，他们家中的明清家具、名人字画，他们父辈的豪华葬礼，让我领略了什么叫富人。

然而，当我在 21 世纪第一个春节回到阔别近 50 年的太谷时，却有一种深深的凄凉感。街道依旧是那样的街道，鼓楼也还是那个鼓楼，甚至连我儿时常去的新华书店也未曾变化。不过这一切都太衰败了。难道这就是孕育了晋商的风水宝地？这就是富得令人仰慕的金融中心？回来以后一直困惑着我的一个问题就是晋商为什么会衰落？山西为什么至今仍然是全国人均收入最低的省份之一？

余秋雨先生的《抱愧山西》的确脍炙人口，但他对晋商衰落的解释并不能令人满意。余先生认为是 19 世纪中叶以来"连续不断的激进主义的暴力冲撞，一次次阻断了中国经济自然演进的路程，最终摧毁了山西商人"。先是太平天国，后是庚子之变，最终是辛亥革命葬送了晋商。《白银谷》的作者成一先生经过十几年的研究证明了，这些外因并不是晋商衰落的根源。太平天国的确给晋商带来了损失，但由于战乱，朝廷借助山西票号进行省库与国库之间的调拨，却给晋商带来新的机遇。庚子之变，义和团烧杀抢掠使北京、天津的山西票号全军覆没，但晋商靠强大的资本实力和"赔得起"的精神也挺过来了。辛亥革命是晋商衰亡的时间标志，却不是主要原因。

一

英国历史学家汤因比先生在《历史研究》这部巨著中探讨了全世界 28 种文明的兴衰。他证明了，任何一种文明的衰落都不是由于外部入侵而是内部原因。他说："在今天仍然存在的六个不属于西方的文明都已经在西方文明从外部入侵以前，就从内部损坏了。"《白银谷》正是按照这条思路来探求晋商衰败之谜的。

《白银谷》写的是从光绪二十五年（1899 年）到光绪二十八年（1902 年）间太谷康家天成元票号发生的故事。这一段应该是晋商"回光返照"的时期，事业还是辉煌的，但总令人感到有点垂死挣扎的意思。天成元经历了西安分庄老帮（总经理）邱泰基、天津分庄老帮刘国藩违规腐败，五娘在天津被绑架遇害、五爷变傻，尤其是庚子事变北京、天津分号毁于一旦，这一系列的打击，仍未覆灭。这一段沉着应变的历史显示了晋商顽强的生命力，但也包含了晋商衰败的内因。

成一先生解释西帮（晋商中从事票号业者）的成功在于"以'博学、有耻、腿长'面世，以'赔得起'闻名，将智慧与德行化做它最大的商业资本"。余秋雨先生把晋商的成功归结为"坦然从商，目光远大，讲究信义，严于管理"。我认为，这些都是表层的东西。按我的理解，晋商（或西帮）的成功在于建立了一套体现中国传统文化的激励机制与商业道德。晋商的衰败也在于中国传统文化中固有的缺陷。成也传统文化，败也传统文化，这是理解晋商兴衰的钥匙，也是寻求今天山西走出贫穷的起点。

晋商的确有反叛传统文化之处。传统文化讲究"学而优则仕""君子言义不言利"，但晋商奉行的是"学而优则商""君子言义也言利"。天成元的老东家（《白银谷》第一主角）康笏南反对他的六儿子考什么举人，精明强干的何开生在中举后就失去经商资格，有清一代山西从未出过状元，恐怕都与这种风气相关。但从政还是从商，言义还是言利，并不是中国传统文化最核心的内容。中国传统文化的核心是确定人与人之间的尊卑长幼关系（君君臣臣父父子子）和作为行为规范的道德准则。以康笏南为首的天成元票号的激励机制和商业道德正是这种传统文化的具体化。

天成元这样的票号要作为一个企业有效地运行，依靠一套严格的管理体系，以及维持这套体系的激励机制。企业内每个人的地位与作用都不同，要使企业步调一致，职责分明，内部结构就应该是一种金字塔式的等级结构。在天成元，这种结构是由中国传统的尊卑秩序维持的。在天成元内由东家康笏南（相当于董事长）→总号老帮孙北溟（相当于 CEO）→各地分庄老帮（分号总经理）→以下不同层次的掌柜或其他伙计这个系列构成一个严格的等级体系。如果说最上面的康笏南相当于一个君，下面的各级人员就是臣。天成元内的等级制实际上是"君君臣臣"关系的体现。在康家内部，家长康笏南是绝对权威，儿子即使掌管事务也要听命于他。这又是"父父子子"关系的体现。在封建社会中，这种等级制是人际关系的中心，票号可以利用这种关系来保证管理与运行的效率。

中国传统文化的人际关系实际也是经济关系的体现。臣服从君是因为臣"食君禄"，不仅领俸米，而且可以利用君的权威敛财。子服从父是因为子由父养大，还要借父辈的财力与社会地位生存发展。一种抽象的人际伦理关系要靠经济利益来联系。在这一点上，晋商有创造性的发展，这就是票号内的薪酬制度。

在天成元内，薪酬分为红利和薪金。对于老帮、副帮这样的高层经理人员来说，薪金不高，分庄老帮也不过 20 两银子。主要收入是分红。分红的多少来自股份。东家的股称为财股，即投资资金的股份，管理人员的股称为身股或劳股。所有票号从业人员包括老帮、掌柜到一般伙友，都以劳绩入股。身股与财股同样分红，而且身股分盈不分亏，比财股的风险还小。在天成元内，财股 26 份，身股 17 份。尽管每个人身股并不多，但分红相当可观。像有 5 厘身股的分号老帮，每四年一次可分到五六千两银子，每年 1 000 多两，也富得流油了。身股由功绩而得，靠着一步步努力获得。天成元内的各色人等都企盼身股增加，而给多少身股是由东家康笏南说了算的。这正是维护票号内"君臣"关系的基础。

这种薪酬制度的确是晋商的一大发明，也是晋商有效率的秘密。票号的管理是极严的，分庄老帮在外地一驻就是三年，不得带家眷，更不许养外室或嫖娼，工作辛苦，风餐露宿，责任重大。使他们能坚持下来并做好业务的动力就是盼望身股的增加。而且，身股不能抽走，人去股没，这也使各票号留住了一批有才华的人。即使是从小伙计干起，也有希望熬到些许身股。身股制的确是高。

天成元票号的成功在内是由于身股制，在外则是讲信誉。身股制的激励使晋商"博学和腿长"，讲信誉就是"有耻"。《白银谷》中总结的天成元成功经验也是所有晋商成功的经验。诚信是中国传统文化中最基本的行为道德规范，"人无信而不立"已成为一句成语。晋商们是恪守这一原则的。庚子之变后，天成元北京和天津分庄毁于一旦，其他分庄业务亦受冲击，但康笏南坚持"赔得起"方针，以自己的存银应付挤兑风潮，使票号度过了这个最困难的时期。作者把这一章的题目写为：《惊天动地"赔得起"》，是恰如其分的。这是天成元在"回光返照"中最辉煌的一笔。尽管这并没有挽回天成元的最后垮台，但还是"死"得像个英雄。

二

传统文化造就了晋商，也毁灭了晋商。晋商不是毁于战乱，而是毁于传统文化的两个致命弱点：人治与保守。

在中国封建社会，维持家庭稳定的是"父父子子"，维持社会稳定的是"君君臣臣"。在一个以人治为中心的社会中，没有这种尊长秩序是无法想象的。人治的权威是这种社会稳定的基础。在一个封闭的体系中，维持稳定是容易的，最大的不稳定来自外部冲击。所以，保守与排外也是传统文化的特征。晋商的经营体现了这两个特点，也埋下了它们灭亡的种子。

曾有论者把晋商采用的财股与身股说成股份制，这是一个天大的误解。股份制是现代企业制度，在这种企业中起关键作用的是制度而不是人。财股与身股并不是现代意义的股份制，而是协调内部关系、激励员工的一种手段。在天成元这样的票号中起作用的不是制度，而是人，是人决定制度，而不是制度决定人的行为。在天成元，最高统治者是康笏南，尽管他给了老号老帮孙北溟很大的权力，并声称不干涉，假实际上关键决策都是他作出的。当庚子事变后，孙北溟不敢放手做京津业务，也不愿任用犯过错误的邱泰基出任天津老帮。这些重大决策都是康笏南作出的。庚子事变后尽管康氏三爷更多地接管了票号事务，但关键决策权仍由康老太爷控制。可以说，只要老爷子活着，他就是天成元的至高权威。人治的必要条件正是绝对权威的存在。

在人治的票号中，决策并不由股东们集体作出，而是由大股东一人说了算。这时一个票号的兴衰就取决于一个人了。他的决策正确，票号成功；他的决策错误，票号失败。天成元的康笏南尽管年迈，但都"活成精了"，无论体力与脑力都足以控制票号。而且多年的经验与魄力使他作出了一些重大的正确决策。庚子事变后大胆任用邱泰基和倾全力赔偿京津客户损失，是天成元在遇到灭顶之灾时仍能存活下来的关键。这些正确的决策来自康笏南。但任何人都不可能是神，都会犯错误。如果没有一种制度来制约绝对权威者，事业终会为一人所败。康笏南拒绝京号老帮戴膺、汉口老帮陈亦卿等人参与组建大清银行的建议。这就使天成元票号没有走上现代银行之路，它的灭亡也就是迟早的事了。真是兴也康笏南，败也康笏南！

其实即使康笏南永远正确，也乐于走现代银行之路，天成元也终将要亡。人治体现在企业中就是家族企业。只有每一代都有强人，人人不犯重大决策错误，企业才能持续兴旺下去。但这种情况实际是不可能的。《白银谷》中的晋商实际已走入家族企业的末路。康家的老爷子算能干的，六个儿子中只有三儿子差强人意，不幸又死在老爷子之前，其余的无一商才，最后由一个孙子辈接班，亦要靠祖父。康笏南一死，天成元非垮不可。其他几家票号东家已不管事，由老帮"内部人控制"。日升昌的老帮因与另一主管争权罢工，东家要跪下求情，天志诚孔家早已不管事，显出衰败景象。国家不能靠人治，企业也不能靠人治。现代企业制度的生命力正在于用法治代替了人治，人治是封建社会的特征。晋商是无法从人治走向法治的。这不仅是晋商的悲剧，也是中国封建社会的悲剧。

三

康笏南这样的晋商骨子里摆脱不了封建意识。他们表面上以商为荣，看不起官，骨子里仍崇拜官本位和皇权。大多成功的晋商都花钱捐了官，这里有皇家以此敛财的原因，但晋商也要以官位谋求社会的承认和光宗耀祖。《白银谷》中写的康笏南不惜以三十万两白银在徐沟见庚子事变后西逃的西太后和光绪一面正是这种崇尚皇权心态的表现。晋商们在西太后逃至山西时又是献银，又是争取接驾，他们内心深处并看不起西太后的为人和光绪帝的无能，但却表现出争宠的心态。对皇权他们还是敬畏的。

说到底晋商们还是封建商人，他们的成功在封建社会中达到了极点，但再也无法向前迈进一步了。这就在于维护封建制的传统文化是保守和排外的。他们拒绝接受一切非封建社会的新事物，更谈不上与时俱进。康笏南对票号这种封建社会的金融组织形式是满意的。尽管当时已有外商的现代银行（如汇丰银行）出现，但他不屑一顾。在武汉与汇丰银行帮办见面时，沉醉于那位帮办对西帮别有用心的吹捧，根本没想到要师夷之长。这样，他拒绝参加新组建的大清银行，而失去了最后一次转变的机遇。传统文化中的保守与排外是我们落伍的重要原因，这一点又体现在晋商身上。

晋商的衰败是山西的一个历史转折点。从那以后，山西经济一蹶不振，直至今天仍是全国人均收入最低的省份之一。历次革命或动乱彻底消灭了山西的商业精英。晋商中那种优秀的商业开拓精神荡然无存了。晋商成功于勤奋（"腿长"），一曲悲凉的《哥哥走西口》也唱出了先辈的开拓精神。如今呢？山西是外出务工人员最少的省份之一，山西人再穷再苦也舍不得离开那"一亩三分地"。妹妹们不用含着眼泪送哥哥了，哥哥妹妹只好穷在一起了。晋商讲信誉，然而 20 世纪 90 年代末的假酒案使山西人在全国声名扫地，至今说自己是山西人都有点不好意思。

阎锡山的窄轨铁路阻碍了山西与外界的交流，也阻挡了先进思想的进入。阎锡山关起门来当土皇帝也加深了山西人的封闭状态。当广东等沿海地方乘开放之风走向富裕时，山西人却自觉不自觉地抵制开放之风。当年我们从山西考上北京的大学时大家相约不再回娘子关。山西的保守封闭真让一个青年人难忍。如今娘子关内外也是两重天啊！张平的《抉择》等小说都是以山西为背景的，读那些书让人感到沉重。

　　《白银谷》写的是 100 年前的事。20 世纪之初山西由强变弱。但愿每个山西人都记住这一段血泪史，让 21 世纪之初成为山西由弱变强的开始。我想这也是成一先生十几年研究晋商写出《白银谷》的初衷。

40

洋商与清政府夹缝中的粤商

——《大清商埠》① 与十三行

清政府需要朝贡贸易，但又出于对洋商的蔑视不愿直接出面，这就产生了代官行事、以十三行为中心的粤商。粤商就是在外商与清政府的夹缝之间两面讨好，从中渔利。在夹缝之间，既受夹板气，也能从两边获得好处。

粤商并不是指广东籍的商人。粤商中有非广东籍者，如曾任十三行行首的潘振承和伍秉鉴就都是福建人。广东籍商人也并非全可以称为粤商，如潮汕商人就更接近于闽商。我们这里所说的粤商是指清代专门从事对外贸易，以十三行为中心在广州经商的商人。祝春亭、辛磊先生所写的长篇历史小说《大清商埠》正是以这种粤商的故事为中心的。故事的主人公潘振承在历史上确有其人。

① 祝春亭、辛磊：《大清商埠》（上、中、下），花城出版社，2008 年。

一

潘振承生活在乾隆年间。我们所说的以十三行为中心的粤商在乾隆、嘉庆、道光前期是全盛时期，到 1840 年鸦片战争之后就衰落了。这一时期的主流意识形态和政治制度就是粤商活动的背景。这一时期，清政府对外的态度是什么呢？法国学者佩雷菲特（Alain Peyrefitte）在《停滞的帝国：两个世界的撞击》中记载了英国特使马嘎尔尼在 1793 年到清朝并于 9 月 14 日受到乾隆皇帝接见的经历，描述了当年清政府对外排斥的态度。

当时的中国被称为"康乾盛世"，其实连英国被称为黑暗的中世纪也不如。以经济而言，尽管 GDP 总量高于英国，但在 1347 年前，一个英国盖屋顶工人的助手，每天工资约为 1 便士，可以买 6 斤小麦，在维持自己生存以外，养活一个人是没什么问题的；而中国同样的蓝领工人，月工资才"二钱头"，维持自己生存都不易。至于人权方面，中国雇工的人权毫无保障，在欧洲这种情况并不多见。而且，"康乾盛世"也无法与"贞观之治"相比，因为在唐朝对外国人是开放的，中国还没有盲目自大，也知道国外的先进东西，外国人在中国可以当官，而且商人相当自由。"康乾盛世"盛名之下，其实难副。

也许是"康乾盛世"的虚名助长了统治者的狂妄，他们自认为是世界的中心，以天朝自居，其他所有国家都是"蕞尔小国"，属于大清王朝的藩属，而且极其落后，尚未开化，所以外国人只能被称为"鬼佬""鬼妹"。《大清商埠》中写道，在十三行的公堂上挂着一幅名为《皇朝山海万国朝贡图》的地图。在图中，大清国位于世界的中心，版图几乎占了世界的一半，四周稀疏点缀着若干藩夷小国，如英吉利（今英国）、红毛国（今荷兰）等。当英国人企图送一个地球仪改变中国人错误的观念时，却触犯了龙颜。乾隆盛怒之下，还引出了一起冤案，十三行当时的行首陈泰洋差点被满门抄斩，他的儿子陈寿山冤死狱中。清朝统治者这种以自我为中心、高人一等的态度，不仅成为当时的主流意识形态，而且被当时国民所接受。这种态度主导了当时的对外政策。

在对外贸易方面，清政府自认为华夏地大物博，无一物求于外国人，外国人来是进行朝贡，向天朝敬奉自己的宝物，相应的贸易只是附属品，被称为朝贡贸易。十三行公堂地图两边的对联正是清政府对外贸易思想的写照："四海连天万国恭顺辄朝贡，九州动地皇恩浩荡赐贸易。"各国是来进贡的，允许贸易是皇帝并恩对外国人的恩赐。

但是，清朝的皇帝还是需要朝贡贸易的。一是皇帝特别重视朝贡，因为这可以显示"四海来朝，八方来仪"的气势，表明各藩夷对我天朝的尊重、景仰、臣服，满足皇帝及臣民的虚荣心。不要小看了这种虚荣心。中国人一向重面子，皇帝也是这样。万国来朝无论多没有实际意义，也可以使皇帝及臣民得到极大的满足。各国有朝贡来，天朝要表示对夷人的怀柔，所以回赠物品的价值要远远高于朝贡物品的价值。二是由朝贡而允许的贸易，不仅显示天朝的胸怀，而且可以满足王公贵族对这些异国物品的需求。更重要的是皇帝把贸易的关税及其他收入作为"天子南库"，给皇帝和王公大臣带来真金白银的收入。

政府想获得朝贡，但又出于对洋商的蔑视不愿直接出面，这就产生了由商代官行事的十三行制度。广东的对外贸易可以追溯到西汉时期，但行商的产生都是清初的事。清政府实行严厉的海禁政策，但又需要与外国人打交道。康熙二十五年（1686年）广东省政府招募了十三家有实力的行商，指定他们代皇帝接受外商的贡品，做贸易，并代海关征缴关税。这就是十三行。以后的十三行并不一定是十三家，但仍被称为十三行。乾隆二十二年（1757年），乾隆皇帝决定关闭其他贸易港口，仅保留广州作为唯一的对外通商港口，十三行是唯一合法的对外贸易商。这种一口通商就形成"东南西北中，一起到广东"的局面，也是十三行商人暴富的原因。小说的主人公潘振承就是由前行首陈焘洋的帮工发展到自己建立了同文行，再成为行首的人。

行商都有花钱捐来或由皇帝封的名义官职，如潘振承和以后的行首伍秉鉴都是三品大员。但他们仍无实职，亦无权，名为官商，实际上仍然是追求利润最大化的商人。作为既代表政府，又是商人的十三行，它们有四项职能。第一，作为皇帝特许的官商，独揽外商洋船接待，代皇帝接受贡品，并垄断进出口贸易。第二，代理海关事务。海关作为官方机构，不与外国人直接接触，由十三行承办外商货物报关纳税事务。第三，根据政府的法令约束、教化外商，监督外商在广州的自由行动。第四，转达外商与政府之间的一切交涉，外商无权进入广州城晋见政府官员。由这些职能可以看出，十三行是亦官亦商的，第一项职能是作为商人，而且不是一般的商人，是皇帝特许的垄断商人。后三项职能则是作为官对外商进行管理和监督。这就是粤商与同样是官商结合的徽商的不同之处。但他们的贸易又是垄断的，这就是与同样从事外贸的晋商的不同之处。

二

粤商的另一边是外国商人，即当时所说的"夷商"。外国商人中英国商人占到80％以上，是主体，而这一主体的代表则是英国东印度公司。当时在西方是重商主义时期，英国成为世界上第一个工业化强国和最大的殖民地宗主国，以大英帝国自居。英国同样傲视群雄，以世界老大自居。虽然同样是"傲"，但它还是以先进的政治制度、发达的经济和强大的军事实力为基础的。不像大清帝国是无知的"傲"。老大只能有一个，双方争夺老大，当然就有好戏看。更重要的是双方的主流意识形态是南辕北辙。英国经过启蒙运动和资产阶级革命，早已有了人权观念，视平等与自由为基础人权，而在当时的中国恐怕连人权这个词也没几个人听说过。因此，就把对外国人的傲慢、限制作为理当如此。

"道不同不相与谋"，两国的差异如此之大，且无法弥补，就老死不相往来好了。大清还可以真不与英国来往，它满足于自给自足、自乐其中的贫乏生活，但英国离不了大清。从大背景来看，英国正在全世界扩张自己的市场。中国是一个人口众多、有市场潜力的大国，英国当然不会放过；小而言之，英国离不了中国的茶叶、丝绸、瓷器。尤其是茶叶已成为上层人士的必需品，连普通百姓也成为茶迷。英国及其殖民地不产茶，茶的需求又如此之大，当然就是最赚钱的商品。英国商人当然要与中国进行贸易。而且，当年在重商主义指导之下，各国都实行高关税。大清政府还不懂重商主义为何物，所以关税极低。尽管有各种苛捐杂税，而且受官员私下盘剥，但加起来，仍然比其他国家的关税低。到中国经商能赚到大钱，英国商人当然趋之若鹜。

中英贸易是英国有求于中国，而不是中国有求于英国。按说英国商人应该明白"人在屋檐下怎能不低头"的道理，他们应该努力了解中国国情，即使再不情愿，也不能违背中国的各种规定，甚至装出一副敬仰中华文化、热爱大清一切落后特色（包括男人留辫子、女人缠小脚）的样子。可是英国商人中只有小说中的殷无恙这样极少数人可以做到这一点（甚至不是伪装，而是真心），绝大多数人都像英国驻广州的总代表麦克一样，处处与大清对抗。

粤商就是在外商与清政府的夹缝之间两面讨好，从中渔利。在夹缝之间，既受夹板气，也能从两边获得好处。记住这一点是理解粤商的关键，也是读懂这本小说的钥匙。

在夹缝之间经商，重点就不在商上。《大清商埠》对潘振承和其他粤商如何经商，鲜有介绍，主要介绍的还是他们在对抗的双方之间如何玩手腕、搞平衡。

三

乾隆皇帝给了粤商十三行一口通商，而且只能由十三行进行的特权，这就赋予他们垄断对外贸易的特权。这种垄断排斥了其他商人的竞争，其有利之处是不言而喻的。但获得这份垄断要付出代价。首先是要向皇帝和王公大臣进贡、交钱，而这些人是贪得无厌的。也许皇帝还不一定是特贪，但王公大臣，尤其是主管其事的内务府大臣，借皇帝之名行贪，那就非常可怕了。

除了寻找各方珍奇异物满足皇帝的虚荣心和爱好之外，还要交真金白银。在皇帝和王公大臣看来，十三行的商人富甲天下，"进孝"是应该的。而在商人看来，不断的盘剥，真是苦不堪言。《大清商埠》中写了十三行的各个商人如何饱受这种贪婪之苦，有的甚至破产。台湾学者陈国栋根据官方档案统计，在潘振承以后的1773 年到 1835 年间，不包括贡品在内，十三行仅"主动报效"或"捐输"，就合手出了 5 085 000 两白银。这仅仅是有据可查的，其他不可查的，恐怕不会比这个数字少。

另一种代价则是连坐制。清政府为了维护天朝的面子，对外商欠十三行的债务和十三行欠外商的债务采取了不同的态度。外商欠了十三行商人的债务，政府并不帮商人去付，更不采取任何措施防止这种行为发生。但十三行商人欠外商的债却一定要偿还。一家洋行欠债无力偿还，则要其他洋行和十三行各家承担。而且，任何外商要在中国做买卖，必须由一家洋行担保，一旦外商欠政府税款，要由担保行承担连坐责任，担保行承受不了就要其他洋行共同承担。同样，外商违背了规定，则要惩罚担保商。总之，十三行对外商要承担无限责任。这就是十三行的"保商制度"。

十三行还要约束限制外国商人的行为。外国商人从国外的普遍理念与行为规范出发，对政府限制行动自由、不许妇女外出、不许进广州城、不许船员上岸等等限制极为反感，甚至不惜一切进行抗争。十三行商人也认为这些限制甚为不妥，但他们作为大清的官员，必须严格遵守这些规定，约束洋人，否则与洋人同罪。做内心并不愿做的事，经常令他们非常为难。

当十三行商人，尤其是当行首，的确有更多的赚钱机会，而且确实也赚到了大钱，先后当过行首的潘振承和伍秉鉴都富可敌国。伍秉鉴在1834年时个人资产达2 600万两白银（比晋商乔家、曹家这些大户的家产1 000万两白银要多得多），从而进入"千年五十名富翁排行榜"①，而且是中国入选的六人中唯一的一位商人。但付出的代价太高了，许多人并不以当行首为荣。小说中潘振承有数次想不干的记载。潘振承的孙子潘正亨甚至说："宁为一只狗，不为行商首。"尽管他是潘振承的长孙，但坚决不出任行首。伍秉鉴也多次申请退休，但官府不许可。1826年，他以50万两白银的代价将怡和行和行务交给四子伍元华掌管，但政府仍然要他为所有商行作担保。他甚至要求把80%的家产捐给政府，关闭怡和行，安享他20%的家产，仍然未被批准。十三行真成了一座围城，外面的人想进去，但里面的人又想出来。

外国人也不好对付。他们向十三行采购各种物品，尤其是茶叶一项成为其主要的利润来源，同时也向十三行提供各种洋玩意。但

———————————

① 美国《华尔街日报》曾统计了千年以来世界上最富有的50人，其中有6名中国人。

是，外国人也有许多头痛之处。首先，外国人运来的洋货在市场上不一定好销，但要做出口的必须有进口，这就导致有些十三行商人买了洋货压仓或只好低价出售赔了钱。其次，外国人也并不全讲信用，外国人欠十三行商人的债也屡有发生。最后，外国人不守规矩，总提出一些过分的要求。如要妇女白天外出、要进广州城、船员还要求能嫖娼等等。外国人这些违法行为被抓住就要由十三行的商人承担责任。

我们看到的往往是十三行商人富有的一面，而看不到他们付出的艰辛也非同一般。晋商做外贸仅仅同洋人打交道，虽然也要由政府发"龙票"、受盘剥，但比粤商好多了。晋商的外贸商人毕竟不是皇帝直接勒索的对象。徽商仅仅同官府打交道，而没有连坐制等规定，也不用同洋人打交道。粤商则同时在政府和洋人两个方面作战，而其难度远远高于晋商和徽商。

四

从《大清商埠》来看，粤商还有一点与其他商帮不同。商帮的含义是以地域为中心的商业联盟。属于一个商帮的各个企业尽管也有竞争、有矛盾，有刀光剑影的搏斗，但总体上还是互相帮助、互相扶植、共同对外的。在《大清商埠》中，十三行商人内外之争斗令人惊讶。在十三行内，为争行首的争斗，相互之间为争保商的争斗，已经到了不择手段、没有廉耻的程度。小说中严济舟先与陈焘洋斗，后与潘振承斗，整整斗了一生，手段之卑劣令人匪夷所思。我不知道这是历史的真实呢，还是作者出于情节需要或突出潘振承之伟大而编造的。如果有历史的依据，那就是无可厚非，但如果是编造的，那就太过分了。中国历史上包括粤商在内的各个商帮都有值得我们学习之处，他们在经营管理上都有可借鉴之处。把他们写成一帮钩心斗角、厚颜无耻的人恐怕并不一定是历史。写商帮既要写出他们成功的一面及经验，又要写出他们的不足，这样才能令人信服，也才有现实意义。小说中严济舟的形象我就觉得欠真实，一个如此卑鄙的小人，能成为十三行中的大户吗？

《大清商埠》是以潘振承为中心的，从潘振承认识陈焘洋开始写到他死。但潘振承去世并不是粤商的结束。应该说在潘振承死后，粤商更为辉煌。后期也出过几任行首，但最出名的还是伍秉鉴。粤商的终结是在 1840 年鸦片战争之后。从史料来看，十三行和伍秉鉴都没有介入鸦片贸易，从事鸦片走私的主要是散商。但洋人走私鸦片，伍秉鉴也被罚过。

鸦片战争的原因还在于清政府的贸易政策。一位经济学家说过，商品不能跨过边境，士兵就会跨过边境。清政府限制贸易，英国无法打开中国市场，贸易严重入超，要运送白银到中国，这就引发了走私鸦片。更深刻的原因是农耕文明与工业文明的冲突。农耕文明的中国即使开放了贸易，也没有对工业品的需求。所以鸦片战争后，中英贸易在短期内增长并不大。但鸦片战争对粤商是一次沉重的打击，政府和人民认为十三行为洋人做事是卖国贼、汉奸，尽管他们为政府捐款数百万元，但不被原谅。而洋人又认为粤商帮中国政府惩罚他们。粤商两边不讨好。鸦片战争结束，赔款 2 100 万元银元，伍家被勒令交 100 万元，十三行商会交 134 万元，其他商行交 66 万元。不过致命的一击并不在财产损失上。《南京条约》规定五口通商，打破了十三行一口通商的垄断地位，粤商就衰亡了。1843 年伍秉鉴去世，这标志着一代粤商的结束。

不过粤商是衰而未亡。他们在与外商打交道的过程中接受了开放的意识。潘振承曾投资于瑞典的商船，伍秉鉴曾投资于欧洲和美国、印度、新加坡的铁路、房地产等产业。1840 年鸦片战争后一口通商结束，他们看到未来发展的增长点在上海，因此纷纷把资本转移到上海，伍秉鉴的五儿子伍绍荣就到上海投资。19 世纪初上海是广东人投资和移民的中心，当年的上海话就是广东话，上海被称为"小广东"。广东人是上海的开拓者，希望以后有人能把这一段历史写出来，再现粤商的风采。

41

"宁波帮"的上海往事

——《大商无界》^① 与宁波帮转型

在清末由传统转向近代的转折时期，明清十大商帮中的其他商帮都没有实现转型，与清王朝一起走向衰亡，唯独宁波商帮完成了向近代企业家的转型，称雄上海的同时也使上海成为远东经济中心。

明清时期的十大商帮是传统社会的商人，在传统社会衰亡过程中没有实现向现代社会的转型，逐渐灭亡。

从几个主要商帮来看，最早灭亡的是徽商。徽商号称从事盐、茶、木、典四大行业，实际上使徽商致富成名的还是盐业。清代嘉庆、道光年间，盐业政策由纲盐制（入纲才能经营的垄断）改为票

---

① 车弓：《大商无界》（上、下），作家出版社，2009 年。

盐制（任何人只要购买盐票都可以经营），徽商失去了对盐业经营的垄断权力。徽商作为一个商帮就衰亡了。

1840 年的鸦片战争打开了中国的大门，中国被迫开始了现代化历程。战争的结果之一是清政府开启了五口通商。这就结束了广州一口通商，且只能由十三行从事的局面，打破了粤商垄断对外贸易的地位，粤商衰亡了。

1911 年，清政府灭亡，这标志着封建社会的结束。历史最长而且最大的商帮晋商也结束了自己辉煌的历史，退出历史舞台。而且，晋商衰亡得如此彻底，除了留下一些大院以外，从现代山西商人的身上，看不到一点当年晋商的风范。晋商的辉煌几乎被我们所遗忘。

然而，在其他商帮衰亡的同时，宁波商帮却成功完成了转型，从传统社会商人转变为现代企业家，成为中国近代经济发展的领军人物。车弓先生的小说《大商无界》正是写清末民初宁波商帮转型的历史过程。

一

东海之滨的宁波早在 7 000 年前就有河姆渡人生息。由于邻近海洋，也是中国最古老的对外贸易港口之一。早在秦朝就有海外客商来此贸易。宁波附近的山叫鄞山，并设鄞县，鄞即"贸邑"两字的合写，"以海人持贸易于此，故名"。唐代时就有通往日本等国的航线，"海外东国，贾舶交至"，并设立了政府的外贸管理机构"市舶司"。宋代被称为与泉州、广州并列的三大对外贸易港口，"番货海错，俱聚于此"。明代实行海禁，宁波商人弃海登陆，在内地寻找商业机会。明万历年间，宁波商人孙春阳在苏州开设"孙春阳南货铺"，此后宁波商人开始走向全国。我们这里所说的宁波商人不仅包括现在宁波各县的商人，而且包含今天绍兴市和舟山市的部分县。这里所说的宁波，是指旧宁波所属的鄞县、镇海、慈溪、奉化、象山、定海六县和后划入宁波府的余姚、宁海。宁波商帮也是指这一地区的商人。

商帮是指以地域为纽带的商业联盟，这种联盟通常以行会或会馆为组织形式。明末崇祯年间宁波从事药材业的商人在北京创办了鄞县会馆。清初宁波商人在北京建立浙慈会馆；乾隆、嘉庆年间，宁波商人又在汉口建立浙宁会馆；嘉庆二年，宁波在上海的商人钱随、费元圭等又发起建立四明会所。这些会馆、会所的建立标志着宁波商帮的形成。

明清时，宁波商人在北京、天津、汉口、上海等地已有相当势力。在北京，他们控制了银号业、成衣业、药材业。至今仍然有名的同仁堂就是宁波商人乐显扬在康熙八年创办的，高阳的小说中经常提到的四家银号"四大恒"，也是宁波人的。但是，宁波商帮的真正黄金时期是在鸦片战争之后。鸦片战争后，清政府开放的五口通商之中有宁波，而且宁波距上海很近。上海成为洋商和国内商人聚集的地方，成为洋务运动的中心，也是当时中国经济的中心。宁波商帮抓住这个历史机遇，进入上海，完成了自己从传统商人向近代企业家的转型。宁波商帮成为中国近代史上的第一商帮，也为中国的传统经济转向资本主义经济作出了自己独特的贡献。

应该说，最早进入上海的不是宁波商人而是粤商，但使上海真正成为全国乃至远东经济中心的是宁波商人。清末进入上海的宁波人已达40万，到20世纪20—30年代，旅沪的宁波人已达百万之多。这些人之中有已经成功的商人，但更多的是白手起家的。他们从当学徒、伙计、木工、裁缝、车夫、挑夫做起，或者涉及新兴行业，或者依附洋商充当代理或买办。在赚取第一桶金后，投资于民族工商业，产生了一大批民族企业家，如清末的严信厚、叶澄衷、朱葆三，民国时期的虞洽卿、刘鸿生、秦润卿、方椒伯、俞佐庭、黄延芳、周宗良等。

在这种发展过程中，他们基于互济互助的目的在上海建立了各种行帮协会，如渔业的同善会、海味业的崇德会、酒业的济安会、南货业的永兴堂、猪业的敦仁堂、药业的喻业堂、肉业的诚仁堂、洋货业的永济堂、石匠业的长寿会、木业的年庆会、银匠的同义会、劳工团体的四明长石会、水手的均安会等。1909 年（宣统元年）宁波商人又筹建了四明旅沪同乡会（1910 年改名为宁波旅沪同乡会）。1920 年至 1935 年，宁波商人还分别创建了镇海、宝海、奉化、象山等地的旅沪同乡会。这些帮会的建立表明宁波人不是个人在上海奋斗的商人，而是一个有组织的商帮。

使宁波商帮能称雄上海的重要因素是他们掌握了上海总商会的实权。上海总商会是控制上海金融贸易并在全国有举足轻重影响的商人团体，它们还通过银业公会和钱业公会控制着上海工商界各业公会。1902 年上海商业会议公所成立，首任总理为宁波慈溪人严信厚，1904 年改为上海总商会，严信厚又继任会长。从 1902 年到 1946 年，宁波商帮在上海总商会中任职的名人有：朱葆三、周晋镳、虞洽卿、秦润卿、宋汉章、盛丕华等。宁波商帮长期控制上海总商会，反映了它在上海工商界的实力和地位，也促进了宁波商帮的发展。

二

鸦片战争是中国历史的转折点。在这一转折时期，其他商帮都没有实现转型，或者努力了，没有成功，所以，在清灭亡之后都衰亡了。只有宁波商帮形成于传统社会的明清，但在社会转型时自己也实现了成功的转型，并在新形势下迅速壮大。这种转型包括两种：一是由从事纯粹的商业活动转为投资于现代产业；二是从传统的银号、钱庄转入现代银行。这种转型使传统社会商人转变为资本主义企业家。

传统的商帮是从事纯商业的，传统社会末期也有商帮企图转向现代产业，如晋商曾经进入现代煤矿业，但没有成功。宁波商帮成功地进入现代产业，是中国最早的民营企业家。宁波商帮最有代表性的莫过于虞洽卿了。虞洽卿（1867—1945）出身贫寒，15 岁到上海当学徒，从跑街开始，当过买办、清政府官员，并自营进出口业务，经营房地产，创办了一系列实业，如四明银行、宁绍商船公司、三北轮埠公司，在金融与航运界具有举足轻重的地位。他参与创办上海证券物品交易所、南洋劝业会，对宁波商帮的崛起具有决定性作用，完成了从传统商人到现代企业家的转型。再如宁波商帮的另一个代表人物叶澄衷（1840—1899），从小到上海摇舢板、贩卖烟酒果品，之后创办了火柴厂等实业，并开办了中国人最早的外贸商行——老顺记洋货号，经营食品与船上用的五金杂货和洋油，被称为"五金大王"和"火油董事"。

另一位更具代表性的人物是朱葆三（1848—1926），他从学徒做起，以后投资于金融业、交通运输业、公用事业、工矿企业，其势力之大，以至于当年有"上海道台一颗印，不及朱葆三一封信"

的话。宁波商人对上海和全国的经济发展作出了重大贡献。在中国现代化的过程中，宁波商帮的贡献不亚于洋务运动。而且洋务运动的推动者是政府，宁波商帮则是地道的"草根经济"、民营资本。

宁波商帮的另一种转型是由传统社会中的钱庄转变为现代银行。在清代，宁波商帮的钱庄与晋商的票号是相近的金融机构，而且在鸦片战争之后都陆续进入上海，可以说旗鼓相当。但在1904年到1911年间，晋商有多次进入大清银行的机会，甚至政府指定由晋商组建大清银行，都被其拒绝。山西的票号也曾努力组建商业银行，如蔚丰厚北京分号掌柜李宏龄就曾努力推动三晋银行的建立，但由于东家、大掌柜的阻挠而失败。而宁波商人则在原有钱庄的基础上，建立了现代银行。1897年组建的中国第一家商业银行"中国通商银行"就是宁波人创办的。宁波人叶澄衷、严信厚和朱葆三是三位总董，董事长傅筱庵和常务董事徐圣禅都是宁波镇海人，常务董事孙衡甫、谢光甫、朱子奎和事务局理事厉树雄、业务局理事俞佐庭也是宁波府各县的人。1917年到1918年成立的上海银行公会共有八个成员。其中国银行、交通银行和盐业银行是官办银行，其他五间民营银行——浙江兴业银行、浙江地方实业银行、上海商业储蓄银行、中孚银行和四明银行，都与宁波商帮相关。

票号、钱庄和银行都是金融机构，但它们在制度和运行机制上有本质的不同。票号和钱庄属于封建社会的金融组织，银行是资本主义的金融组织。鸦片战争之后，中国社会由传统社会向现代社会转变。尽管这个过程是被迫的、缓慢的、曲折的，但方向是不容改变的。1911 年辛亥革命之后，中国的传统社会已经结束。在这种形势下，票号和钱庄已经失去了生存的基础，晋商没有实现从票号到银行的转型，因此不可逆转地灭亡了，这也使晋商从此退出历史舞台。宁波商帮则完成了这种转型，这就为宁波商帮在社会转型之后的成功奠定了基础。

三

宁波商帮和其他商帮都产生于传统社会，为什么其他商帮在传统社会崩溃时无论过去如何辉煌，都逃离不了灭亡的命运，而唯有宁波商帮一枝独秀、转型成功呢？

这首先与他们的活动地域相关。我们知道，商帮是指某地的商人，有的商帮的业务中心就在这些商人所在的地方，如粤商就在广州；晋商尽管在全国乃至国外活动，但中心还是在祁县、太谷、平遥这几个小县城。但有的商帮并不以本地为中心，如徽商的中心在扬州。宁波商人也在全国活动，但中心在上海。活动的中心不一样，从事的行业不一样，机遇不一样，思想开放程度也不一样。晋商以山西的几个小县城为中心，所以难以接受新思想，难以开放。

宁波商帮在中国最开放的上海从事经商活动，所以，就有机会与洋商打交道，接受洋人的新观念、新思想、新的经营管理模式。许多宁波商人都从事对外贸易或当买办，他们与洋人共事，而且要做好事，就必须接受洋人的新观念和新思想。他们生活在上海这样的"十里洋场"，受各方来的新思想的熏陶，不知不觉就有了开放的观念，学会了进行实业投资和现代金融。经济学家特别强调早期发展中的地理位置。那些沿海城市开放程度高，就与他们跟来自不同地方的人打交道，受其影响相关。在一个开放的地方，人们的观念也开放，宁波商人正是在上海这样的地方实现了在各商帮中思想领先，从而顺利转型。

宁波商帮转型成功的原因是他们始终是"草根商人"，没有依靠"官商结合"。在传统社会中，政府控制着资源，经济是有权而兴、无权而衰的权力经济。那些没有以权力为背景的商帮始终没有做大，如山东的鲁商、陕西的陕商、浙江的龙游商，等等。成功的商都都要依靠政府，靠权力致富。粤商靠的对外贸易垄断权是政府给予的，而且他们都亦官亦商，商人本身也是官员。所以，当这种垄断权力失去之后，商帮就无法存在了。徽商靠的是盐业的垄断权，也是政府给予的，一旦改垄断的纲盐制为竞争的票盐制后，他们也迅速消失了。晋商在明代从事盐业，靠的也是官商结合。清代之后的晋商，如乔家、曹家、常家等起先也是白手起家的草根商人，但他们以后能如此辉煌，靠的还是政府的权力。晋商票号做大，靠的是进入官银汇兑，而能进入这一领域，则是借助于政府的权力。

官商结合靠权力致富就削弱了创新的能力。官商结合能带来的利润太高了，不必在经营、管理上进行创新，只要花力气维持好与政府官员的关系就可以了。换言之，草根商人与官商努力的方向完全不同，草根商人要善于抓住商机，在开拓业务与经营上下工夫，不创新就活不下去。但官商的关键是搞好与政府官员的关系。徽商用巨资接待乾隆皇帝下江南，结交各级官员，所带来的利润远远高于经营创新。据美籍华人历史学家何炳棣估算，1750 年到 1800 年间，微商每年的利润高达 500 万两白银，50 年就是 2.5 亿两。有这样的暴利，还去搞什么经营创新？官商结合会造就一大批富翁，但无法造就成功的企业家。企业家的本质是创新，用权力赚钱是不用创新的，即使有创新也只是结交官员的手法创新。

宁波商帮中的商人也有不少是有官位的，但都是在他们经商成功之后买的虚职或被授予的名义官职。官商结合的路子是先有官再赚钱，而宁波商人是赚了钱后才有官的。官位不是经商成功的前提，而是经商成功的结果。他们经商成功完全是靠自己的努力。要在商场上获得成功，就要靠抓住时机、艰苦奋斗和不断创新。这就使他们成为有创造力的企业家，而不是靠官赚钱的官商。当然，不靠官商结合不等于不关心政治，宁波商帮成功之后支持孙中山革命、支持蒋介石统一中国，但他们未必是想通过这些活动赚钱，而是出于其他目的，或者出于社会责任感，或者出于寻求政治保护。

还应该指出，宁波商帮的转型成功也与他们的文化底蕴相关。浙江在南宋以后，经济与文化得到迅速发展，到明清时已成为全国文化最发达的地区之一，宁波府则是浙江文化最发达的地区。明清商人在经商成功之后也关心文化的发展，生活在这种文化气氛中的宁波商人，既善于从传统文化中吸收精华，又善于接受先进的外来文化，这种文化使他们有自己成功的商业经营理念，而且也善于接受新知识。从根本上说，文化是商业成功的基础。没有文化的人也可以一夜致富，甚至富甲天下，但只有有文化的人才能创建一番事业，造就一代商帮的辉煌。宁波商帮的成功离不开文化。

《大商无界》这部小说正是写的宁波商帮转型时期的这一段历史，书中的黄、李、张三家正是千百万宁波商人的代表。他们的奋斗、挫折、成功，反映出宁波商帮在困境中寻求出路，最终实现转型的历程。小说的艺术性差一点，但从中还是可以体会到宁波商帮在清末民初这一历史时期的真实情景的。

42

贾府的经济转型
——《红楼梦》① 中的探春改革

从经济上看，贾府是一个典型的计划经济。在贾府衰落时，探春的承包制开启改革是有意义的，但由于没有更深层次的制度改革，探春失败了，贾府也无可挽救地衰败了。

文学家看《红楼梦》，把贾府视作一个封建大家庭，或称赞其爱情永恒，或揭示其阶级斗争，或指责其钩心斗角，或指出其兴亡之道。从经济学的角度看，贾府是一个经济单位，爱情也好，斗争也好，都是以经济为基础的。贾府的繁华是以计划经济体制为基础的，贾府的衰落是经济转型失败的结果。一部《红楼梦》也折射出了今天所说的转型经济学的许多道理。

---

① 曹雪芹、高鹗：《红楼梦》，版本甚多，作者用的是上海古籍出版社的图文本，2003 年。

一

　　德国弗莱堡学派的创立者瓦尔特·欧肯把人类有史以来的经济分为两种理念类型：集中领导的经济和交换经济。市场经济以前的一切经济形态，无论是古埃及经济、中国封建经济，还是现代计划经济，在本质上都是集中领导的经济，即我们现在所说的计划经济。正是在这种意义上，我把贾府看作计划经济。

　　这种计划经济的特点在于：由一个最高领导集中作出决策；内部实行严格的等级制，通过命令方式来协调各种经济活动；缺乏把贡献与收入联系起来的激励机制，各成员按地位领取报酬。贾府的经济活动正具备了这三个特点。在贾府中，贾母是最高统治者，王熙凤是实际掌权者，经济决策出于王熙凤之手。贾府内无论是主子还是奴才，都有不同的等级地位，王熙凤的决策通过管家到最低层次的奴才贯彻下去。王熙凤的话就是"理解要执行，不理解也要执行"的命令。贾府中的人按身份地位，享受不同待遇，拿不同的"月份"，干与不干一个样，干多干少一个样。贾府的经济正是以这种计划的方式在运行。

　　计划经济下的一个优势是可以集中力量做大事。所以，计划经济下仍然出现过奇迹。埃及的金字塔、中国的万里长城、苏联发达的空间与军事技术，无一不是计划经济的辉煌成果。同样，贾府中极为辉煌的两件事——秦可卿的葬礼和元妃省亲，也是集中一切力量做好的大事。

计划经济下可以做好这些大事来自上面的权威和等级制下的绝对服从。在秦可卿葬礼中，王熙凤接受了全权委托，有了来自上方的最高权威的支持。她可以任意支出钱财，对下面的命令是"如今可要依着我行，错我一点儿，管不得谁是有脸的，谁是没脸的，一例清白处治"。她以最高权威根除了宁国府的五大弊病，制定规则、按岗定编、强化监管、令出必行、惩罚严厉。在这种命令体制之下，不需要什么激励，秦可卿的葬礼就风光得很。没有这种计划体制，王熙凤当然不会成功。

计划经济的成功是人治的结果。人治的成功，取决于两点：治理者的权威和超凡能力。王熙凤作为贾母最宠爱的代理者和接班人，作为贾母的代表治理贾府，这是她权威的来源。但也应该承认，王熙凤这个"凤辣子"的确也是一个能人。她敏锐地看出宁国府的五大弊病："人口混杂，遗失东西"；"事无专管，临期推诿"；"需用过费，滥支冒领"；"任无大小，苦乐不均"；"家人豪纵，有脸者不能服钤束，无脸者不能上进"。她针对这五大弊病采用了有效的措施。宁国府缺乏这样一个权威的能人，所以混乱得很，一旦引进了王熙凤这个人，一切就全改变了。所有计划经济的辉煌全是这样一个权威能人的结果，无论是埃及的法老，中国的秦始皇，还是苏联的斯大林。

一旦这种权威不存在，计划经济就难以为继了。《红楼梦》中贾母的最高权威是历史形成的。贾母的丈夫是贾府的奠基者，丈夫去世，权威自然就归了夫人。王熙凤的权威完全出于贾母的信任和授权。换言之，贾母是太阳，王熙凤是月亮。一旦太阳不存在，月亮就无光，贾母去世，则王熙凤的权威马上消失。当然，如果贾母在世时，王熙凤能利用自己的地位，培植自己的亲信，树立自己的权威，王熙凤还是可以在贾母这个太阳下山后自己当太阳的。可惜王熙凤不懂这一点，做事自私、做人尖刻，得罪人太多，并没有形成自己的权威。当贾府这样的计划经济中没有权威时，状况就坏了。所以，贾母的葬礼办得极糟。王熙凤低声下气地求众人："大娘婶子们可怜我吧！我上头挨了好些说，为的是你们不齐截，叫人笑话。明儿你们豁出些辛苦来罢！"在这种体制中，权威失去，又没有激励机制，求人就不是命令，无人服从。仍然是同一个王熙凤，没有了权威，再求人也玩不转，最后吐了血，还无济于事。

计划经济不仅需要一个权威，而且还需要一个绝对精明强干的权威。这种精明强干包括能力与品质。王熙凤的能力是够强的，但品质并不好。她肆无忌惮地以权谋私、行贿受贿、盘剥众人。这为以后贾府这个计划经济的失败种下了祸根。从体制上说，这种人物的出现也是必然的。绝对的权力必然产生绝对的腐败。王熙凤之坏也是制度造成的。

计划经济下集中力量所做的大事，从经济学的角度看不一定是有利于社会福利和经济发展的好事。正是在这种体制下，没有成本与收益计算而造成的有计划的浪费。贾府集中一切力量办秦可卿葬礼和元妃省亲，都不考虑成本，只求一时辉煌。结果事情是办得风光了，但资源浪费了。贾府毕竟也面临资源稀缺，当有限的资源用于风光时，它的衰落也就是迟早的事。

贾府与一切计划经济一样，不可能有永远的辉煌，衰落是迟早的事。结局不是灭亡，就是转型。探春的改革就是企图走转型之路。探春的改革有其成功之处，但她的失败同样教训深刻。这是《红楼梦》更有意义的启示。

二

计划经济下缺乏活力，没有效率的基本原因之一是没有一种把贡献与利益联系起来的有效激励机制。它主要依靠政治强制、煽情式宣传或传统伦理道德来要求人们为之做出奉献。《红楼梦》中是中国传统道德加强制。

这些激励方法从本质上说都是违背人性的。人的本性是利己的，无论是强权，还是道德说教或宣传，都无法改变这种人性。所以，大观园中的各色人等，不得不去干活，但能偷懒就偷懒，能耍滑就耍滑，并没有什么工作积极性可言。尽管也有焦大这样勇于奉献者，但却是一个傻得让人任意耍笑的对象。市场经济的效率离不开激励机制，它承认人利己的本性，不是要人们去改变本性，而是利用这种本性，通过一套制度把每个人的利己引导到有利于整个社会的方向上。从这种意义上说，市场经济是一种符合人性的制度。

探春当然没有认识到休谟和斯密传授的人性之道与利己之心的重要性，也没有读过《蜜蜂的寓言》这些书。但她是认识到个人利益的重要性的，知道改革的中心是把个人贡献与利益联系起来的激励机制。探春的改革旗号是"登利禄之场，处运筹之界者，窃尧舜之词，背孔孟之道"。《红楼梦》专家都把宝玉作为孔孟之道的背叛者。其实宝玉所追求的无非是自由谈谈恋爱，不去追求利禄功名，要求个性解放而已。宝玉无非是当时的"新新人类"或"波波族"，关心的是自己那点私事。探春则是一位改革者，她打破传统孔孟之道的义利观，将利置于首位。这才是真正对孔孟之道的背叛。孔孟之道的虚伪之处就在于言义不言利。

探春以利为突破口的改革是通过承包制来实现的，即把池塘、园子承包给别人。她认为承包制的好处在于："一则园子有专定之人修理花木，自然一年好似一年了，也不用临时忙乱；二则也不至作践，白辜负了东西；三则老妈妈们也可借此小补，不枉成年家在园中辛苦；四则也可省了这些花儿匠、山子匠并打扫人等的工费，将此有余以补不足，未为不可。"这种改革的效果还是显著的。生产者有了积极性："因近日将园中分与众婆子料理，各司各业，皆在忙时。也有修竹的，也有护树的，也有栽花的，也有种豆的，池中间又有驾娘们行船夹泥的，种藕的。"同时，生产者的责任心也加强了。丫鬟春燕说："这一带地方上的东西，都是我姑妈管着，他一得了这地，每日起早睡晚，自己辛苦还不算，每日逼着我们来照看，生怕有人糟蹋……老姑嫂两个照看得谨谨慎慎，一根草也不许人乱动。"李纨把这种承包制改革的成功总结为"使之以权，动之以利，再无不尽职的了"。

值得注意的是，探春以利为突破的激励机制改革已成为计划经济转型的一个共同规律。苏联的赫鲁晓夫和当时的经济学家利别尔曼想必没读过《红楼梦》，也不会知道探春这个小女子。但他们对苏联经济的改革却与探春如出一辙。利别尔曼提倡把利润作为衡量企业业绩的唯一指标，并给企业和劳动者以物质激励，这成为20世纪60年代苏联计划经济改革的先声。许多国家的计划经济改革都是从"放权让利"的承包制开始的。

为什么计划经济的改革总是从利字当先的承包制开始？应该说

这是不改变原有经济体制情况下一个最有效，也是最容易的突破口。任何一种经济体制的改变总是渐进式的，英国经济学家马歇尔所说的"社会无突变"尤其适用于改革。渐进式改革尽管所需时间长，但付出的社会代价较低，也容易为社会所接受。渐进式改革就是在不改变原有经济体制基本框架的前提下，一点一点地变。承包制并不改变原有的所有制结构，不改变政治体制，也不侵犯原有既得利益集团的利益，实行起来阻力要小得多。探春的这种改革就没有在贾府掀起轩然大波，当权者们也未加激烈反对。如果在计划经济下一开始就从产权这些问题开始，实行私有化，恐怕阻力就会大得多，甚至会刚开始就失败。

而且，承包制也容易在短期内见效。因为承包制触及利益问题，改变了那种大锅饭式的分配格局，这对生产者是最有效的刺激。或者说，承包制是在不改变产权结构的情况下对生产者个人利益的承认。在这种承包制下，个人努力的成果得到保证，它隐含了对利己的承认。我想经历过改革风雨的一代人都不会忘记承包制所起的伟大历史作用。

但是，读过《红楼梦》的人都知道，探春的改革从根本上并没有成功，所以，贾府仍没有避免灭亡的命运。我总觉得探春这个人身上寄托了曹雪芹的希望，是他有心回天的一种努力。但为什么还是"无力回天"——探春的改革没有最终成功呢？其实 20 世纪

60 年代苏联的探春——赫鲁晓夫所进行的改革最终也以失败告终，代之而起的是苏联长达 20 余年的勃列日涅夫停滞，最终这个体制崩溃。贾府与苏联都从承包制开始经济转型，但最终又都失败。其中又有多少奥秘值得我们探索！

三

探春式渐进改革成功的一个重要条件是得到当权者的支持。在原有体制中所进行的任何改革，其特征都是自上而下的，是由当权者提倡或推动，或得到当权者强有力支持的。换言之，这种改革的成功需要原有政治上权威的保证。探春是一个庶出的女儿身，在那样的体制中地位并不高。她远远没有当初王熙凤那样的政治地位。探春改革之时，贾母仍在，其代理人王熙凤尽管已经权力式微，但仍作为贾母的代表掌权。探春不具有这种地位，也没有那种权威。她的改革不是最高统治者提倡并亲自推动的，其效果自然会大打折扣。可以设想，如果王熙凤在其权力最大时，推动这种改革，那就会是另一种情景。

由根深蒂固的计划经济转向市场经济，与并非强势的计划经济环境下的市场经济的形成过程是完全不同的。在后一种情况下，市场经济是自发形成的，它靠自身经济实力的强大而一步步突破旧体制，最后取而代之。就市场经济的发源地而言，并不存在强大的中央集权政府。市场经济在并不强大的封建体制下自发形成并壮大，最后冲破了这种体制。但在强大的中央集权封建经济之下，市场经济是难以发展起来的，中国封建时代曾有相当发达的商品经济，却没有成为市场经济就是一个例子。高度集权的计划经济总有相当集权的政治体系，这种体制的转型是自上而下的，要由当权者来推动。因此，从计划经济转向市场经济在于当权者的意愿。这里说的当权者不一定是一个人，也许是一个集团。赫鲁晓夫尽管是第一书记，但仍受到利益集团的反对而以失败告终。经济转型要从当权者的推动与倡导开始。探春的改革由一个没有政治权威的人开始，其结果是可想而知的。

承包制是任何一个经济实现转型的开始，但也仅仅是开始而已。如果没有以后更艰难的许多改革，转型必定不能成功。激励机制仅仅是计划经济和市场经济的区别之一，但还不是最重要的区别。在激励机制背后是产权结构、意识形态和政治制度等更深层的差异。承包制仅仅是序幕，是打开旧体制缺口的一种手段。如果没有以后更深层次产权结构、意识形态和政治制度的变革，那个被承包制打开的缺口又会合上，最终仍然是旧体制的恢复。所以，经济体制转型之难不在于序曲，而在于以后的戏怎么唱下去。而且，承包制引起的反抗并不大，一旦全面进行改革，会触及原有的既得利益集团，其反抗力量之强，不难想象。正从这种意义上说，改革是一场革命，是权力与利益格局的重大变更。

探春的承包制改革并没有涉及这些深层次的问题。探春是在维护贾府原有体制的情况下进行改革的。产权仍然是贾府主子们共有的公有制（在封建大家庭中，所有制对外是一个家族所有的私有制，对内是家庭成员共有的公有制），每个人的产权并不明确。谁的政治地位高，谁就有权支配这些资产。过去计划体制下是王熙凤说了算的，现在改革时，作为所有者之一的探春又行使着使用权。但探春并不是唯一所有者，这就决定了别人也可以使用这种权力反对她。当然我们不能要求曹雪芹借探春改革分析产权问题，但以今天的眼光看，产权改革是整个经济转型成功的中心。

探春强调了利的重要性是对传统观念的突破，但她并没有打破，也没想打破传统观念中"君君臣臣，父父子子"的秩序，甚至还没有宝玉个性解放的意识。由此而形成的贾府政治体制尽管风雨飘摇，却也仍在维持。在一切照旧，而且也不想改变的情况下，包括承包制这样的改革当然必定失败。旧体制的突破是渐进的，但如果不从根本上改变旧体制，渐进式改革肯定无法成功。

也许我们这样评论探春改革的得失有点太现代化了。不过，如果不进行这种分析，就难以从中汲取教训。20 世纪 60 年代时，赫鲁晓夫在苏联也进行了类似探春的改革，但改革受到旧势力的顽强抵抗，终于失败了。1964 年赫鲁晓夫下台使刚刚拉开的改革序幕又拉上了。接着由勃列日涅夫演出了一场政变的闹剧，赫鲁晓夫也终于成为一个悲剧人物。平心而论，赫鲁晓夫至少是一个想改变旧体制的人物。他的悲剧在于想在维护旧体制的情况下进行改革。

当然就探春承包制的改革而言，本身也有缺点。薛宝钗就批评探春的改革只考虑到承包者的利益，而没有考虑承包者手下那些普通人的利益。宝钗对承包者说："你们只顾了自己宽裕，不分与他们些，他们虽不敢明怨，心里却都不服，只用假公济私的，多摘你们几个果子，多掐几枝花儿，你们有冤还没处诉呢。他们也沾带些利息，你们有照顾不到的，他们就替你们照顾了。"在《红楼梦》中，我还是喜欢宝钗这个人的。黛玉那点小心眼还真让人受不了。宝钗的这段话说明了，改革要照顾到各方面的利益，仅仅是承包者得利益，其他人状况得不到改善，改革也难以得到绝大多数人的支持。任何一个社会都有一个利益协调问题，贾府亦不例外。可以说改革是能让多数人获益的帕累托改善。宝钗真是一个有心计的人。这种心计不是小心眼，是看问题更全面和深刻。应该说，探春的改革也有些许效果，这与宝钗以旁观者清的身份指点迷津分不开。苏联赫鲁晓夫的改革并没有给广大群众带来更大好处，这也是他失败并受指责的一个原因。还应该指出，以后苏联的改革更多强调了精英们的利益，以至于形成巨富的寡头，有权贵资本主义的倾向。这些都是忽视了宝钗的利益均沾原则的结果。改革真需要宝钗这样的旁观者。

曹雪芹当年写《红楼梦》只是要写下自己刻骨铭心的经历和感受，也许他并没有更多的意思。但一部作品的伟大与不朽就在于能给人许多启发或思考。不同的人从不同的角度评论《红楼梦》，或称之为呼吁个性解放，或称之为反封建，或称之为揭示阶级斗争，或称之为反映文学永恒的主题——生、死与爱。无论如何评论，都不是曹雪芹的原意。我想换个角度来读这部经典，这里也算对《红楼梦》的一家之言。评论得是否有理，不能由专家评定，也无法请教曹雪芹先生，只能看读者有没有从中受到启发。

这也是我敢以外行身份妄评《红楼梦》的原因。

43

谈武论侠话经济

——金庸、古龙武侠小说①的经济学思想

经济学是分析人类行为的，武侠小世界、人生大社会，武侠中各路英雄的行为也是自觉不自觉地受经济学原理支配的。因此，刀光剑影的武侠小说中包含了丰富的经济学道理。

激起我写这篇文章的是我读武侠小说的一段经历。

那是二十多年前，我乘飞机去西安讲学。上飞机后我就埋头读《书剑恩仇录》。读到陈家洛等好汉与坏人张召重打得刀剑齐飞、鲜血横流时突然觉得腿上湿了——莫非我也中剑了？这时听到空姐一声"对不起"——原来她把茶水洒在我腿上了。邻座的一位老先生给我拿出了纸巾，还批评了那位空姐。于是我们就攀谈起来了。他

---

① 作者用的武侠小说，包括三联版的全套金庸小说，36 册，三联书店，1994 年；以及珠海版的古龙小说，59 册，珠海出版社，1995 年。

得知我是大学经济学教员时，惊讶地问，你还看这种书？我说，华罗庚先生把武侠定义为"成年人的童话"，许多大学者都是武侠迷呢！他又问我，武侠对经济学有什么启发呢？这个问题我还没想过。但经济学是研究人的行为的学问，武侠所描述的正是人类行为之一。武侠这个世界中反映出的人类行为规律，应该可以用经济学来解释。受这位老先生的启发，此后我在读武侠时总在思考武侠中的经济学含义。这篇文章正是这些年断断续续地读武侠的思考结果。

一

武林好汉们也是人，无论他们有多高超的武功或高低不同的人品，他们行为的目标也都在自觉或不自觉地追求个人利益最大化。以最大化为目标是包括武林好汉在内的所有人——抽象意义上的人的本性。

一说到最大化，人们马上联想到物质利益或货币收入最大化。这是对经济学的误解。其实最大化既包括货币内容，也包括非货币内容。经济学家经常以货币内容为分析对象，例如收入最大化、利润最大化等等，无非是因为货币内容可以量化，可以用数学工具分析，并非它是最大化唯一的内容。在现实中往往非货币内容比货币内容还重要。人所追求的最大化其实是幸福最大化。没钱绝对不幸福，但有钱也不一定幸福。有人估计，总体而言，金钱对人幸福的贡献为20%左右。可见在最大化中非货币内容还是相当重要的。

武侠小说中尽管也反映了人贪财的一面（如金庸的《连城诀》），但更多的还是其他追求。武林高手们或者家财万贯，或者起码是过着中产的日子。幸福中20%的货币内容对他们来说已不成问题，所以追求的是另外80%的非货币内容。在经济学中，实现了最大化的行为称为理性行为。当这种最大化限于货币内容时可以用数学分析得出明确的结论。经济教科书教的主要是这种内容。但在涉及非货币内容时，事情就不那么简单了。在读武侠小说时，我想得更多的是从非货币内容的角度看，什么才是理性人应该追求的最大化行为。

萨缪尔森给出的幸福方程式是：幸福＝效用／欲望。效用是人的主观感觉，取决于偏好，每个人的偏好不同，即追求的目标函数不同，同时为了得到一定的效用还要付出成本。因此，我想从目标函数、成本—收益分析和欲望三个方面来分析各位武林高手的最大化行为是不是理性的。这里我集中分析两个人——古龙《楚留香传奇》中的楚留香和金庸《笑傲江湖》中的岳不群。

楚留香和岳不群是两个完全不同类型的人，他们都在追求最大化，谁的最大化更加理性呢？我们用构成幸福的要素来分析他们的最大化行为。

从目标函数来看，楚留香的目标函数是多元化的。作为一名大侠，他有劫富济贫（偷了富家的东西给穷人），为朋友两肋插刀，主持武林正义等目标。这些给他带来侠义的好名声，在江湖上受到尊重，这当然是一种极大的满足（精神满足）。同时他也重视物质享受，住在精巧的三桅船上，有美女李红袖、宋甜儿、苏蓉蓉相伴，美酒佳肴，享尽物质满足。他生活得舒适高雅，又未失去武侠的豪气。相比之下，岳不群追求一元化目标——当武林盟主，成为第一高手，其他能使人幸福的因素，亲情、正义、美色、物质享受，都不在他的目标函数之中。仅从目标函数来看，楚留香当然比岳不群理性。根据效用理论，当从既定目标出发去追求效用的实现时，追求多元化目标，各种效用不会递减，总效用最大化；而追求一元化目标，一种效用在递减，最大化的总效用当然要低。

再从成本—收益来看。世界上没有免费午餐，追求什么目标都有成本与收益的比较问题。楚留香追求从多元化目标中得到效用时，当然有成本，比如去为武林主持正义，为朋友帮忙就要放弃船上的温柔世界和享受（机会成本），要有金钱与精力支出（直接成本），还有种种意想不到的危险（风险）。但与他获得的尊重和自我理想实现的效用相比，还是收益大于成本。特别是他武功超人，机智灵活，总能化险为夷，最终毫发未伤。岳不群则不同了，为了当武林盟主而不惜一切代价。这代价有：众叛亲离，爱徒令狐冲、爱妻和爱女都离他而去（机会成本）；为练神功"挥刀自宫"，成了不男不女的东西（直接成本吧）；玩尽诡计和阴谋，不仅劳神费力，还失去武林人士的尊重，被称为"伪君子剑"（据说越南国会开会时，往往把伪君子称为岳不群），这种名声的损失也是成本；至于追求武林盟主过程中的种种所作所为，都成本颇高。但到手的武林盟主却由于各派争杀而无人真正当回事。说成本远远大于收益也不为过。

由这两点来看，楚留香的效用远远大于岳不群。那么欲望呢？楚留香尽管是名噪一时的大侠，但看不出有什么武林称雄的野心，他所做的一切事都是出于正义感或朋友义气，他没有什么宏伟的志向，只想把眼前的每一件事做好。岳不群却是野心大得很，有一种永不满足的欲望——且别说武林盟主已是极大的欲望，而且，像岳不群这样的人，即使当了武林盟主也不会满足，恐怕下一步要一统江湖正邪两派。野心家的欲望是无穷的。

楚留香的效用大于岳不群，而欲望又小于岳不群，当然应该是楚留香的幸福大于岳不群（在我看来岳不群的幸福是负的）。他们都在追求最大化，但显然楚留香是理性的，岳不群是非理性的。所以，读过这两本书的人都对楚留香仰慕不已，而对岳不群极其鄙视。

武侠小世界，人生大社会。武侠小说反映了人生。其实在现实中也有不少人类似岳不群：人生目标一元化（为钱或为名），为实现效用付出的代价太大（为钱而忘家，为名而失去人格），野心太大（总想成巨富和名人）。这种人也像岳不群一样不会是幸福的。经济学让我们更理性地追求最大化，这也是武侠小说的意义。

二

大大小小或强或弱的门派，各怀绝技形形色色的高手，组成了武林这个特殊世界。各个武侠门派和高手在激烈的竞争中生存和发展，颇像无数大大小小的企业和个人在市场上竞争。所以，可以用经济学中的市场竞争理论来解释武林中的争斗，也可以透过武侠小说中对武林各派争斗的描述来加深对竞争理论的理解与运用。

武林不是一个垄断市场，如果只有一个武林派别一统江湖，也就没有武林了。没有武林各派的争夺，纵然金庸、古龙有再高的天赋也写不出这么吸引人的武侠小说。武林甚至也不是一个寡头市场。尽管武林中不同时期都有一些显赫的大门派，如许多书中都有的武当、少林，或者正邪两派，也有东邪、西毒、南帝、北丐、中通神，或张无忌、杨过这样的超级大侠，但他们都称不上寡头，难以像通用、福特、克莱斯勒这样的寡头控制美国汽车市场，或像波音和空客那样的寡头控制世界大型民用客机市场。说到底，我把武侠定义为垄断竞争市场。

垄断竞争市场中企业成功的关键是产品差异化竞争，即创造出有自己特色的产品。这就是说，在这种市场上有产品差别才有垄断，有垄断才有成功。所以，垄断竞争市场上企业成功的关键是靠产品特色建立自己的垄断地位。如果把这些话讲给武林各派掌门人听，他们自然会不屑一顾。但实际上他们正是这样做的。武林争斗的目的是建立本派在武林中的至高地位——垄断地位（尽管也打着什么主持正义之类的旗号），这种地位是在比武（武林竞争的主要形式）中形成的。他们达到这一目的的手段则是本门独特的武功——自己不同于他人的产品特色。其实不仅取胜必须如此，即使只为了在强手如林的武林中生存下来，也要靠自己本门的特色。

在金庸的笔下，各门派的绝活五彩缤纷，精彩纷呈，具有悠久历史的武当、少林自不必说。丐帮的"降龙十八掌"和打狗棍法，使一帮叫花子也能驰骋天下。甚至蓝凤凰这样来自边疆的小女子也能以防不胜防的施毒术，令天下武林人士胆寒。如果仔细研究一下各门派的武功，那你会惊叹小小武功，有多少创新，又有多少差异。古龙似乎更注重情节的曲折性，武功不像金庸笔下那么多变。他笔下的英雄，无论小李飞刀李寻欢还是西门吹雪，都以出手快见长：对手什么也没看见，已经人头落地，刀又回到了手中。快也是一种特色。在这个竞争的武林中，武功没什么太大特色者，如沧州的小门派，就无以生存，遇强敌则溃败了。读武侠时人们往往会被各种武功所吸引，听王语嫣（《天龙八部》中人物）讲各派武功，你不能不对这小女子有几分敬意。在敬佩之余，你要想到这就是产品差别的创新。

与市场中的产品一样，已有特色的武功也要不断创新。洪七公、杨过诸位大侠都是在原有武功基础上创新出了有特色的天下无敌之功夫，才得以成为一代宗师的。产品特色的关键在于创新，一旦扼杀了创新，一个门派也就完了。《笑傲江湖》中的华山派并不是失败在岳不群的个人品质上，而是失败在剑宗与气宗两派的争斗，以至于气宗派从肉体上消灭剑宗派上。华山派死守气宗的精神，岂有不亡之理？相反，令狐冲正是在学气宗的基础上又向剑宗派唯一幸存下来的传人风清扬学了剑法（并向任我行学了内功），才成为华山派真正的一代宗师。但武林又近乎一个独裁的领域，各派掌门人是绝对权威，弟子若有创新之想法，就被认为是本门的叛徒，必死无疑。正是这种政治上的独裁抑制了创新。所以，历史悠久的门派往往是徒有其名，在武林中风光的往往是传统较少的新门派，或者杨过、令狐冲这类离经叛道的人。创新是企业的生命，也是武林的生命。

创造出武功特色不容易，偷来当然容易，因此，寻找武功和秘笈就成为金庸小说中的一大中心。那些成为大侠者也是由于偶然的机遇得到了某一种秘笈，并照此修炼。什么是秘笈呢？就是练一门功夫的诀窍。用企业的话来说，就是某种特色产品的核心技术。可口可乐的配方、同仁堂某些药和云南白药等的配方，都是和武功秘笈一样的宝贝。企业有这种配方才能生产出与众不同的特色产品，垄断一块市场。武林各门派有这种武功秘笈才能有自己威震天下的武功。武功秘笈和配方一样秘不示人，所以，才有人挖空心思去偷。《葵花宝典》之类秘笈对武林好汉们的吸引力之大，令人惊叹。吾等非武林人士，难以体会。为了得到这种秘笈，众好汉不惜付出生命。这说明武功的好坏在于其是否有特色。企业在市场上的竞争不也如此吗？形式不同，道理是共同的。

当然，有了秘笈也不一定能练成神功，有的人练不好还会走火入魔。练成神功要有秘笈指点，但还须有基础。在武侠小说中，这种基础就是内功。什么是内功，大概金庸也不大明白，内功尚且可以输出输入，更令人莫名其妙。但内功是重要的。你看，杨过与小龙女在古墓中苦练了内功，所以，杨过的剑术，从最早靠好剑，发展到把树枝作剑，最后进入剑术的最高层次——无剑胜有剑。书中的各路高手，没有一个不是身怀深厚之内功的。可见武功诀窍或有特色武功的基础在于内功。企业创造产品特色同样也需要内功。不过这种内功就不是金庸笔下神神秘秘的东西，而是企业产权明晰和公司治理结构了。许多企业创造不出产品特色，关键还在于缺乏内功。产权不明晰，责权利不分，缺乏激励机制和管理方法，不会有特色产品，正如没有内功，练不成神功一样。

　　企业与武林中各门派，商场上的竞争与武林中争斗，它们本质上是一样的。如果以这种眼光去读武侠，那些令人眼花缭乱的武功，对你会有启发。合上书想想那些绝世武功背后的故事，你会有更多感触。这样读武侠，你的兴趣会更浓，读着也更有味，借用其中的三招两式，也许有助于你的成功呢！

三

　　人类社会中个人与团体之间是相互依赖的，一个人的决策能否成功取决于其他人对这种决策的反应。这种客观存在的事实使人们必然在决策中有意无意地运用博弈论的方法。中国古代的田忌赛马是博弈论中一个经典的例子，囚徒困境也是自从有囚徒以来就出现的问题。现在的博弈论无非是对这种思维方式的总结与发展而已。尽管有了数学外衣，其思想亦可以用事例来说明。武林是一个钩心斗角的世界，这里博弈论更是大有用武之地了。

　　人们经常用博弈论来分析人类社会的竞争与合作问题。根据纳什均衡，在参与者各方都从自己的个体利益最大化出发，而且在信息不完全，即无法确定对方的策略时，即使是有利于各方的合作，最后也难以达成。这种博弈过程中有两个值得关注的问题，一是什么条件下可能实现暂时的合作，二是长期中不能合作的原因是什么。武林与人类社会一样也充满了竞争与合作。而且，合作是暂时的，竞争是永存的。所以用博弈论来分析各门派之间的争斗与勾结（合作的贬义词）也开辟了一条读武侠、评武侠的新思路。

《笑傲江湖》为合作与竞争的博弈分析提供了一个典型案例。这就是嵩山派掌门人左冷禅策划并实施的五岳联合的经历及最后的失败。这也是《笑傲江湖》一书中的一条主线。

按理说，五岳同气，如果能联合起来，则可以形成武林第一大派，不仅可以与武当、少林这些历史悠久又有绝活的派别分庭抗礼，而且可以对付他们这些正派人士心中的邪教——日月神教。从根本上说，这种合作对五岳各派，尤其是恒山派这样的小派别（又以女性为成员）是有利的，但为什么这种合作在一开始就遇到抵制呢？这首先在于五岳各派尽管都希望抵制势力日益强大的日月神教，但其实都各怀鬼胎。嵩山派左冷禅是一个野心家（越南国会中争论时就称野心家为左冷禅）。他发动联合的动机口头上是联合起来对抗邪教云云，其实是想把五岳合为一派，自己当盟主。这一点各派心里都有数，各派掌门并不想放弃自己的独立，不愿让多年的基业（尽管已经衰落）断送在自己手里。因此，并不积极合并。合作的困难正在于合作各方都有自己的目标，各自的目标并不一致，而且，各自把自己的目标看得比共同的目标更重要。正如在囚徒困境中，各自都想刑期最短，而不是共同的刑期最短一样。

合作者目标不一致是企业或国家间合作难以长期实现的根本原因。对每一个个体而言，都是自己的利益大于整体利益。在人类行为中，英国前首相丘吉尔的一句名言——"只有永恒的利益，没有永恒的敌人或朋友"，是绝对真理。

我们说合作是困难的，并不是说不会有合作。相反，在现实中利益不一致的各方也会形成合作，尽管这种合作往往是暂时的。能形成各种短期合作，首先是在这个短期内共同利益更为重要。二战中美英苏的合作大概就是这种情况。美英能与他们一向敌视的苏联合作就在于战胜德国法西斯的侵略比社会制度之争更重要。当然，一旦这种共同利益过去，合作就必定走向破裂。二战一结束，这三国又处于对立之中了。左冷禅所推动的合作之所以有过短暂成果，而且五岳各派开始时对合作尚有一点接受，就在于邪教势力日益强大给他们的生存带来威胁。以一派之力不足以与邪教教主任我行、东方不败抗衡，合五岳之力还可以作点对抗。所以，以后当令狐冲戏剧性地与任盈盈结婚，邪教不再与正教对抗之后，这种合作的基础实际已经不存在了。

五岳能暂时联合起来的另一个主要原因则是与各自的博弈策略相关。我们知道，合作的另一个条件是有效的惩罚。当主张合作的一方力量强大，足以保证可信的威胁，并在必要时实施惩罚，合作也有可能。在五岳联合中，嵩山派左冷禅是主要推动者。其他几个门派实力远不如嵩山派，因此，当左冷禅提出合并大旗并自任盟主时几乎无人敢公开反对。我们都记得，左冷禅派人杀了不与他合作要金盆洗手的衡山派刘正风。这正是博弈论中讲的"可信的威胁"这种策略的运用，告诉五岳中其他人，敢有不听我合并号令者，刘正风之下场。这的确起了相当大的作用。

五岳中的其他门派，除了华山派岳不群有野心，想取左冷禅而代之外，其他三派则是实力不足，不得不采用跟随战略。"智猪博弈"告诉我们，当大猪与小猪实力不等时，小猪的最优战略是跟随，即由大猪采取主动行为，获得大利益，小猪顺从，得点小利益。合作往往是由利益大的大猪推动的。显然，在五岳之中，嵩山派是"大猪"，其他几家，尤其恒山派、衡山派和泰山派都是"小猪"，不跟左冷禅有灭门之灾，跟了他（即采用顺从策略），也许可自保。如果你仔细看书中对恒山派掌门定逸师太的心理与行为描写，更可以体会到一个"小猪"无可奈何的悲哀。合作往往就是在这种强者推动，弱者顺从之下短期形成的。

这种合作的基础并不是共同利益，合作是非自愿的，当然不会长久和稳固。所以，左冷禅的五岳联合最后以失败告终，结果每个门派都蒙受极大损失。读小说时常为此感到悲哀，好好的五岳就这样毁了。但现实生活中，每天不都在发生这样的悲剧吗？博弈论的结论总是不错的——各方都蒙受损失，始作俑者也没什么好下场。非合作博弈得出对各方最坏的结果。

武侠中的童话世界是现实世界的反映。金庸的《笑傲江湖》写于"文革"时代，是作者有感于现实而写。古龙书中风流善饮的楚留香、陆小凤有作者的影子。经济学是在理性层次上对人类行为的思考，是一种认识世界的方法。读武侠小说可以悟出许多经济学道理。不信，你读几本试试？

44

洋务运动为什么失败

——《张之洞》^① 的中体西学

洋务运动可以看作中国经济现代化之始，但只有经济现代化，而没有一套制度上的现代化，前者无法成功。"中学西用"是在维护中国皇权专制下，采用西方先进的技术。张之洞的"中学西用"正是洋务运动失败的根源。

在中国史学界，对清末洋务运动的评价曾是一个有争议的问题。现在越来越多的学者在不同程度上肯定了洋务运动的意义。曾国藩、李鸿章、左宗棠、张之洞也正逐渐从"卖国贼""镇压农民起义的刽子手"变为开放的先驱者。但无论如何评价，洋务运动还是失败了。它失败的原因是什么？对我们今天的开放有什么启示呢？这是我在读唐浩明先生的历史小说《张之洞》时，始终思考的

---

① 唐浩明:《张之洞》（上、中、下卷），人民文学出版社，2001 年。

一个问题。

　　唐浩明先生是写历史小说的高手，他的《曾国藩》和《旷世逸才——杨度》都曾轰动一时，洛阳纸贵。这本《张之洞》是他的封笔之作。张之洞是清末重臣，也是洋务运动的核心人物之一。小说再现了张之洞真实的一生，使我们能从张之洞身上去探寻洋务运动失败的深刻制度根源。

　　洋务运动的指导思想是"中学为体，西学为用"，简称"中体西用"。这句话经张之洞在《劝学篇》中提出后深得光绪等维新派人士的青睐，至今影响仍不衰。其实这句话并非由张之洞首创。据张之洞说，这是他在江宁时，江苏一个候补道吴之榛在为苏州创办一所中西合璧的学校时向张之洞写的一封信中提出的，要把"中学为体，西学为用"作为办学宗旨。张之洞很欣赏这两句话，就引用了。张之洞谦称"不能掠人之美"，用今天的话说，就是不能侵犯别人的知识产权。但张之洞给了这八个字以全新的含义，并经他倡导而流传至今。

　　"中体西用"的含义用今天的话来说就是中国的传统儒家文化和封建政治体制都是好的，应该保留下来，我们要向国外学习的是科学技术这些实用性的东西。这句话的出发点是要保持中国原有的儒家文化与相应的政治体制，其思想根源就是认为这一套都是好的。中国文化中向来有唯我独尊，唯我最好的自恋痴。认为自己是文明礼仪大邦，其他国家都是"蛮夷之地""蕞尔小国"。乾隆皇帝在接见英使马戛尔尼时就表现出这种自恋狂。这种思想一直是中国文化的支点，在广大知识分子、士大夫，甚至平头百姓中有深厚的基础。在这种指导思想之下，中国文化中就包含保守性和封闭性，缺乏那种包容性和兼容性，排斥外来文化。也许汉唐是一个例外，但到底包容了多少还值得研究。仅仅是允许贸易，吃吃外邦的葡萄，听听他们的音乐，欣赏他们的舞蹈，甚至吸收他们的宗教，还说不上政治文化上的开放。但从宋以后，这种保守性就愈加顽固了。朝廷对洋人的态度，民众的义和团都是排外、保守的结果。中国文化的保守封闭是中国社会停滞落后的基本原因之一。

张之洞这样的所谓洋务人士从小就受传统文化熏陶，他们同样是满脑子的儒家文化。但与那些更加顽固的人相比，他们还是睁开眼睛看世界的。他们看到了洋人经济和科技的发达，也承认在"船坚炮利""奇技淫巧"这些方面我们不如洋人，进而主张"师夷之长"。但这并没有从根本上改变他们的世界观。他们内心顽固地坚持在文化与政治制度上，我们仍优于洋人。要张之洞这样的人像胡适一样全面否定中国传统文化和封建政治制度，或者再激进一点像鲁迅那样把中国封建文化斥之为"吃人文化"，把封建传统作为垃圾，甚至像陈序经那样提出全盘西化，那是绝对不可能的。这就是他们的时代与阶级局限性。

也有学者认为，张之洞提出这个口号有策略上的考虑。因为在当时要全盘西化，或者像日本那样"明治维新"，很可能遭到无比强大的反对，连学习"船坚炮利"都不可能。从承认中学为主开始引进西学，先从科技经济入手再到政治文化的全面变革，这一条渐进式的道路也许更适合中国国情。这的确有可取之处，但问题是，推动改革的人一定要明白"中学"实际上是不好的，承认"中学为主"的目的还是为了最终推翻"中学"。这才能渐进地达到目标。如果真的把"中学为主"作为目的，让"西学"为"中学"服务，这改革最终要失败。从《张之洞》这本小说来看，张之洞属于后一种人，他的"中体西用"是真诚的，不是一种策略。不仅张之洞，曾国藩、李鸿章、左宗棠这些洋务运动的代表人物，都是要以洋务来救清王朝，救中国传统文化。

"中体西用"这种指导思想是洋务运动失败的根源。现代经济学家已经证明了"船坚炮利""奇技淫巧"不仅仅是科学技术问题，首先是一个制度问题。中国人是很聪明的，四大发明具有世界意义。但为什么洋人用火药开山修路，国人只用来做鞭炮？为什么洋人用指南针开辟新世界，国人只用来看风水？为什么洋人用纸和印刷术传播先进文化，国人只用来加强专制？这些差别的背后不是科技是制度与文化。坚持儒家文化的保守封闭部分，坚持君主专制制度，中国不会有科技与经济的大飞跃。所以，引进"船坚炮利"还免不了甲午海战之败，引进的现代工业也是成功者少。只有从根本制度和文化上改造，中国才有希望。想以"船坚炮利"来维护传统儒家文化和封建政治体制，那只是张之洞的一厢情愿，不失败才有鬼。

张之洞办大冶铁厂的失败正是"中体西用"指导下一个典型的例子。传统儒家文化"存天理灭人欲""言义而不言利"，否认了个人利益的正当性，这就无法通过市场自发地用洋务来强国。君主专制是"君临天下"，政府亲自做一切事，洋务亦要君主或张之洞这样的重臣亲力亲为。以这种方式办洋务，洋务岂有不败之理？

本来盛宣怀想以官督商办的形式由商人来投资炼铁，但这种市场化的做法遭到张之洞的否定。他认为，办这样的现代工业，要由政府进行，即办成国有工厂。不利用私人资本而要由政府出资，遇到的困难就是资金短缺，张之洞利用自己的官场背景和各种人际关系想尽办法筹资，一开始资金就不足。用官方资本，按官场规律办的工厂就是一个新衙门，一切按官场方式运行，这就是官办企业在制度上的致命弊病。官场的一切坏风气都带到工厂来了，相互牵制，小事效率低下。有能力的技术人员与技师无法发挥应有的作用。一切全由张之洞这个外行说了算。洋技师建议定设备之前先要化验铁矿，根据不同的铁矿订购不同设备，但张之洞不懂这点炼钢的基本常识，自己作主不化验铁矿就去订设备，结果设备回来不能使用。在这种官办体制下，炼出的铁成本高而质量低，哪有什么经济效率？最后的结果只是失败，由私人收购。其实不仅仅大冶铁厂，兰州制造局、福州船政局，这些洋务运动中的官办企业有哪一个是成功的？也许他们造出了船炮、机器，但付出了多大的代价？中国经济的现代化不是从洋务运动的官办企业开始的，是从民营企业开始的。洋务运动留下的只是一个美好的富国强兵的愿望，"西体中用"彻底失败了。

张之洞是晚清一个重要人物，研究晚清和洋务运动的历史，无法回避他。《张之洞》一书虽然是小说，但大体上是真实的，通过读这本小说了解张之洞及那个时代比读严肃的传记和历史书有趣得多。在休闲之时你读一段，感受肯定比我还多。

45

披着狼皮的羊

——《看不见的心》^① 与市场经济观念

市场经济看起来像一只凶狠的狼，没有人性。其实在狼皮之下是善良的人性推动了社会进步。用爱情小说来演绎这一道理，也许更容易让人接受。

在许多人看来，相信市场的经济学家不讲良心、不讲道德，只看到市场经济的成功，漠视这种经济中的失败者，是残酷无情的狼。读了美国经济学家罗塞尔·罗伯茨的《看不见的心——一部经济学罗曼史》（以下简称《心》），你会认识到，经济学家相信市场是对全人类的真正关怀，他们那副狼的外表之下蕴藏着一颗火热仁慈的心，他们是披着狼皮的羊。

---

① 罗塞尔·罗伯茨：《看不见的心——一部经济学罗曼史》，中信出版社，2002 年。

不过《心》这本书并不是讲这个道理的一本经济学专著，而是一本爱情小说，以小说的形式来讲述经济学道理。

故事主角是美国华盛顿私立高中爱德华学校的教师劳拉·西尔弗和山姆·戈登。劳拉出身于上层家庭，文学专业学士，讲授英语文学课。她像一切有教养的人那样，充满了对人类的关怀，更多看到的是市场经济中的失败者。山姆是经济学家，讲授"经济学世界"这门课。他相信自由放任的市场，更多看到的是市场经济中的成功者。这个故事的主线正是劳拉从无法接受山姆的观点，烦他，到逐渐理解山姆代表的自由市场经济思想，并爱上他的过程。

故事开始时山姆和劳拉都在讲各自的第一堂课。山姆用原油消耗量计算、免费吃开心果和抢美元的游戏，让学生明白经济学的出发点——"永远也不要低估私利的力量"。劳拉是用华兹华斯的诗句让学生懂得"物质主义让我们腐化"。劳拉对鼓励贪婪的山姆产生厌恶。这正是经济学家和许多人看问题的分歧所在。故事以后的发展是山姆和劳拉对现实中许多问题，例如汽车安全带、教师工资是否合理、洗衣店收费标准、对穷人的福利补贴，等等看法的争论。山姆从经济学的观点分析这些问题，终于使劳拉接受了这些观点。尽管山姆最后由于校方的不公正而被解雇，但劳拉还是爱上了山姆。这是许多爱情故事的大团圆结局。

书中的另一条线索是健康网公司的首席执行官查理·克鲁斯和政府监督部门（公司责任办公室）主管依瑞卡·博德文之间的斗争。这实际是与爱情故事同时展开的一部电视剧。健康网公司把俄亥俄州麦塔隆镇的一家工厂搬到墨西哥，向当地工人支付极低的工资，又使麦塔隆镇工人失业，该镇衰落。此事受到书中除山姆以外所有人的批评。同时，该公司为盈利推出无作用（甚至有坏作用）的治忧郁新药，依瑞卡主管的监督部门竭力收集资料想惩罚该公司，但最终还是证据不足未果。

在《心》这本书中，主要线索（山姆与劳拉的爱情）与次要线索（公司与政府主管部门争斗的电视剧）交织在一起。山姆对这些问题的看法就是自由主义经济学家的基本观点。他向劳拉和学生的解释以及与劳拉家人的争论是经济学家对公众的说服过程。赢得劳拉芳心和学生支持是经济学的成功。本书正通过山姆之口介绍了市场经济学的许多基本观点，这也是本书的主要内容。

经济学家是从承认人的利己心开始的。所以，劳拉之兄批评健康网公司，而山姆为之辩护。他们把工厂迁至工资低的墨西哥是理性行为，为了更多赚钱而使麦塔隆镇衰落也并非罪恶。无论每个人是否意识到，谁也摆脱不了利己。

利己无可厚非，要把利己引导向有利于社会，靠的不是说教，而是制度。山姆与劳拉第一次争论的汽车安全带问题是经济学家经常用来证明制度重要性的一个事例。山姆还以英国用制度减少了运送澳洲囚犯死亡率的事例说明了制度的重要性。这种制度就是按下船时的人数，而不是上船时的人数，来向船主付费。在常人强调人文关怀之类崇高情感的事情上，经济学家强调的是制度。

对于什么事合理，什么事不合理这类事，常人是以情感作判断的，劳拉就认为洗衣店洗女装收费高，向教师支付的工资低都不合理。山姆作为经济学家则强调，洗女装的价格和教师工资都是市场供求关系决定的。市场决定的价格，无论高或低都是合理的。这就是说，经济学家尊重的是市场经济规律。

山姆作为自由放任经济学家的特点还表现在他对政府的态度上。劳拉这些对市场结果不满和关注市场失败者的人更多地把希望寄托于政府的作用，但山姆反对政府干预个人自由。书中有关社会福利的讨论说明了这一点。山姆把这类慈善做法分为众生平等的顶峰慈善机构，即慷慨给穷人钱，以及人无雷同的定制慈善机构，即帮助穷人自己脱贫。山姆批判那种既浪费钱财又养懒人的给穷人钱做法，而强调提高穷人的能力。这代表了自由派经济学家对福利的观点。其实即使在需要政府的地方——惩罚健康网公司造假药的行为，也由于难以收集证据，而无能为力。但如果健康网公司这样做，它们的丑行迟早会被发现，并受到市场惩罚。市场逼迫企业有信誉，在许多事情上政府往往无能为力。这就是对市场的信任。

当然，《心》作为一本小说，其艺术性还不敢令人恭维。论情节，没有金庸、古龙的书那么离奇；论爱情，不及琼瑶的书那么煽情；论风格，也不似卫慧这类美女作家那么前卫，那么另类。但它毕竟有人物、有故事，是一本小说。这就比经济学著作更能令读者接受，并能在轻松的阅读中接受一些经济思想。

用小说的形式介绍经济学是一种创新，《心》这本书也是一次成功的尝试。希望国内也有经济学家写经济学小说。不知谁是这第一个吃螃蟹的人？

46

经济学与侦探小说
——《边际谋杀》[①] 要用经济学破案

生活中处处离不了经济学。经济学也为侦破各种案例提供了新思路。借人见人爱的侦探小说讲经济学道理更加吸引人，也加深了人们对边际、均衡这类抽象经济学概念的理解。

在各类小说中，读者最广的大概应该是侦探、破案小说。它以曲折的情节、出人意料的结果紧紧扣住了读者的心弦，让人一开始读就欲罢不能。柯南·道尔的《福尔摩斯侦探案》、阿加莎·克里斯蒂的"侦探推理系列"，兴盛不衰，而且又有一代一代侦探小说家的涌现，就说明这一点。毕竟市场价值是作者和出版社的首选。侦探小说持续走红，就使得经济学家也用这种形式来介绍经济学。

---

① 马歇尔·杰文斯：《致命的均衡》《边际谋杀》《夺命的冷漠》，机械工业出版社，2005 年、2006 年、2008 年。

用侦探小说的形式来阐述经济学理论，最著名的是美国圣安东尼三一大学的杰出经济学教授威廉·伯烈特（W. Breit）和弗吉尼亚大学的杰出经济学教授肯尼斯·G. 艾辛格（K. G. Elzinga）。他们以马歇尔·杰文斯为笔名写经济学侦探小说。我们都知道马歇尔和杰文斯都是英国经济学大师，把他们的名字合起来作为笔名，就点明了这种侦探小说的经济学含义。他们的第一本侦探小说是出版于 1978 年的《边际谋杀》（*Murder at the Margin*），第二本是出版于 1985 年的《致命的均衡》（*The Fatal Equilibrium*），第三本是出版于 1995 年的《夺命的冷漠》（*A Deadly Indifference*）。这三本书在我国大陆都由机械工业出版社出版，台湾也出过中文繁体版（并非同一译本）。

这三本是系列侦探小说，正如《福尔摩斯侦探案》以福尔摩斯为主角，克里斯蒂的"侦探推理系列"以波洛和女侦探马普尔小姐为主角一样，此系列以经济学家亨利·斯皮尔曼夫妇为主角。明眼人一看就知道，斯皮尔曼是犹太人，身材矮小、秃顶、好奇、固执，满嘴自由主义经济学，正是自由主义经济学大师米尔顿·弗里德曼夫妇的化身或代言人。在《边际谋杀》中，负责破案的探员文森特问斯皮尔曼如何能迅速破案时，斯皮尔曼说，我亲爱的文森特，简单极了，入门经济学而已。斯皮尔曼认为："解决经济问题所遵循的法则和你破案时的原则不同，或许说你们破案时没有什么法则，但经济法则是不能被破坏的，如果有人破坏了它，那就说明一定存在某种不为人知的原因。"他正是根据这个原理破了警方无能为力或推理错误的案子。

《边际谋杀》说的是斯皮尔曼夫妇正与其他游客在维尔京群岛的桂湾种植园酒店度假。但在阳光、佳肴、美酒和音乐的幸福气氛中，不和谐的谋杀出现了。先是退役将军德科尔被毒死，然后是菲茨修神秘失踪，最后是法官富特被杀害。警方从谋杀动机分析，逮捕两个嫌犯，并分别审问，借助于"囚徒困境"使他们招供。但斯皮尔曼却找出了真凶克拉克夫妇。其原因则在于他们的行为违背了需求定理。桂湾种植园酒店消费价格比克鲁斯湾酒店高 114%，但克拉克夫妇却要住桂湾酒店而晚上到克鲁斯湾活动。这种违背经济学常识的行为说明他们另有目的。斯皮尔曼正是从这一点出发，找到了他们犯罪的证据。

《致命的均衡》中案件发生于哈佛大学（这也是斯皮尔曼任教的学校）。经济系副教授丹尼斯·戈森申请终身教授被拒自杀，以后又有与他相关的教授被杀。当大家都认为凶手已被绳之以法时，斯皮尔曼根据经济学的原理找到了真凶——评委会主任丹顿·克莱格，并迫使其自杀。斯皮尔曼是从克莱格论文数据造假中得到启发的，戈森被杀正是因为他根据边际效用最大化原理发现了这种造假，引来杀身之祸，其他两个教授也与此事相关。克莱格伪造圣塔克鲁兹岛上的商品价格，戈森根据边际分析法发现了这一点。后来斯皮尔曼读克莱格的论文又发现了这一点，进而作出推断。

《夺命的冷漠》故事发生在著名经济学家马歇尔的故居，起因是他 1875 年访美。地点与访美都是真的，但故事是虚构的。故事讲的是马歇尔当年访问时，买了一些内华达州金矿公司的股票，但金矿无金，股票成废纸，被马歇尔夫人弃之于故居的阁楼。但后来此矿发现铀矿，于是百年间每股价格上升至 75 美元，这就引发后来为获得股票而发生的争购故居事件及谋杀。斯皮尔曼受芝加哥一家慈善基金委托，出于对马歇尔的尊敬而不是为股票来购买故居，但斯皮尔曼的"朋友"费恩遇袭，买主剑桥大学主教学院院长哈特遇害，斯皮尔曼又一次出手。他从费恩高价买下被害者的旧汽车这件违背经济规律的事情上发现了线索，并根据信息不对称设计了诱饵，最后抓出了真凶费恩。

在美国，经济学界对用小说阐述经济学极为重视。2003 年初美国经济学会年会还就"以经济学小说为教材"召开了一次研讨会。许多大学都把这类小说指定为课外辅导教材。于是，这类经济学小说甚为畅销，仅《致命的均衡》已经印刷了 20 次，这类小说可以说方兴未艾。

当然，经济学家写小说毕竟是外行，所以，我看过的这些经济学小说，经济学味蛮浓，而小说的艺术性并不高。这三部侦探小说别说比柯南·道尔、克里斯蒂了，就在同类小说中也排名在后。但再差的小说也是小说，有故事情节、有人物，读起来比经济学专著和论文还是容易得多，也有趣得多。经济学的表述有多种形式，可以用数学模型，用专著或论文，用随笔散文，也可以用小说。不同形式的作品讲同样的道理，适于不同的读者群体。所以，经济学小说还是值得提倡的，而且，这类小说也会越写越好。

当今国内还没人写经济学小说，我在读了这些书以后也曾想写一本经济侦探小说，激动时还写下了开头的两章。不过一来时间太紧，没有仔细构思的时间，二来更重要的是，担心自己水平太差，写出来贻笑大方，于是作罢。

47

世人争谈《国富论》，谁解斯密良苦心
——理解市场经济要从《拯救亚当·斯密》①开始

仅仅强调市场经济中看不见的手的伟大作用，其实是对亚当·斯密的片面理解。只有全面了解亚当·斯密才能正确理解市场经济，拯救了亚当·斯密，也就拯救了市场经济。

人们把《国富论》奉为经济学的圣经，把"看不见的手"作为市场经济千古不变的基本原则，作为经济学"皇冠上的明珠"，却把《道德情操论》完全忘却了。

亚当·斯密是现代经济学的奠基人，他关于市场机制的论述已成为经济学的基石。在他去世的 200 多年间一直被誉为经济学界的

---

① 乔纳森 B. 怀特：《拯救亚当·斯密》，机械工业出版社，2004 年。

"至圣先师"，无人不顶礼膜拜。但是，斯密在天堂过得并不开心，因为从人间传递过来的信息让他觉得自己被曲解了。人们崇拜他，谈论他，如同对任何一个思想大师一样，其实并不了解他的思想真谛，只是用他的某个思想来为自己服务。斯密无法在天堂享受这份荣誉，于是决定借人还魂。这就有了乔纳森 B. 怀特的《拯救亚当·斯密》。

可以把《拯救亚当·斯密》当作一本魔幻现实主义小说。斯密借罗马尼亚移民机械师哈罗德·蒂姆斯的身体来到美国，找到主流经济学家理查德·伯恩斯博士，向他倾诉心声。斯密之所以找伯恩斯（本书的主人公"我"）是因为伯恩斯是主流派自由主义经济学家、研究亚当·斯密的专家罗伯特·艾伦·拉迪麦尔的得意门生，且正在按市场经济原则为世化公司一项有 10 亿美元利益的合并俄罗斯企业事宜进行研究，建立股市动态评估模型。拉迪麦尔和伯恩斯就是斯密心中歪曲他思想的经济学家。让伯恩斯这样的自由主义弟子了解他的思想体系正是斯密此行回到人间的目的。整个故事正是围绕伯恩斯和斯密在行游美国中的经历与对话展开的。

一

在斯密看来，后人对他的误解在于不了解他的两部著作《国富论》和《道德情操论》之间的关系。作为道德哲学教授，斯密对《道德情操论》的重视和评价远远高于《国富论》。《道德情操论》是斯密的第一部著作，也是他倾注了最多心血的著作，在斯密一生的 60 多年中有一半时间用于《道德情操论》的写作与修改。《道德情操论》与《国富论》这两本书的内容是有差别的。在《道德情操论》中，他从人具有的同情心出发，论述了利他主义的伦理观。在《国富论》中，他从利己的本性出发，论述了利己主义的利益观。这种矛盾在经济学史中称为"斯密之谜"。

也许在斯密心中，这两本书并不矛盾。斯密深受他的好友大卫·休谟人性论的影响，把人性作为他的出发点。斯密的研究实际是要以人性为基础构建一个符合人性的社会秩序，即他从法国重农学派那里学到的自然秩序。人性中既有动物的一面，即利己，又有天使的一面，即利他。一个符合人性的社会应该承认人利己行为的合理性，由此出发来建立自然秩序，这就是《国富论》中论述的由价格这只"看不见的手"引导的市场经济秩序。斯密相信，价格可以把利己引导向有利于整个社会。

但这并不是斯密的全部思想。斯密认为，人不同于动物，人有同情心，应该能适当抑制利己的本性，讲点利他精神。按斯密的解释，"道德情操"一词指人判断克制私利的能力。斯密设想的市场经济是一个有道德的市场经济。由于斯密临终前烧毁了他的全部手稿，后人无法了解这两者之间的关系，而把利己与利人对立起来。

令斯密痛心的是，在他生前受世人重视的是《国富论》。在他死后，人们把《国富论》奉为经济学的圣经，把"看不见的手"作为市场经济千古不变的基本原则，作为经济学"皇冠上的明珠"，却把《道德情操论》完全忘却了。斯密当然喜欢自由市场运作，但人们却"忽略了市场在社会中的本质"，"'同情'是道德行为的基础"，如果社会缺乏了一些基本原理，"这个文明社会就会迷失方向"。在斯密看来，人们正是没有认识到这个问题而曲解了他的《国富论》。理解市场经济，"《道德情操论》，这才是基础，是根本"。

在《国富论》里，斯密在批判重商主义的基础上说明了分工和贸易如何增加财富。分工和交易出自人的利己心，在"看不见的手"的指引之下，利己行为得到了社会财富的增加。这正是斯密赞扬市场经济的出发点。以后的经济学家把斯密的这些思想简单地概括为三点：第一，追求财富增加是每个人和社会的目标；第二，利己是个人从事经济活动的动力，即人是经济人；第三，市场上价格这只"看不见的手"把个人利己的行为引导向有利于整个社会，即经济中的自由放任。这是现代人对斯密的理解，也是由古典经济学发展而来的主流经济学的基本原则。斯密认为这些观点是对他的曲解，他要向伯恩斯解释的正是这些问题。

二

一个人或一个社会追求的最终目的是幸福，财富之所以重要只是因为物质是人类社会生存与发展的基础，也是幸福的基础，但财富本身并不等于幸福。对个人来说，幸福是一种感觉，斯密认为幸福来自"心灵的平静"，而不是财富。"金钱买不到内心平静"，当然也买不到幸福。对一个社会而言，财富的增加，即 GDP 的增加，也并不等于社会福利或所有人的幸福增加。

作为人性论者，斯密是承认人的利己本性的，他也主张"对每个人而言，只要他不触犯法律，都应该享有以自己的方式追求个人利益的自由"。但斯密强调"自利"（self-interest）并不等于自私（selfishness），更不等于贪婪（greedy），自利或利己是个人行为的出发点，而自私或贪婪会因把他人当作追求私利的手段而把社会带入"一切人对一切人的战争"。斯密肯定了人从利己出发行事的合理性，但他指责自私与贪婪带来的种种罪行。在《国富论》中他多次严厉指责贪婪的企业主对工人的剥削和勾结起来危害他人的行为。斯密有一段广为引用的名言是"我们每天所需的食物和饮料，不是出自屠户、酿酒商或面包师的恩惠，而是出于他们自利的打算"。斯密说把这句话解释为"自私有益完全歪曲了该话的原意"。书中描写斯密讲这句话时"脸色变得青紫"。斯密强调，人还应该有同情心，有道德，懂得爱自己，也爱别人。这才是一个完整的符合人性的人。

斯密的另一段名言是，每个人都只盘算个人利益，但"在这种场合下，像在其他许多场合一样，他受一只看不见的手的指导，去尽力达到一个并非他本意要达到的目的"，即社会利益。这段话是市场经济的核心，也的确促进了人类社会的繁荣。斯密认为人们引用这句话并不错，但"不能只孤立地谈《国富论》"，否则对市场经济的理解就是"只知其一，不知其二"。斯密强调，"市场在社会中运作"。在一个社会中"个人这一概念是随着相互的权利、责任和义务才形成的。道德规则不仅承认个人的尊严，也承认其社会的相互联系。如果人类没有基本接受道德规范的话，社会将崩溃"。所以，"要用善行和正义形成一个文明的社会，才能平衡这些市场"。公正是一个社会的擎天柱这就是说，只有在正义与道德规范之下，市场经济才能良好地运行，实现社会进步和人民福利增加的理想目标。

这个故事的结局是伯恩斯被说服了，在世化公司的大会上他讲了自己对市场经济的新理解，并与心爱的朱莉娅结了婚。这正是传统小说的大团圆结局。这本书利用小说讲经济学，让你在轻松的阅读中感悟到许多道理，的确是一个好发明。在读《拯救亚当·斯密》这本书时，阅读是轻松的，但让我想到了一些严肃的问题。这些问题涉及我们要建立一个什么样的市场经济，以及如何建立市场经济。

三

不是市场经济就必定好。从历史与现实看，曾出现过各种市场经济，其中相当一大部分是坏市场经济。原始资本积累时期的市场经济是一种掠夺式市场经济，东南亚国家、拉丁美洲国家和原苏联东欧国家的市场经济是一种权贵市场经济，许多国家曾经或正在形成的是贫富对立的两极分化的市场经济，当然还有各种半计划半市场的伪市场经济。这些都不是斯密心中的市场经济，不是好市场经济。我们追求的应该是斯密的理想的既有公平又有效率，在道德基础之上运用市场机制调节的好市场经济。

市场经济承认人利己的合理性，也要利用它来发展经济，这就体现在社会与企业激励机制的建立上。但做到这一点并不难，难的是还要人们建立起能克服自私的"道德情操"。市场经济应该是一个讲道德的经济。没有诚信、同情心这些最基本的道德观念，市场经济就会引发灾难。过去读《道德情操论》总感到斯密的道德论空洞了一些，在经历了这些年的市场经济的风云动荡之后，才感到斯密的超人之处。

　　按传统的思维，斯密关于市场经济的原则是主流经济学的基石，而他对自私的批评，对公正和道德的强调，则属于历来非主流经济学的思想。读完《拯救亚当·斯密》我悟出，斯密其实是主流与非主流经济学共同的鼻祖。不同流派的分野其实是对斯密思想解释的侧重点不同而已。我们应该把一个完整的斯密作为现代经济学的奠基人。斯密的目标是追求一个好的市场经济，在这个目标之下，主流与非主流的区别并不重要。重要的是吸取各派理论中正确的东西。读了《拯救亚当·斯密》你会走近这位大师，更了解他作为一代宗师的深邃思想体系，也才能在争谈《国富论》时了解斯密的良苦用心。

48

一条售价近亿元的鲨鱼标本

——《疯狂经济学》^① 的供求定理

供求定理是经济学的基本定理之一。这个定理读起来十分简单，但包含了深刻的内容。一条鲨鱼标本居然售价近亿元也是供求定理在起作用。用这个定理可以分析市场上各种在我们看来"离谱"的价格。

1994 年我在美国学习时，曾参观过纽约现代美术馆（MoMA）。门票 15 美元，这对当时的我是一个高价，犹豫片刻之后，还是买票进去了。一进门首先看到毕加索的《亚维农少女》。这幅画强烈震撼了我，与过去看印刷品时感觉完全不同。还看到了许多难得一见的艺术珍品，我觉得这 15 美元太值了。但当我到另一个展室时，又惊呆了。不过不是太好了，而是完全看不懂。一堆糖果，旁边写

---

① 唐·汤普森：《疯狂经济学：让一条鲨鱼身价过亿的学问》，南海出版公司，2013 年。

有"请拿一颗"之类的字样；两堆白纸没写什么；白白一个似门的墙上有一个黑钮……这也叫艺术？当时颇为自己不懂现代艺术而羞愧。

最近读了英国经济学家、营销专家唐·汤普森的《疯狂经济学》（原名为 *The $12 Million Stuffed Shark*，直译为"一条售价1 200万美元的鲨鱼标本"）才知道，我看到的那一堆糖应该是20世纪八九十年代被许多人推为当代最伟大的艺术家之一的菲利克斯·冈萨雷斯-托雷斯的作品，题为《情人男孩》。这位艺术家1996年死于艾滋病，这每颗糖都代表他的男友被艾滋病啃蚀的身躯。这件作品被拍卖公司拍卖，最后以45.6万美元成交。

让人吃惊的不仅仅是这一堆糖。这本书的中心是一条鲨鱼标本，它由英国现代艺术家达米安·赫斯特指导制成，题为《生者对死者无动于衷》，以1 200万美元（按当时汇率约合1亿元人民币）的价格被超级富翁、SAC资本顾问公司的总裁史蒂夫·科恩买下。书中还列举了许多这类现代艺术品天价的例子。

为什么这些让许多人莫名其妙的东西能卖出天价？这种天价是如何形成的？对我们认识市场中的价格机制有什么启示？

一

劳动价值论显然无法解释这类天价。制造这些艺术品的艺术家，无论其劳动有多复杂，创作这些艺术品的必要劳动时间无论如何都不值这些钱。一堆普通糖果值多少钱？那条鲨鱼标本的生产成本包括征求鲨鱼的广告费 6 000 英镑、买鲨鱼 4 000 英镑、包装与运费 2 000 英镑，再加制作标本与人工费用，远远达不到 1 200 万美元。生产成本决定最低售价，但无法决定成交价。看来寻找天价的原因还要回到老生常谈的供求关系。

人们早就知道供求关系决定价格。不过古典经济学家更关注供给而新古典经济学家更关注需求。这种转变是经济学从古典转向新古典的关键一步。我们先从需求开始。

谁需要这种价高而没有多少实用价值的东西？他们用这些东西干什么？我们可以在 19 世纪末 20 世纪初美国制度学派经济学家凡勃伦的《有闲阶级论》中找到答案。他认为，随着经济的发展，社会上出现了一个有钱而有闲的阶级。"一个人要使他日常生活中遇到的那些漠不关心的观察者，对他的金钱力量留下印象，唯一可行的办法是不断地显示他的支付能力。"（《有闲阶级论》，66 页）购买并消费这种天价而没有什么用处的东西正是为了这一目的。凡勃伦把这种消费称为"明显消费"，现在我们通常称为"炫耀性消费"。

　　凡勃伦对资本主义社会持批判的态度，因此他对这种消费也是充满了嘲讽。不过从历史和现实来看，无论你在道德意义上如何看待这种需求，它是客观存在的，而且随着社会发展，越来越普遍。这是一种源自人性的需求。在整个人类历史上，人都要通过消费某些特殊物品来显示自己的身份。早在古罗马时，军备自己准备，贵族、富人入伍时就要购买奢华的盔甲。战争理论专家马丁·范克勒韦尔德在《战争的文化》中指出，古代的军服"其中一些只能为真正的贵族所有，并且纯粹是为阅兵和比武大会用的"。"有些贵族为准备自己预期的战争，专门订购了特制的盔甲。"（《战争的文化》，14 页）这些盔甲装饰极为华丽，并不是用于打仗时防身，而是用于炫耀自己的高贵身份。现代社会中，不平等程度更大了，有钱的人要用所消费的奢侈品来炫耀自己的身份。

　　在《疯狂经济学》（下引此书只注页码）中，作者分析购买这些艺术品的心理时指出："一位竞买者可能希望大张旗鼓地加入'重要艺术品的收藏家'这一群体，或者希望通过捐赠一幅重要的画作而成为美术馆董事会的一员。一名对冲基金经理希望他竞得的作品能使他成为金融圈里有文化素养的富豪；一名外国买家可能正在觊觎一件世人皆知的抢手作品，以彰显他在自己国家中的身份地位；一位本国买家最在意的可能不是艺术品的历史地位或美学价值，而是访客能否一眼就认出它来。"（140 页）这些心理无疑都是通过购买天价艺术品实现炫耀的目的。对这种需求大可不必像凡勃伦那样冷嘲热讽。个人有选择的自由，何况他们的这种需求拉动了相关行业的发展与扩大，增加了 GDP，增加了就业，对低收入者也未必不是一件好事。

天价购买鲨鱼标本这样的需求不仅有炫耀的作用，还可以实现财富的保值与增值。越是富人越想确保已有财富，并用这些钱再赚更多的钱。许多东西都可以保值、增值，但其共同点是只有今天值钱的东西，未来才能保值、增值。当年汝窑等五大名窑的瓷器都相当值钱，今天就成天价。当年那些民窑的一般碗、盘，今天也值不了几个钱。东西越贵，越有人买。从现实来看，尽管并不是所有天价艺术品都能升值、保值，但还是升值、保值者多。

二

有需求就有供给。供给如何形成鲨鱼标本之类现代艺术品的天价呢？

富人、收藏家要玩艺术品，所以，自古就有艺术品交易市场。但随着时代发展，前辈艺术家已过世多年，他们的画或被博物馆收藏或被私人收藏，能进入市场的越来越少，这就需要新一代艺术家创作新作品。新时代的人有自己不同于上代的嗜好，前辈艺术家的艺术品已经登峰造极很难超过，这就需要艺术家创作出不同于以往艺术品风格的新作品，这就是从古典主义到印象主义艺术家不断创新的原因。诞生于 1970 年之后的现代艺术正是这样出现的。

过去的艺术品需要高超的技巧，一般人无法达到。像达·芬奇、毕加索这样的超级天才也不易出现。但现代艺术品风格怪异，有些并不需要什么画画或雕塑技巧，如鲨鱼标本或一堆糖之类。谁都可以创作，只要敢想就可以。现实中的艺术家自诩或类似的艺术品多不胜数。我在纽约时住在学生那儿，他的邻居就是一位自称艺术家的人，画作是大幅白布上的许多点，起了"宇宙的奥秘"之类的名字，并不比我在 MoMA 看到的差，但根本无人问津，一直在邮局当投递员。他说自己是没钱开个人画展，或在博物馆展出，才如此落魄。但进博物馆或开画展就能成功吗？怕也未必，我在 MoMA 看到的两堆纸、一扇门和其他作品，以后也没见过上市。1989 年，一位叫埃迪·桑德斯的人在伦敦肖尔迪奇区的 JD 电器行展示一条金色双髻鲨鱼标本，比赫斯特早两年。2003 年这条鲨鱼在伦敦东区反概念艺术画廊展出，题为《一条死鲨鱼不叫艺术》。这条鲨鱼开价 100 万英镑，比赫斯特的鲨鱼便宜 500 万英镑，但无人问津。"物以稀为贵"，如果谁都可以创作这类现代艺术品，那现代艺术品就一文不值了。在众多自诩为艺术家的人中，在他们车载斗量的作品中，谁的作品能被推上市场，受到关注，这才是关键。

《疯狂经济学》指出，能够作为具有天价的现代艺术品，从而构成市场供给的艺术品必须"强调它们的创新、投资价值以及该艺术家很'火'——名气不大的艺术家经过炒作，一夜之间变得炙手可热"（13 页）。这就是使这些现代艺术品成为可靠、安全的名牌，既可炫耀，又可保值、增值。购买者并没有作出这些判断的能力，这就需要"收藏家光顾名牌画商，到名牌拍卖会竞标，参加名牌艺术博览会，追随名牌艺术家"（13 页）。这就是说，艺术品本身关系并不大，艺评家的意见很少能影响艺术品市场，真正起作用的是艺术家的名气、收藏家的见解、知名的拍卖公司、名牌艺术博览会。所以，现代艺术品的供给是由这些人及组织控制的。

艺术家当然是艺术品的生产者，但重点在"名气"。只有名气极大的艺术家创作的艺术品，才能成为有效供给。这种名气不在于自己的作品如何创新，而在于收藏、画商、拍卖公司、艺术博览会的吹捧或者说炒作。关键不在艺术家本身，而在于有没有这些人或组织吹捧你。至于为什么被吹捧，那就"天晓得"了。赫斯特的鲨鱼标本卖到天价就是有著名的收藏家萨奇的称赞和著名画廊高古轩经手。早在 1990 年，萨奇就参观了赫斯特刚出道时名为"赌徒"的仓库艺展，并买下名为《一千年》的作品。鲨鱼标本也是由萨奇资助完成的。有萨奇这样的世界级大腕支持，又经由高古轩画廊销售，且最后由科恩购买，赫斯特就"火"起来了。他暴得大名后所创作的任何作品，甚至由他肯定的别人的作品都值钱了。一位《星期日泰晤士报》的特约作家及餐厅评论员吉尔有一幅不知名画家画的斯大林肖像，想委托佳士得拍卖，佳士得拒绝了。但赫斯特在斯大林脸上画了一个红鼻子并签名后，佳士得接受了这幅画，并以14万英镑卖出。赫斯特真可以点石成金，所以，他在40岁时身家为1亿英镑，超过艺术史上最能赚钱的毕加索、安迪·沃霍尔和达利同龄时的总和。这样的现代艺术家并不多，名牌现代艺术品的供给就成为稀有之物了。更值得注意的是赫斯特本人尽管从艺术学校毕业，但画技并不高。他的作品是由40位助理在他指导下完成的。这一点尽人皆知。

显然，萨奇对赫斯特的成名起了关键的作用。萨奇早年从事广告业，以大胆而具有特色的广告获得成功。如为英国保守党竞选而设计的广告是排长队领救济的失业工人，标题为《工人无工作》，英文 Labour Isn't Working 的另一层含义是工党失去效用。这个广告对保守党上台起到助推作用。到1986年，萨奇的广告集团成为全球最大的广告代理商。萨奇进入艺术品市场后举办各种现代艺术展览，所选艺术品都是构思特异而大胆的。他眼光独特，善于炒作，又在超级富人圈里有广泛的人脉关系，并获得他们信任。这就奠定了他在艺术品市场上的地位，像他这样的收藏家全球也不超过20位。在艺术品市场上，如果"拍卖公司及收藏家的'萨奇收藏''萨奇拥有'或'萨奇很想要'等字眼来形容一件艺术品或一个艺术家，……都能为艺术品带来附加价值。反之，如果艺术家的作品被贴上'被萨奇退件'或'被萨奇出售'的标签，那下场将十分惨烈"（102 页）。

在艺术品的中间商中，拍卖公司的地位特别重要。"佳士得与苏富比是拥有增值效应的名牌拍卖公司。""几乎垄断了百万美元以上的艺术家拍卖。"（114 页）首先，历史悠久是其地位的基础，苏富比成立于 1744 年，佳士得成立于 1766 年，长期形成的名誉与信任是其他公司无法代替的。其次，公司拥有一批优秀的艺术品鉴定专家与技巧高超的拍卖师，并在购买这些艺术品的富人中建立了广泛的人脉关系。最后，他们运用多种拍卖技巧，并能抓住货源。在经济学中，这两家公司属于寡头中的双头市场，对这个市场有相当大的控制力，从而保证了它们的地位。

推动艺术品天价的还有画商和世界名牌艺术博览会。画商就是画廊的主人，他们有自己特定的客户，可以为客户找所需要的画，他们也熟知收藏家可以为他们代理。而且画商多为私下交易，有助于客户保密，那些不愿意抛头露面而又想买艺术品的暴发户就愿意这样。画商也是收藏家与鉴赏家，增加了客户的信任度。当然画商与拍卖公司不仅有竞争，也有合作，如把收购的藏品送到拍卖公司拍卖，或通过拍卖公司进行私下交易。艺术品博览会一样可以让富人用最少的时间了解艺术品市场，并提供相关信息，从而形成艺术品增值的重要工具之一。

三

艺术品市场有两个特点。一是垄断程度高；二是信息不对称。这两个原因造成价格并不是供求双方在充分的竞争中形成的。在供给者的控制下，艺术品形成天价，而需求者无论出于炫耀的需求，还是投资的需求也愿意接受这种高价，达成交易。这是现代艺术品天价的基本原因。

几乎所有经济学家都认为，市场经济中的价格是由供求关系自发形成的。大家也承认，这种价格形成机制的前提是完全竞争和信息对称。这两个条件只有在完全竞争市场上才能得到满足。现实经济中的市场既不是具有这两个条件的完全竞争，也不是一点也不具备的完全垄断。在现实中占主流的市场是竞争与垄断不同程度上混合的不完全竞争市场。在这种市场上这两个条件不同程度上是存在的，但并不充分。在这种市场上，供求关系有多大作用？这两个条件不完全具备时市场决定的价格是否合理价格？政府要不要干预价格形成机制？

先来看我们分析的现代艺术品市场。如前所述，这个市场是两个寡头（苏富比和佳士得）控制的双头市场。尽管也有其他公司和画商，但影响并不大，这是不完全竞争市场中垄断程度最高的。这

个市场上，供给者（拍卖公司和画商）控制艺术品的来源和对艺术
品更多的信息，从而拥有了更多定价权。但需求者（收藏家或博物
馆）也并非只能消极被动地接受供给者决定的价格。他们可以通过
其他收藏家、博物馆、艺术博览会，以及拍卖方那里获得信息做出
自己的判断。尤其这些需求者并非一般群众，都是对相关信息有相
当了解的人。拍卖市场或私下交易的谈判就是价格形成的过程。从
拍卖市场的竞拍激烈程度看，竞争还是相当充分的。最后需求者愿
意接受这一价格，这就表明无论是多高的价格，都是合理的。在这
里，"合理"的定义应该是在公开的竞争条件下所形成的供求双方
都接受的价格。拍卖中形成的这种天价对整个经济和人民生活没有
什么影响。因此，只要不违法，现在世界上还没有一个国家干预艺
术品拍卖市场。

在那些影响整个经济，影响人民生活的市场，如果竞争并不完
全，两个条件也不完全具备，我们还能让价格完全由供求关系自发
决定吗？

在与经济和人民生活密切相关的许多商品市场上，竞争并不充
分，供给者在一定程度上可以控制供给，并拥有更多的信息，或通
过假信息来欺骗消费者。如名牌产品就以其品牌控制供给，制造业
大企业可以以其产量控制供给，而且这些企业可以通过广告来发布
夸大其词的信息，诱骗消费者，现实中供给者凭这些优势的确有兴

风作浪的时候，如"蒜你狠""姜你军"等蒜、姜这类小商品的大幅提价。但从较长时期来看，由供求关系自发形成的价格仍然是一个更适合于社会，从而也就是合理的价格。无论商品多有特色，供给商也无法保持高价。价格高到有价无市的地步，需求者仍可以活下去而供给者就生存不下去了。在大企业控制的寡头市场上，企业为自己实现规模经济而扩大产量，这就形成供大于求的格局，这时供给者控制力再大，价格也升不上去。至于"蒜你狠""姜你军"又能持续多长时间？从历史和现实来看，违背供求关系的价格都是短命的。

尽管市场机制的完全竞争和信息对称并不充分，但价格还要由供求关系自发决定。任何企图用行政力量干预价格形式的努力都会以失败告终。而且，这样做对经济和人民生活都会带来不利影响。当年控制石油的国家组成石油输出国组织（欧佩克），企图控制世界石油价格。起先出于反西方的政治目的而牺牲经济利益取得了短暂成功，但最终供求关系决定的石油价格还是降下来了。不少国家都限制房价和房租，但结果反而减少了房子的供给。美国已故经济学家萨缪尔森曾说，房租上限是除战争之外，引起住房短缺的基本原因。政府出于善良的动机干预价格，结果反而害了经济，害了人民。

不过政府也不能对价格完全无所作为。一是在特殊时期如战争和严重持续的自然灾害时期，可以实行对某些生活必需品的限价和配额。二战中不少国家都采用过这种措施。二是从政治或社会出发，采取一些经济上也许不利但对稳定社会有利的价格干预，如各国的最低工资法，在经济上并不好，但在政治上可以争取低收入选民支持，又可以缓解收入差距过大，有利于保护低收入者的利益。因此，尽管主流经济学家都反对，但各国都在实行。三是不能直接干预价格，但可以为稳定价格、防止价格上升过快过高创造条件。如制定"反垄断法""广告法"，对垄断程度高的企业实行限制，防止假广告传递假信息；政府借助大数据实现信息对称；政府建立重要商品的储备，等等。

四

再回到现代艺术品天价。从历史来看，各种优秀艺术品的价格上升相当大。英国作家戈弗雷·巴克的《名利场》分析了 1850 年以来的艺术品市场，从历史的角度证明了艺术品价格上升的趋势。这就引起另一个问题：能不能把投资艺术品作为一种投资方式？

唐·汤普森说："艺术品既不是好投资，亦非有效的投资工具。多数艺术品非但不会增值，还会产生很高的交易成本——包括画商抽成、拍卖公司佣金、保险和仓储费用，增值税和艺术品售出时缴纳的资本利得税。"（276 页）他指出，低价位的艺术品绝对无希望，最贵的艺术品肯定是好投资，但它们太少，且价格已经相当昂贵了，许多人根本无法投资。

投资艺术品的风险巨大。首先，你要投资艺术品，必须是一个专家或有一个专业团队。找出有投资价值的艺术品这件事本身就是一件耗资的事。其次，当代科技发达，艺术品造假也不少见，国际上就有一批造假成功的艺术品贩子。且专家对一件艺术品的真伪评价并不一致，这当然就会大大影响艺术品的价格。最后，即使你投资成功，收益率也并不算高。国际知名的收藏家惠特尼夫妇曾在1950 年以 3 万美元收购毕加索的《拿烟斗的男孩》，2004 年在苏富比以 1.04 亿美元拍出，看起来获利甚巨，但其 45 年中全部收藏品的平均年增值率约为 7%。这并不是一个高回报率。相比于巴菲特投资股市，比尔·盖茨投资软件，乔布斯投资电脑、手机，差多了。我们常说"股市有风险，入市需谨慎"。对于艺术品市场，我们要加个"更"字。

艺术品是一个特殊的市场，但唐·汤普森的研究给了我们许多有益的启示。除了我们以上说明的，还有品牌的价值，如何创造品牌富人的消费心理，价格是如何炒起来的，等等。读者可以从中发掘出更多对自己有启示意义的内容。最后附带说一句，本书译文相当准确、通畅，可惜题目改得不好，不如用原标题好，或者改为《疯狂的艺术品天价》，更接近原书内容，也让消费者一目了然。

49

莎士比亚的经济观

——从《莎士比亚全集》① 中看经济学

作为文艺复兴的巨人，莎士比亚是一个人文主义者。人文主义者对人的重新认识是现代资本主义的思想起点。人性有善的一面，也有恶的一面。正是这种人性引起资本主义的进步与弊病，读《莎士比亚全集》可以更深刻地认识早期资本主义的历史。

我上中学时，老师引导我们看的是《红旗谱》《青春之歌》之类革命小说和高尔基等无产阶级文学家的书。对于莎士比亚，知其伟大，但其又被划入"资产阶级"之列，不会批判去读他们的书是要中毒的。老师不敢倡导，我也没读过。

上大学后读《资本论》，读到马克思所引用的莎士比亚《雅典

① 《莎士比亚全集》，人民文学出版社，1984 年。

的泰门》中痛斥黄金之罪过的一段话（"这东西，只这一点点儿，就可以使黑的变为白的……"），也知道马克思喜欢读莎士比亚的剧本，并相当推崇他。于是我从《雅典的泰门》开始读莎士比亚的书。现在想来，当时并没看懂，只是看个热闹而已。

真正认真读莎士比亚的剧作是在"文革"中。那时"发配"到东北的深山老林，没什么事。正巧一位从哈尔滨下放来的中学老师有一套朱生豪译的《莎士比亚戏剧集》，于是就借来开始读。不过那时还是从文学欣赏的角度来读的，并没思考它深刻的社会意义，更谈不上经济学的含义了。但以后，莎士比亚的剧本就成了我最爱读的作品之一，休闲时就拿出来读一段，在这种阅读过程中，我逐渐用经济学的眼光来寻找莎氏作品的含义。

莎士比亚生活于 16—17 世纪，这正是资本主义制度的原始积累时期。生活在这样一个伟大和罪恶并存的时代，莎士比亚不可能不把他的各种思想反映在剧作中。这各种思想中当然有对经济问题的见解。作为"时代的灵魂"，他的剧作中反映的应该是时代的主旋律，这主旋律就是对人文精神和资本主义精神的弘扬。

作为文艺复兴的巨人，莎士比亚是一个人文主义者。人文主义者对人的重新认识是现代资本主义的思想起点。认识人性，并在此基础上设计资本主义制度，是经济学家所做的事。从经济学的角度说，莎士比亚重要的贡献之一正在于对人性的认识。

《哈姆雷特》中有一段赞美人的著名台词："人类是一件多么了不得的杰作：多么高贵的理性！多么伟大的力量！多么优美的仪表！多么文雅的举动！在行为上多么像一个天使！在智慧上多么像一个天神！宇宙的精华！万物的灵长！"中世纪的传统思想是压抑人性的，一个"原罪"的罪名让人没完没了地忏悔。文艺复兴正是要解放这种被压抑的人性。当时资本主义经济制度正是为实现人性的解放而设计的。莎士比亚借哈姆雷特之口对人的赞美应该是当时的时代最强音。这种对人的赞美也成为古典经济学和以后经济学的指导思想。也只有从这个角度才能理解向市场经济转型的意义。

莎士比亚剧作中，更多的还是对人性的赞美，对为私利而从事经济活动的肯定。《威尼斯商人》是一部大团圆的喜剧。这个剧本赞美的正是资本主义的这种开拓精神。在《威尼斯商人》中敢于冒风险从事海外贸易的安东尼奥无疑是一位正面人物。他具有的冒险精神正是那一代企业家共有的。在中世纪，这种人是受到谴责的，在莎士比亚的剧中，这种人是受到称赞的。所以，莎士比亚对他不幸蒙受损失给予同情。最后不仅鲍西亚以智慧使他免受割下一磅肉之苦，而且，还让他的船队安然回来，有一个大团圆的结局。在安东尼奥的身上表现出莎士比亚对那一代企业家开拓精神的赞美。人类的利己之心表现为商业上的进取精神。这是当时的主旋律，也是莎士比亚在多处所称赞的。

　　当然，莎士比亚也看到了人性中恶的一面。原始积累时代，一方面是社会的巨大进步，另一方面也充满了罪恶。莎士比亚思想最深刻的是他的悲剧。这些悲剧从不同的角度揭示了人性中贪婪（《李尔王》）、野心（《麦克白》）、嫉妒和轻信（《奥赛罗》）、阴谋（《哈姆莱特》）等丑陋的一面。《威尼斯商人》中的犹太商人夏洛克是一个集人性缺点的典型。从思想性和艺术性的角度我最欣赏这些悲剧。很少有作者能如此深刻地揭示人性的这些缺点。比起《乌托邦》作者莫尔这类空想社会主义者来说，莎士比亚是从人性的角度来揭示这个时代的各种丑恶现象的。解放人性是历史的伟大进步，但与此同时也解放出了人性中恶的一面，这正是当时时代的特征。人性是永恒的，人不仅有抽象而永恒的人性，而且正是这种人性引起了社会的巨大进步与罪恶。对人性的这种认识是我们设计一种社会制度的出发点。

　　如何才能避免人性给社会的伤害呢？《威尼斯商人》中给出了一个良方：法律。像夏洛克这种良心大大坏了的人，在社会中的确存在，对付他们的办法只能是法律。所以，莎士比亚设计的解救安东尼奥的方法就是，夏洛克可以割下安东尼奥的一磅肉，但不能违约掉下一滴血。在这种法律面前，夏洛克无计可施了。正义战胜了邪恶，莎士比亚把对人性中恶的一面的制约寄托在法律身上，这也是经济学家的共识。斯密就强调，政府在市场经济中的作用首先是立法与执法以此来保护公民不受侵犯。只有这种法律可以保证人性中无法克服的缺点不至于造成对他人和社会的伤害。称莎士比亚有法治思想不能说无中生有。

莎士比亚是一个现实主义作家，他的剧作，无论是悲剧、喜剧，还是历史剧，无论是叙述历史，还是讲故事，都反映了那个变化时代的现实。《威尼斯商人》中安东尼奥的船队遇险，反映了经济生活中的不确定性和风险。他的其他剧中也反映出当时的经济状况与人情世故。只要带着经济学的"有色眼镜"，你就可以看出许多与经济学有关的内容。

我们不可能在这样一篇短文中把莎士比亚剧中的经济内容都讲清楚。我写这篇小文只是希望引起喜欢经济学的人对莎士比亚的兴趣。因为莎士比亚"不属于一个时代，而属于所有的世纪"。莎士比亚是不朽的。

50

寻找金融诈骗的根源

——《金钱》^① 中的诈骗之源

金钱本身是没有善恶的，当人们把金钱作为资本，推动社会进步时，金钱是善的；当人们把金钱作为金融诈骗的工具时，金钱是恶的。从资本主义产生到今天，雷同的金融诈骗不知有多少起。《金钱》所写的金融诈骗应该是一个早期案例。左拉以自然主义文学家知名，实际也属于批判现实主义作家，他对金融诈骗的揭露今天也没过时。

自从 20 世纪 80 年代的长城机电非法筹资案开始，类似的金融诈骗案，大大小小，层出不穷。其实这不独是我国向市场经济转型中特有的现象，英国的南海泡沫、美国的密西西比案、法国约翰·劳的银行，都是历史上著名的金融诈骗案。直至现在，即使在发达

---

① 左拉:《金钱》，人民文学出版社，1980 年。

国家也无法杜绝这种现象，英国尼尔科斯的期货诈骗就是近期有名的例子。不仅经济学家关注这种现象，19 世纪法国作家左拉早就注意到这个问题，并写出了以此为主题的小说《金钱》。

左拉是 19 世纪后期法国最著名的现实主义作家，他的系列巨著称为《卢贡-马卡尔家族》（与巴尔扎克的《人间喜剧》系列同样有名），《金钱》是这个系列中的第 19 部长篇小说，发表于 1892 年。在现实主义作家中，左拉以写实的自然主义著称。他的小说真实反映了当时社会丰富多彩的生活。《金钱》一书是以一件金融诈骗案为主线的。

小说所描写的 19 世纪后半期正是法国资本主义迅速发展的时期。这一时期中的新现象是股份公司的出现与迅速发展，并对社会经济生活产生了强烈冲击。左拉在《金钱》中描述了金融市场的新问题、资本的作用、社会性的投机心理、发生在这种环境中的金融诈骗，以及围绕这些所发生的人间悲剧与喜剧。

传统意义的金钱作为资本推动着社会迅速发展，该书的主角金融资本家和金融骗子萨加尔以喜悦的心情来看待这一切。在他看来，巨大的金钱洪流，这就是伟大事业的生命，"没有股份公司，就没有铁路，也没有足以使世界近代化的大企业"。他在这时代组织创建了世界银行，利用集中起来的资金，在地中海经营海运事业，在中东修建横贯东西的大铁路，在荒野的山区进行开发，完成了一次"完全不同于民族大迁移的远征"，改变了许多地区的面貌。股份公司与资本市场的这种作用不是小说的夸张，是实实在在地发生在当时许多国家里的现实。作为自然主义的作家，左拉在《金钱》中真实地再现了这一切。

这股狂潮使人们的快速致富梦有了实现的机会。市场经济打开了潘多拉的盒子，使人们禁锢多年的金钱欲爆发了。从上层到下层都狂热地投入这种买空卖空的活动。从经济学的角度说，一旦金钱变为资本，就必然产生投机活动。人们看到的不是投机中的多数失败者，而是极少数成功者。这就吸引更多人投入这种赌博性活动中。在小说中，议员雨赫、第二帝国时期的富豪德格勒蒙、第二帝国的"贵族之花"博安侯爵、上流社会贵妇桑多尔男爵夫人、投机资本家塞第尔这些上层人物，以及男妓萨巴达尼，跑街兼文痞的让图鲁，小本经营的老色鬼沙夫上尉，甚至贫穷工人德若瓦这样的下层人物，都卷入这场投机狂潮中。一旦投机成为一种社会心理，很少有人能抗拒。现实的英国南海泡沫和美国密西西比公司诈骗中都有这些现象。在美国密西西比案中，甚至驼背都把他当桌子租给填表购股者来赚钱。在左拉的《金钱》中，法兰西第二帝国成了投机家、冒险家的乐园。这种社会投机心理正是历史上和现实中各种金融诈骗得以成功的社会基础。

萨加尔正是在这样的社会环境下经历了从成功到失败的全过程。萨加尔一开始并不是在交易所进行投机的投机家，也不是个靠股息生活的寄生虫。他致力于世界银行的实业，过着简朴而紧张的生活。他在佣人没生火之前就来到办公室，利用每一分钟亲自处理各种事务，更不过花天酒地的生活，甚至不去俱乐部和戏院，但这只是他的一面。作为一个实业家，他必须勤奋，但作为投机家，他信奉"天才的主意，就是在别人没钱的口袋里挤出钱来"。正如他儿子马克辛姆所说的"他根本没有道德这两个字的观念"。他勤奋而无耻地利用资本市场和人们的投机心理，不断地集资，幻想做出世界性的大事业。但这一切都是建立在投机之上的，一旦这个过程中哪一环出了问题，例如，资金链断裂（哪怕是暂时断裂），一切就会破亡。

故事的结局是整个赌局的悲惨收场。萨加尔破产入狱，股市崩盘。贵族遗孀波维里埃伯爵夫人把全部家当投入交易所，最后完全破产。英让特夫妇本可以安度晚年，却在交易所投机中得到生活无着的下场。贫苦工人德若瓦成了投机热潮的炮灰，连女儿也失去了。社会的繁荣没有了，继之而来的是不同阶层的人的灾难。

文学家总是批判金钱的，但随着时代不同，批判的角度并不同。莎士比亚和巴尔扎克都从道德的角度谴责金钱对人心的腐蚀与毒害，左拉并不批判钱本身，而是批判金钱变为资本所引发的投机活动。左拉通过嘉乐林夫人说:"本来是一个毒害者和毁灭者的金钱,现在变成了社会发展的肥料,伟大工程的基础。""在这堆肥料中,才可以生长出明天的人类社会。"左拉是肯定金钱的积极作用的,看到了金钱在资本发展过程中的作用。这是他的进步之处。他所谴责的是金钱变成资本之后所引发的投机活动。在该书结尾,左拉借嘉乐林夫人之嘴说:"对于金钱所造成的肮脏与罪过的惩戒,为什么要叫金钱来承担呢?那创造生命的爱情,不是也一样不纯洁么?"

左拉描写了交易所从开盘到收盘中白热化的投机战过程,描写了在一个投机浪潮中社会各阶层的狂想与痴迷。这样的场景在我们今天也不少见。

在发生德隆风潮和某些基金的诈骗之后,我又一次读了《金钱》,许多场景何其相似!我不禁问,近200年过去了,人类为什么一次又一次在重复这种不堪回首的历史?左拉是批判金钱变成资本,以及股票市场出现所引起的投机活动的。但是投机并不是罪。投资和投机实际上是一回事。当你买股票获股息时称为投资,当你买了股票又卖时就成为投机。有谁会买了股票不要股息,或者在股价暴涨时不想卖出?在英文中投机是"speculate",本来并无贬义。股市融资是经济发展的重要杠杆,只有充分的投机活动,股市才活跃,融资才成功。那种带来灾难的还是有些控制股市者兴风作浪,包装上市欺骗股民，或者非理性繁荣。左拉所批判的应该是后几种情况。

股市不可少，投机不可无。但股市和投机又有两面性，我想走出这个困境只有两条出路。一条是健全法律，实现对股市适当而有效的监控。左拉那个时代，当然还没有这一切，所以才引发了灾难。另一条是建立与市场经济相适应的道德规范。重义不重利这类旧道德已经不适用了，但还要有以义制利的道德。金钱不是罪，但君子爱财要取之有道。

国外文学家中描写股市投机的小说也不少，但很少有能超过《金钱》的，正是在这个意义上，我觉得每一个关心经济的人都应该读读左拉的《金钱》。